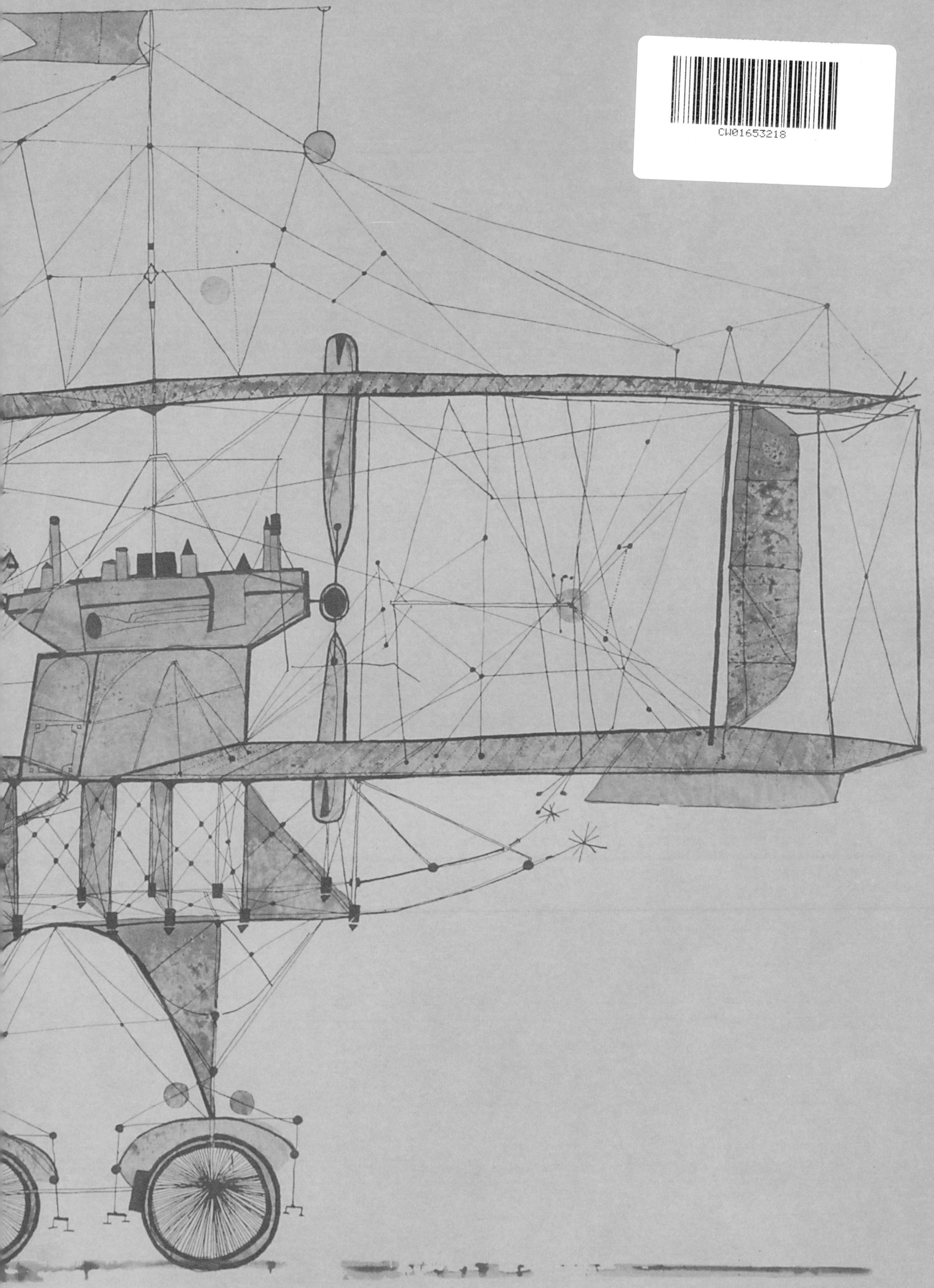

Francesc Todó

La realitat transfigurada

COL·LECCIÓ TAMARIT

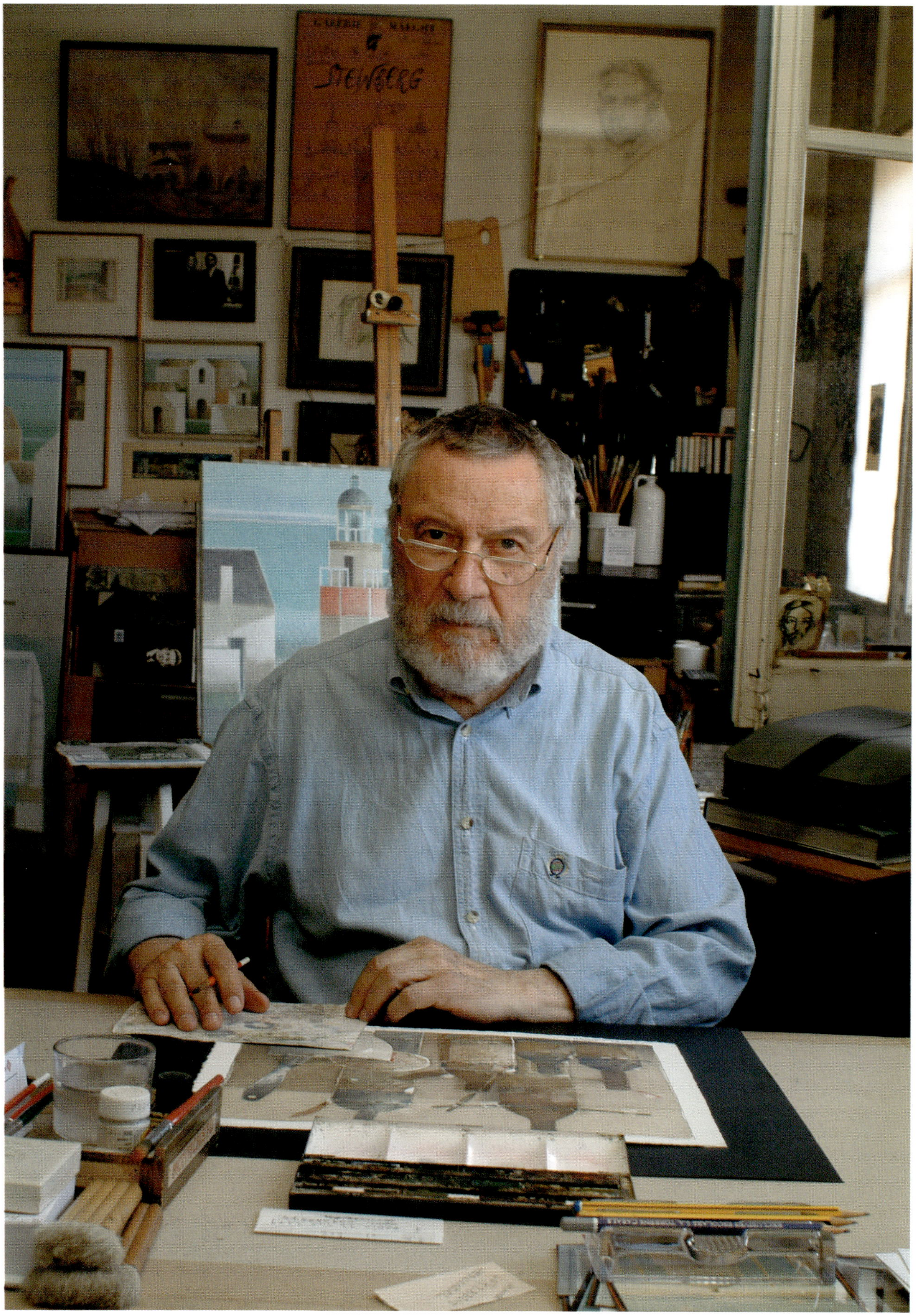
STEINBERG

Raquel Medina

Francesc Todó

La realitat transfigurada

Amb textos d'Àlex Mitrani i Gerard Vergés

DIPUTACIÓ DE TARRAGONA
MUSEU D'ART MODERN

COLUMNA

© DIPUTACIÓ DE TARRAGONA – COLUMNA EDICIONS
Directora de la col·lecció: Rosa M. Ricomà i Vallhonrat
Museu d'Art Modern de Tarragona
A la coberta, detall de l'obra titulada *A la pintura*

Primera edició: setembre del 2003

Coordinació editorial i projecte gràfic: Viena Edicions
Viladomat 122, baixos – 08015 Barcelona
Tel. 93 453 55 00
viena@vienaeditorial.com

Reproduccions de l'obra de Francesc Todó: Joan Alberich, Belén Pereda (*París* i *L'observatori*) i Gasull Fotografia (*Vaixell de nit*)
La reproducció de l'obra *Bicicletes,* per gentilesa de Laura Cendrós

Les obres *Paisatge amb barques*, *Avió* i *Locomotora* formen part de la col·lecció de l'Ajuntament de Tortosa; *Màquina plana d'imprimir* pertany a la col·lecció de la Caixa de Catalunya; *Jardí barceloní al mes de maig*, a la col·lecció de la Diputació de Barcelona; *Refineria*, al Museo Nacional Centro de Arte Reina Sofía; *The Fountain* i *Els murs encalats de Cadaqués*, a la col·lecció familiar Julve Villo; *El far de l'any 1922*, a la col·lecció Ferran Oliveres, i *Plaça Joanic*, *Camps*, *El Serrallo*, *Dona*, *Maternitat*, *París*, *Tossa*, *Església de la Garriga*, *Plaça del silenci*, *Bicicletes*, *Estació de radar*, *Estació ferroviària*, *Homenatge a Coleman Hawkins*, *Cases*, *Vela al mar*, *Es portal des món*, *La bassa gran*, *La vall dels murs* i *El pont de l'estació* pertanyen a col·leccions particulars. Totes les altres obres formen part de la col·lecció de l'artista.

Traducció al castellà: Jaume Aubareda
Traducció a l'anglès: Colin Robson

Fotocomposició i fotomecànica: TGA, SL
Impressió: Ingoprint
ISBN: 84-8330-226-8
Dipòsit legal: B-36.109-2003

Índex

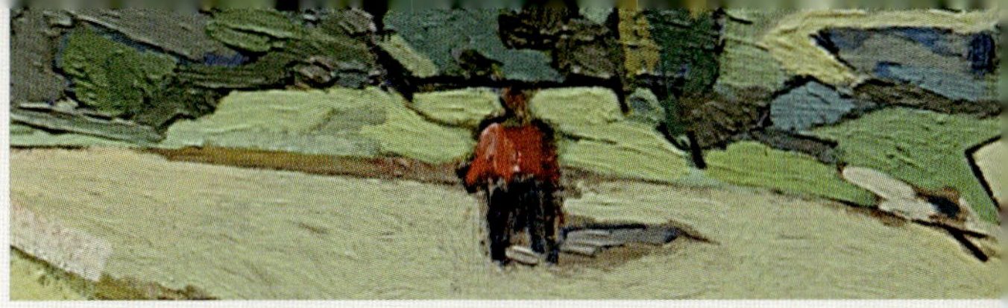

Joan Aregio Navarro

Presentació

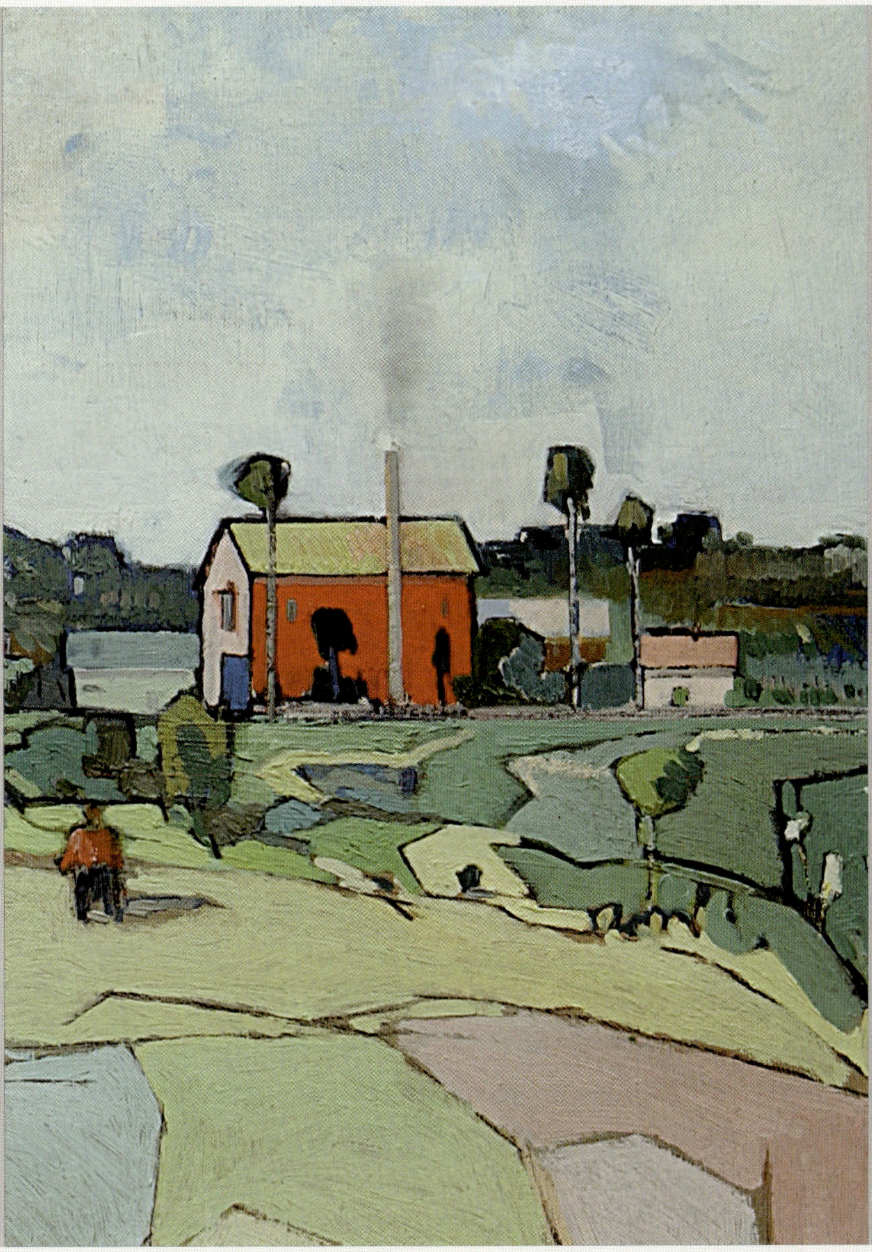

Presentació

A l'hora de referir-nos a un artista, conèixer el gruix de la seva bibliografia sempre pot esdevenir una sòlida garantia de qualitat i prestigi, i més encara quan aquesta va signada per autors de renom, bons crítics o persones de cultura, els quals acaben convertint-se en els seus avaladors. Francesc Todó disposa d'una bona crítica, amb moltes i variades opinions sobre el seu treball i la seva trajectòria, signades entre molts d'altres per Alexandre Cirici, Josep Corredor-Matheos o Àlex Susanna. Tots ells coincideixen a valorar l'obra de Todó com a plena de vida creativa, original i harmoniosa.

Amb aquestes garanties, ens complau presentar, en la col·lecció d'art Tamarit, un dels autors més coneguts de les terres de l'Ebre, Francesc Todó, nascut a Tortosa l'any 1922. El llibre escrit per Raquel Medina ens retrata el pintor amb rigor i coneixement tècnic, però sense oblidar el factor humà que el fa tan proper al bon gust popular.

Tot i que la comarca nadiua de Todó és el Baix Ebre, per la seva obra jo diria que és una persona que s'arrela ràpidament a qualsevol lloc on hi hagi llum. Dic això perquè la seva producció és lluminosa, plena de clarors i de tons de pintura molt suaus, igual com els paisatges, els objectes i les figures que representa en les seves obres.

El tema predilecte dels quadres de Todó són els paisatges i les natures. Són dos temes que l'artista aconsegueix personalitzar gràcies al seu domini de la llum i dels colors, depurats amb ofici al llarg de la seva vida creativa: per adonar-se d'això només cal comparar la seva producció de les primeres etapes amb la present. Tots els colors han estat rebaixats fins a convertir-se en una carta de tons suaus, dolços i agradables. Aquesta suavitat es nota fins i tot quan Todó pinta el món de les fàbriques, el món industrial, els trens, els aeroports... Sota el seu pinzell el món sembla molt més amable i íntim. Però el major interès de Todó, com ja va escriure Fina Duran, és el món quotidià de les coses petites i insignificants a primera vista: «No trobarem en l'obra d'aquest artista grans temes, si entenem per aquest concepte aquells elements grandiloqüents que sovint han inspirat al llarg de la història l'obra de diferents artistes, sinó vells coneguts, com les tovalles posades a taula, la cadira, la poltrona de vímet, les ampolles degudament agrupades o aquell vell tinter que tantes hores ens ha acompanyat, i en veure'ls allà, en el quadre, dibuixats, isolats, els podrem apreciar amb tota la seva magnitud i bellesa...». En certa manera, Todó recupera la petita memòria de les coses.

Celebrem la incorporació de Francesc Todó —de la mà de Raquel Medina— a aquesta galeria d'artistes que és la col·lecció Tamarit, en la confiança que el lector hi trobarà el catàleg de les seves millors obres i un extracte biogràfic i crític digne de la seva qualitat creativa.

JOAN AREGIO NAVARRO
President de la Diputació de Tarragona

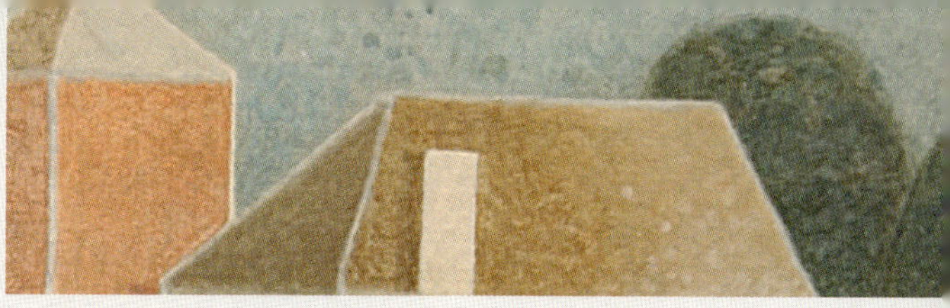

Raquel Medina

Francesc Todó

La realitat transfigurada

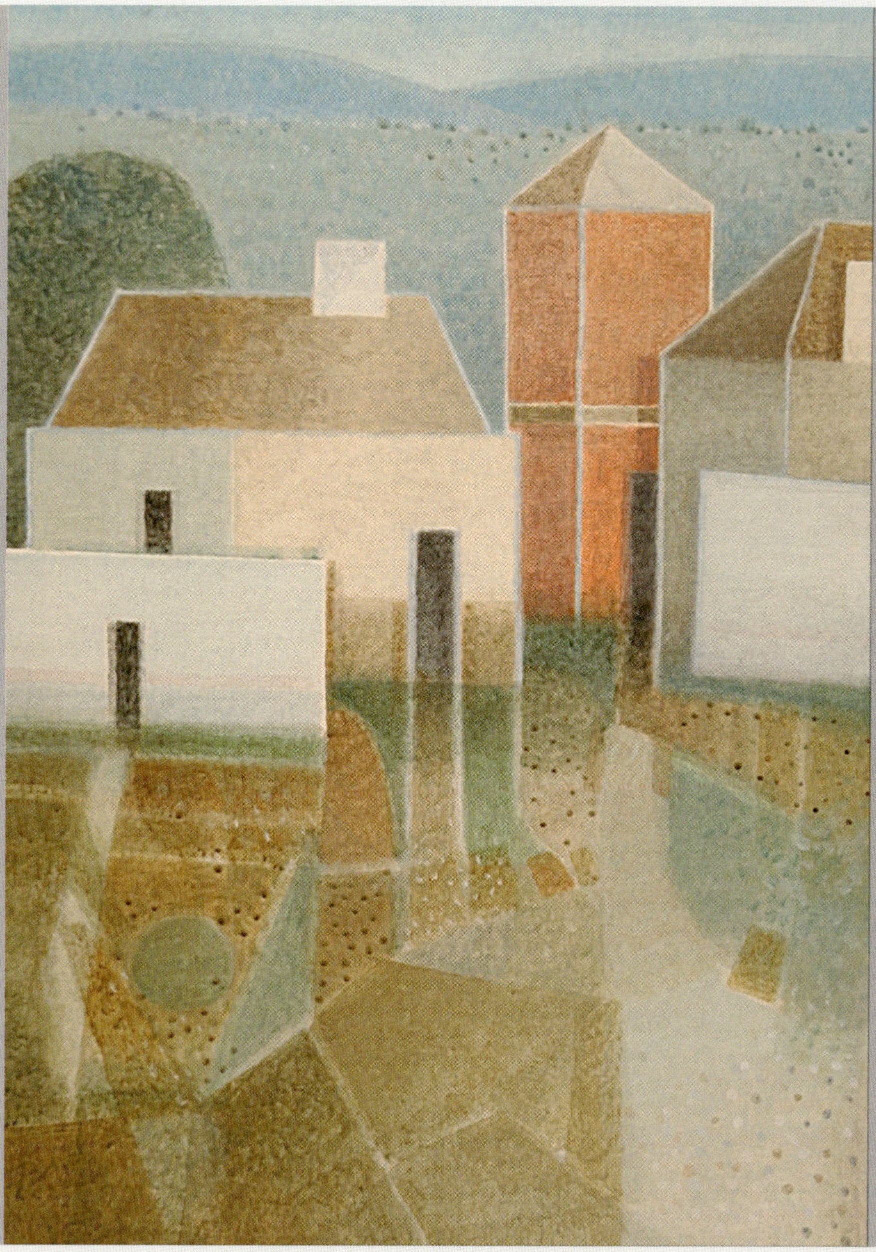

Francesc Todó

La realitat transfigurada

1. Francesc Todó, una personalitat i una trajectòria

Per arribar a entendre amb certa profunditat l'obra d'un autor com Francesc Todó, per al qual sens dubte l'art és fruit d'una reflexió sobre l'existència, no és accessori conèixer d'antuvi que els inicis de la seva trajectòria vital van ser durs des de massa aviat. Orfe de mare als sis anys, ja des de l'adolescència va haver d'enfrontar-se al seu pare, que no volia que fos pintor; va haver de pair la mort d'un germà i no gaire temps més tard, quan ja semblava haver-se deslliurat de la incomprensió paterna, s'havia independitzat i vivia amb la seva jove esposa Joana, va quedar vidu amb una criatura acabada de néixer.

Potser gràcies al dur mestratge dels cops de la vida, a les circumstàncies tan difícils que va patir, Todó va assolir la serenor que s'acostuma a associar a la maduresa dels anys i no va haver d'esperar a la vellesa per atènyer la capacitat (que a molts no els arriba mai) de veure les coses des de fora i saber-les mesurar, de saber distingir allò important d'allò que no ho és i que, per tant, no mereix ser motiu de frisança. Ell mateix ha assegurat: «Sóc plàcid de mena, mai no m'exalto», i en efecte, res no sembla pertorbar seriosament el seu ritme interior, la seva cadència vital, aquesta capacitat de fugir de la impaciència, dels nervis, de les presses, associada a quelcom igualment positiu: saber gaudir de les petites coses, com llegir poesia o teatre, passejar, sentir música, delectar-se veient una exposició... en fi, viure plàcidament al costat de la seva segona esposa, la també pintora Isabel Garriga, i mantenir-se a prop dels seus fills.

Des que als setze anys va decidir que volia ser pintor malgrat tots els entrebancs, ha demostrat tenir idees pròpies i saber actuar en conseqüència, amb total coherència i honestedat. Ha mantingut una actitud ferma en el rebuig de retòriques grandiloqüents, la qual cosa implica al mateix temps un cert escepticisme vers algunes manifestacions de la contemporaneïtat, i s'ha forjat a poc a poc una reputació professional avalada per seixanta anys de treball lúcid situat a mig

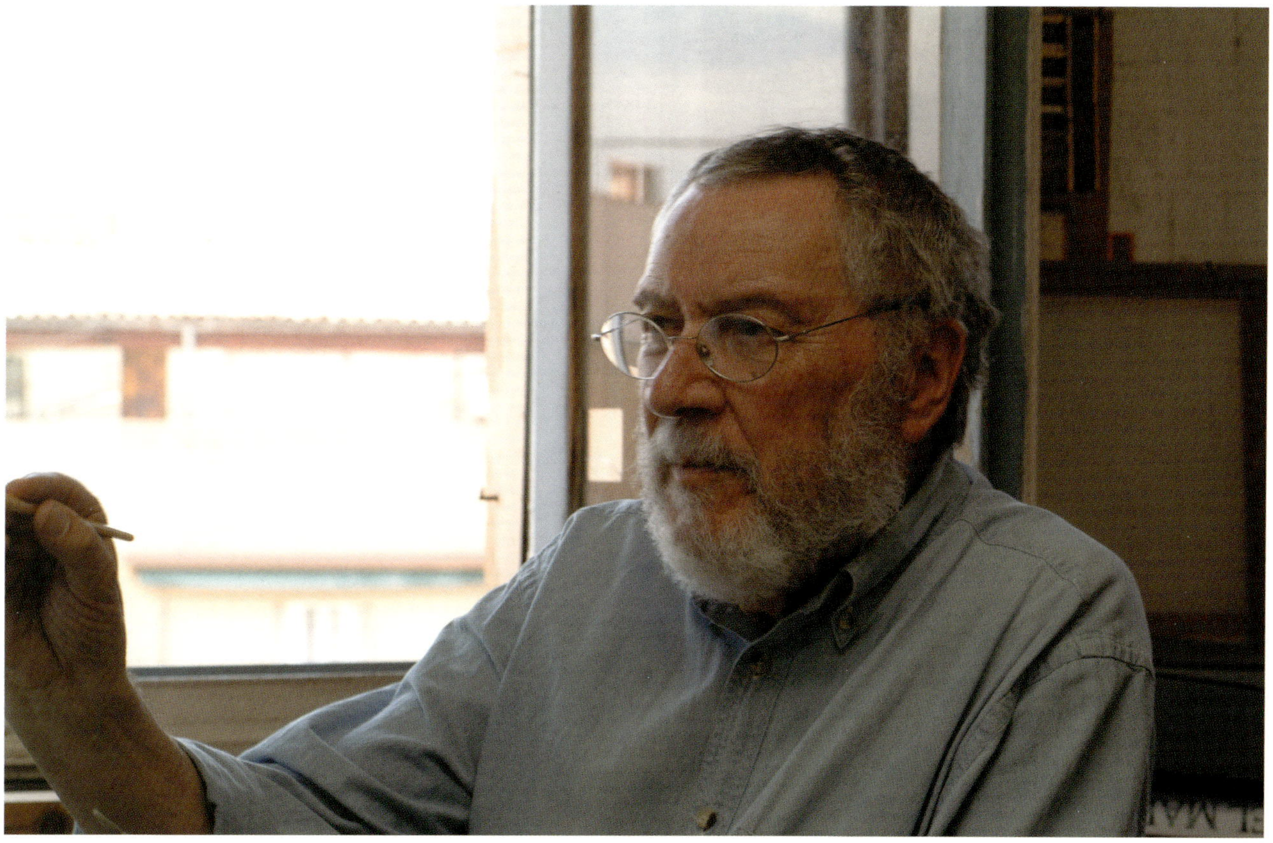

camí entre la tradició i la modernitat (com diu Giralt Miracle: «Todó ha sabut establir una síntesi entre les pautes de la sensibilitat noucentista i els corrents moderns de les darreres dècades»)[1] amb un toc de classicisme i tot el pes que comporta assumir veritablement aquest concepte.

És ben cert que en alguns artistes, poetes, pintors, no hi ha una connexió aparent entre la seva personalitat i la seva producció creativa, fins i tot de vegades semblen contradictòries; en aquest cas, però, es produeix una sintonia perfecta, una consonància total entre l'home i l'obra: la mateixa placidesa de la seva mirada blava i transparent, de la seva conversa pausada i jovial, el mateix somriure amb un punt d'ironia, i un fi sentit de l'humor és el que trobem en les seves obres. En aquest sentit convé assenyalar que no ha renunciat mai a imprimir un toc lúdic a la seva producció, perquè sempre ha considerat la pintura també com un joc. Malgrat que per ell la pintura, sense cap dubte, és una professió (i va lluitar durament perquè així fos), això no impedeix que sigui al mateix temps una afecció (en el sentit d'afecte i de petit plaer que acompanya i alegra l'existència); aquesta mirada neta i ingènua sobre les coses amb una espurna d'il·lusió, d'innocència entremaliada, és quelcom consubstancial a la seva personalitat i a la seva obra.

Es fa prou palès que per Todó «ser pintor és un estil de vida», segons ell mateix ha declarat, però un estil de vida no comparable amb el de molts altres companys de l'ofici. La seva modèstia i el seu tarannà sobri i senzill, poc inclinat a les relacions públiques, l'han mantingut al marge de servituds socials, i això ha contribuït que no fos un pintor gaire conegut. Preocupat per fer un art pròxim a la gent, sempre ha evitat, d'altra banda, treballar només per a cercles benestants (per això va ser un dels fundadors d'Estampa Popular a Catalunya). Ha conreat molt el gravat i la litografia amb la mateixa intenció d'estar a l'abast de qualsevol persona, i el seu discurs és comprensible per a tothom en diferents nivells d'aprofundiment i obert a un ampli ventall de gustos i sensibilitats, sense que això impliqui cap concessió a la banalitat.

En aquest punt convé dir que la contenció en un pintor que ha adquirit tanta facilitat a través dels anys d'experiència d'un treball molt sistemàtic és una autoexigència i un repte constant per evitar caure en allò artesanal i primoter. Algunes vegades llisca perillosament a la vora de l'esteticisme gratuït, sobretot en el cas de les fruites, dels grans de raïm que semblen perles artificials. És generalment fent fruites o flors (només algunes vegades) quan s'apropa més al risc decorativista (gairebé sempre, però, aconsegueix allunyar-se'n, escapolir-se'n mitjançant una falsa perspectiva o algun altre recurs que trenca l'excessiva blanor), potser perquè cau en la temptació sensual d'aquests elements o més aviat perquè sempre ha estat més ell mateix i sap treure el màxim profit de la seva creativitat quan representa coses fetes per l'home, que són les que sempre han copsat fonamentalment el seu interès.

Fins arribar a trobar el seu llenguatge definitiu i definitori, l'obra de Todó ha passat per diverses etapes seguint una apassionant evolució.

Curiosament, en els inicis no hi trobem tempteigs, ni els naturals desencerts de la manca de maduresa. Les primeres obres són paisatges del seu entorn realitzats amb una pinzellada molt àgil (*Plaça Joanic,* 1945) que creix en densitat i riquesa de color (*Paisatge amb barques,* 1949), i també figures com l'esplèndida *Maternitat* (1949), que manifesta una factura d'extrema llibertat, de pinzellada ampla i molt vivaç amb un domini extraordinari dels recursos pictòrics i dels ressorts expressius.

Aviat el jove Todó, no prou satisfet amb els primers èxits que li reporta la seva natural i extraordinària destresa, demostra tenir noves inquietuds. Es manifesta en la seva obra una necessitat estructural. Les composicions es fan més simples, tant pel que fa al color com a la forma, alhora que guanyen en espai i equilibri (*Barri dels periodistes, carrer Valseca*) i evolucionen cap a la geometrització cada cop més patent en detriment de la sensació de realitat (*Serrallo, Tossa*); el lligam amb la realitat es perd progressivament vers l'ingenuisme que apareix en iniciar-se la dècada dels cinquanta, quan introdueix en el paisatge temes urbans com de postal naïf (*La Garriga, Hotel Doré, Nôtre Dame)*. Durant aquests anys, beques i borses de viatge concedides per diverses institucions (Ministeri d'Educació, Cercle Maillol) li permeten viatjar per diversos països i entrar en contacte amb l'art internacional. Composicions com *Vaixell de nit* (1954) assoleixen un peculiar equilibri entre la geometrització de les formes i dels perfils i una mena d'ingenuisme líric de ressons chagallians.

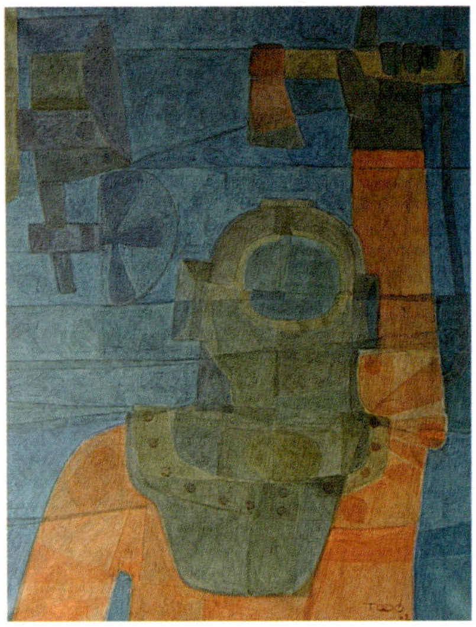

Bus submergit, 1962.
Acrílic sobre tela, 116 x 89.

A partir de 1957, de la temàtica urbana es decanta cap a la màquina i les eines de treball, obrint l'etapa que més fama li comportaria. És també un moment d'experimentació tècnica en què treballa algunes obres amb tremp a l'ou buscant un procediment que no trigui tant a assecar com l'oli, procediment que no gaire més tard canviaria per l'acrílic. Una simple bicicleta emplaçada en una d'aquelles composicions ingenuistes l'indueix a elevar a protagonista qualsevol artefacte mecànic, i evoluciona cap a una progressiva complexitat en el tractament de les màquines de tot tipus basat en el grafisme que conforma una intricada xarxa lineal. Elabora laberíntiques obres plenes de mecanismes, grues, torres elèctriques, complexos fabrils i industrials, centres de comunicació i transmissions (*Estació de radar*, 1959), mitjans de locomoció o transport. No és l'únic artista que reflectí en la seva obra l'enorme repercussió social i popular dels avenços tecnològics i científics (satèl·lits com el cèlebre *Sputnik*, submarins atòmics com el *Nautilus*, primeres centrals nuclears, telecomunicacions...) que van proliferar en aquells anys cinquanta.

El fascinava la capacitat inventiva de l'home, tot el que era capaç d'imaginar i construir; el progrés i la transformació de l'existència humana que implicaven les noves tecnologies, els canvis que comportava en la vida quotidiana, la manera de dinamitzar-la, de modificar-ne el ritme... A partir d'aquesta fascinació, va elaborar un sistema de representació subjectiu, il·lusori, totalment fictici, del món de la tècnica, de la mecànica, de la mateixa manera que més tard desenvoluparia una ficció dels objectes i dels paisatges.

En anar esgotant el tema, es perd aquella concreció que explicitava cada detall (imaginari) de la màquina, l'aparell s'integra en un entorn i s'apropa a la natura; com a conseqüència, s'abandona el predomini absolut del grafisme i el quadre es planteja com un joc de plans i de zones de color. Es tracta d'una nova etapa amb resultats molt interessants i originals. *Estació de Llavaneres* (1957) és un singular precedent en el predomini absolut de l'estructuració segons una

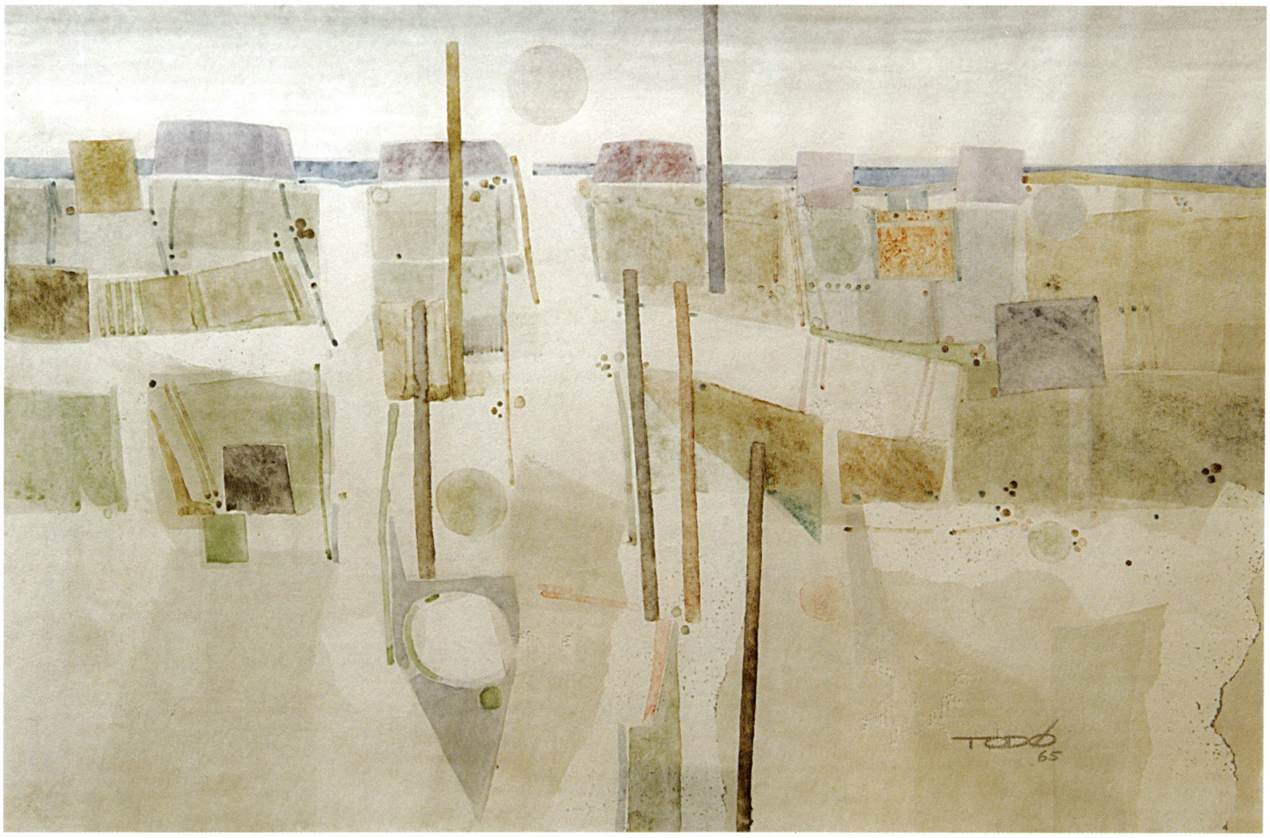

Els camins de la llibertat, 1965.
Monotip, 50 x 70.

geometrització planimètrica; *Astronauta* i *Bus*, obres del conjunt presentat l'any 1966 a la Sala Gaspar, són com robots, homes màquina en els quals la línia conviu amb un cromatisme ambiental, translúcid, com de vitrall, amb predomini d'un blau turquesa molt característic, especialment en les obres submarines (*Batiscaf*, *Bus submergit*), però extensiu a d'altres com *Motor d'explosió* (1962): el color, estructurat en zones com en un vitrall, i les transparències van superant el grafisme i la màquina acaba per perdre entitat fins quasi bé desaparèixer en favor de la referència a un entorn més o menys natural de paisatges i edificis. Sovintegen les estacions ferroviàries, però també els camps d'esport amb una curiosa vista aèria contraposada a cases i altres elements de vista frontal, tot molt estructurat geomètricament. L'ambientació esdevé molt colorista (*Gredera a Olot*) i amb una capacitat de síntesi que s'apropa molt a l'abstracció, sobretot en *Les roques de Cadaqués* i *Pintura* (1965) o el monotip *Els camins de la llibertat*, en què les al·lusions al paisatge gairebé desapareixen diluïdes en una síntesi geomètrica amb renovada tendència a la bidimensionalitat, en una exhibició de capacitat d'innovació, fantasia i sensibilitat.

A meitat de la dècada dels seixanta s'acaba definitivament el cicle de les màquines coincidint amb nous corrents de neofiguració sorgits de la crisi de l'informalisme. Todó, un cop acomplida i exhaurida –segons el seu propi criteri– la seva aventura plàstica, el seu gran repte artístic, fa un exercici d'introspecció. És així com, oblidant-se de buscar nous temes, els troba al seu voltant i en la seva pròpia memòria personal. Inicia una etapa de transició en què recupera plàsticament l'ambient de la seva infantesa, aquells objectes i mobles de la casa dels pares: consoles, vetlladors, tocadors amb miralls, perfums i flors, calaixeres, cadires de braços, ribelles i aiguamans, bufets, vitrines i tot l'aixovar: vaixella de porcellana, copes, licoreres, gerros, tovalles... objectes que reflecteixen una vida confortable, tot i que decadent i anacrònica; fragments d'ambients de cases benestants, de classe mitjana que aspira a integrar-se socialment en la burgesia; homenatge a uns records d'infantesa no pas nostàlgics sinó que estan immergits en la seva fina ironia una mica burleta, que va presentar a la Sala Gaspar l'any 1968 poc temps després d'haver exposat als Estats Units, amb uns marcs en sintonia amb els temes representats, tan antitètics d'aquells submarins, satèl·lits i astronautes de l'exposició de 1966. Tanmateix, no es produïa cap ruptura dràstica: a l'exposició de 1966 ja apareixien alguns quadres que eren simples agrupacions d'objectes heterogenis distribuïts aleatòriament per la tela en visió frontal (ampolles de Coca-cola, tasses, pinzells, un rellotge antic) que són clars precedents de la seva etapa definitiva. A més, el canvi només abastava l'aspecte temàtic; gairebé es mantenia la mateixa factura i el cromatisme contrastat (grocs, taronges, blaus turqueses enfront de marrons i negres) i també la mateixa capacitat d'estructurar i sintetitzar la composició, sempre eludint el detall i la imitació del natural malgrat un tema tan propici al tractament realista; de fet, no trobem gairebé cap diferència formal entre les corbes dels mobles i les dels tubs i les canonades.

El 1969 és nomenat catedràtic de la Universitat de los Andes a Bogotà, on s'instal·la amb la família, experiència positiva que recorda agradosament i que li permet exposar a Colòmbia i a Mèxic i viatjar per països d'Amèrica Central. En una entrevista que li fan a Mèxic el 1970 amb motiu de l'exposició, demostra tenir les idees molt clares: «*He rehuido siempre los elementos de la naturaleza, prefiero utilizar aquello que el hombre ha creado... es una especie de entusiasmo casi infantil por todos los avances de la técnica pero quedándome con sus aspectos intimistas y cotidianos... con lo emocional y más cercano al hombre*. [...] *Me mantengo fuera de todo movimiento y me considero un pintor figurativo y tradicional*».[2]

Tot i que aquestes van ser unes paraules que convindria matisar amb altres declaracions en les quals manifesta el seu afany innovador, ens serveixen per il·lustrar el seu canvi d'actitud. Queda clar que de manera progressiva i intencionada la seva pintura s'ha desenganxat del carro de l'avantguardisme, els seus interessos van per un altre camí i inicia la que serà la seva etapa definitiva centrada en l'hegemonia dels objectes, ja no del passat sinó del present, tot registrant un evident canvi cromàtic cap als tons freds i suaus dissolts en una lluminositat blanca. Descobreix també l'aquarel·la, que des de 1973 alternarà amb l'acrílic sobre tela i el gravat. Hi ha un canvi clar de prioritats: el seu interès passa a centrar-se ja no en els temes que representa, sinó en aspectes estructurals i constructius del quadre. A partir dels nous plantejaments establirà una nova relació amb la realitat, descobrirà noves maneres d'aproximar-s'hi i desenvoluparà una inusitada poètica de l'objecte.

2. Procés i mètode: el quadre com a construcció mental

Una mica com si volgués contradir i refutar categòricament l'opinió del seu pare, que considerava l'ofici de pintor lligat a una vida bohèmia i anàrquica (raó per la qual es va oposar a la seva decisió fins al punt de desheretar-lo), Todó ha portat sempre una vida extraordinàriament ordenada, metòdica, de costums regulars. Aquest tarannà es veu reflectit en la seva activitat pictòrica, que segueix sempre les mateixes pautes, el mateix cerimonial.

El seu estudi, situat al mateix replà del pis on viu des de fa prop de mig segle, només separat per un pas, és de fet una continuació de la seva intimitat casolana i al mateix temps el seu reducte d'intimitat creativa, les quatre parets on s'enfronta amb el blanc de les teles i dels papers, un ambient que es manté sempre inalterable (i que només durant els mesos d'estiu substitueix pel de Cadaqués, any rere any des de fa més de quaranta); un entorn imprescindible que li proporciona el necessari clima de tranquil·litat, de seguretat, on es troba al seu aire, envoltat de tot allò (fotos, quadres, objectes, records...) que l'acompanya des de sempre, a més de les seves estimades eines de l'ofici.

Té establert un «horari laboral» que respecta al màxim com un treballador qualsevol i que a la seva edat és de set hores diàries. No creu en rampells ni en inspiracions. Tanmateix, la contemplació de la natura i de l'entorn, i la lectura de teatre i de poesia d'un ampli ventall d'autors (Espriu, Riba, Foix, Blas de Otero, Miguel Hernández...) l'inspiren en el seu treball. Amb la seva natural modèstia assegura que no és especialment hàbil i reconeix que si bé no pateix pintant, tampoc no hi té facilitat. En aquest sentit, li agrada pintar amb música de cambra, jazz..., no solament per afecció o per sentir-se acompanyat, sinó perquè l'ajuda a concentrar-se en el que fa, a alliberar la seva ment, a «desbloquejar-la», l'estimula i a la fi contribueix a proporcionar-li la necessària fluïdesa creativa. Un condició ineludible per tre-

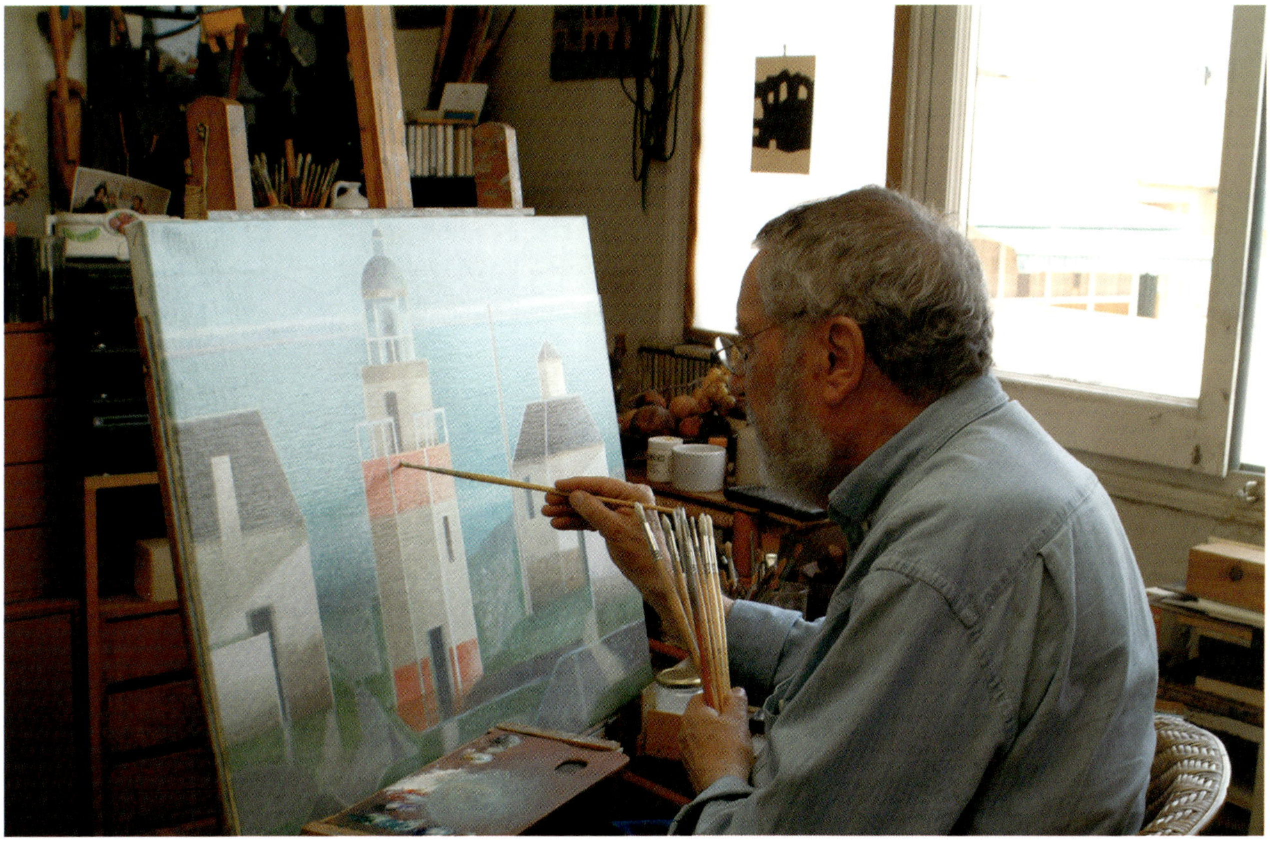

ballar és la llum del dia (exigència per la qual bona part de l'any només pot treballar al matí), però com que la llum del sol que penetra a raig pels finestrals del seu estudi barceloní és massa intensa, necessita tamisar-la, i per això col·loca als vidres uns panells de paper translúcid, vegetal.

Un cop se situa davant la tela en blanc (abans ho feia dempeus, però des de fa uns anys pinta assegut), s'inicia un procés prou curiós i gens comú. Paradoxalment tractant-se d'una persona tan metòdica que no deixa res a l'atzar, no fa cap esbós previ sobre paper. Construeix la composició —sovint força complexa— mentalment, mitjançant una estructuració geomètrica de la superfície del quadre —bàsicament planimètrica— i ataca el suport directament, sigui tela o paper, sense tenir cap model al davant; és a dir, lluny de preparar (com fan tots els pintors de natures mortes) uns objectes en una posició determinada com a model per «copiar», ell es limita a fer un croquis per equilibrar el futur quadre agrupant mentalment objectes que estan dispersos per l'habitació i que no mou en cap moment del seu lloc. És un procés contemplatiu, d'aprehensió de l'entorn íntim, que consisteix simplement a passejar la mirada per la cambra tot recreant-se en els objectes tan familiars, dialogant amb ells i triant aquest o aquell altre, considerant diverses possibilitats d'establir una relació entre objectes que només existirà en el quadre, una sintaxi virtual que passa directament de la imaginació al suport.

Un cop satisfet amb la distribució, comença l'execució meticulosa, lenta i pausada. Amb els pinzells a la mà, si tot va bé, s'oblida, fins i tot, d'ell mateix, el pensament flota a la deriva i entra en una mena de estat de trànsit mentre la mà sembla adquirir una autonomia plena. Triga en l'elaboració de l'obra uns vuit o deu dies, la qual cosa correspon si fa no fa a una producció d'un parell de quadres o tres al mes. Les aquarel·les, tot i semblar tan espontànies, també requereixen diverses sessions.

Aquesta mena de ritual és inalterable i no li permet mai fer més d'una obra a la vegada, sense excepcions. Fins que no ha acabat i signat una peça no en comença una altra. La signatura la fa immediatament després de decidir donar per bona l'obra i per tant no tocar-la més. És un acomiadament definitiu del procés d'elaboració, constitueix una mena de certificat que allò definitivament està acabat. Això vol dir que cada obra requereix la seva pròpia i exclusiva parcel·la de temps, sense barrejar-se mai amb les altres. El temps, de fet, és un factor fonamental en aquest procés de treball lent; és un temps compartit entre l'artista i l'obra que queda atrapat en el quadre, temps passat dels objectes representats i temps present de l'acció de l'artista conjugats simultàniament.

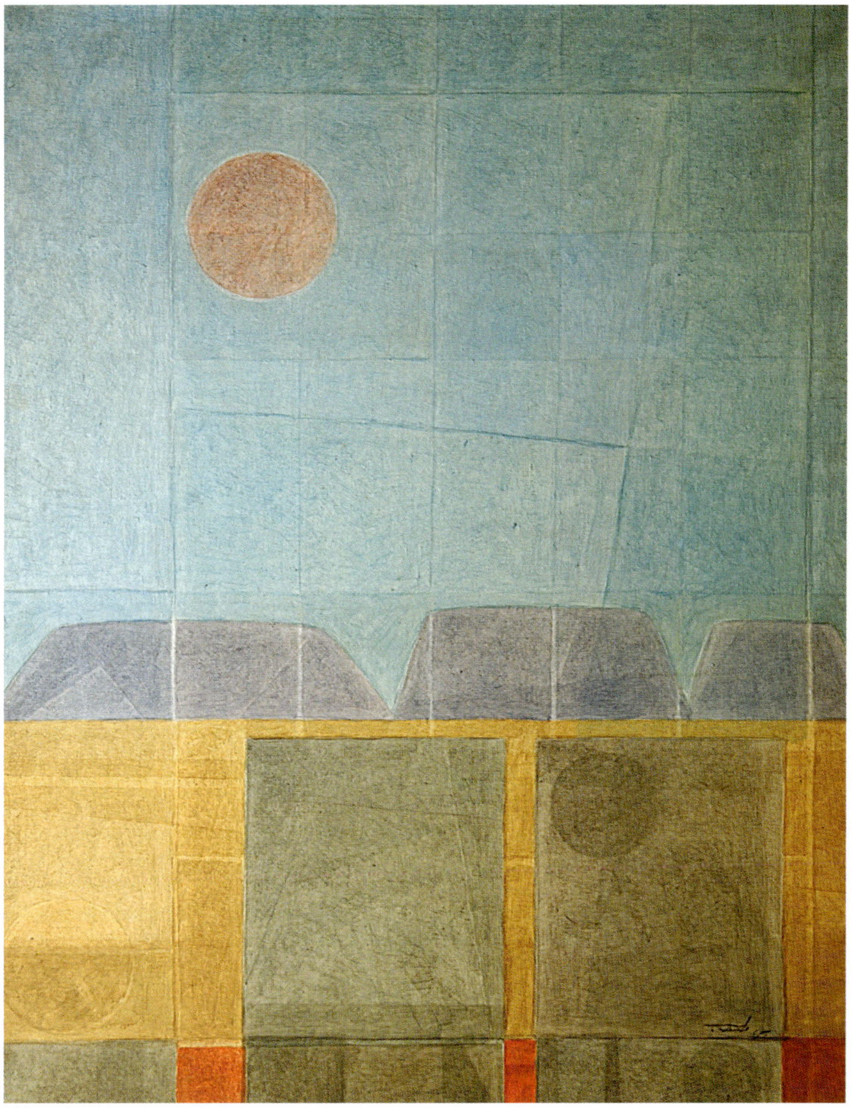

Pintura, 1965.
Acrílic sobre tela, 116 x 89.

Tot aquest procés d'execució de l'obra i la construcció mental del quadre (que correspon al que els renaixentistes entenien per *disegno*) posa de manifest que Todó és un artista reflexiu, racional. En aquest aspecte el podem considerar hereu dels artistes del Renaixement, defensors de la racionalitat de l'art i de l'activitat intel·lectual com a base de tota experimentació estètica, un pensament racionalista i empíric, però sovint també amb un cert caire d'especulació metafísi-

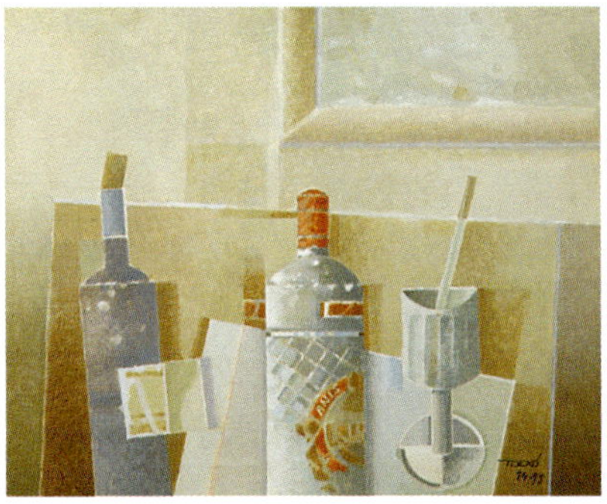

Copa i anís, 1994-1995.
Acrílic sobre tela, 46 x 55.

ca i evidentment idealista. Alberti va ser el primer que va reprendre la teoria de les proporcions del món antic, juntament amb el llegat pitagòric i platònic, per reivindicar una pintura intel·lectual, posició compartida per Leonardo, que reitera en els seus escrits l'obligació de saber geometria per llegir-los: «Ningú que no sigui matemàtic ha de llegir els principis de la meva obra», adverteix, tot fent paràfrasi d'una màxima de l'acadèmia d'Atenes. Tanmateix, com han demostrat estudis recents, la geometria s'entenia bàsicament com a art liberal o teòric (que en la tradició escolàstica formava part, juntament amb la música, l'aritmètica i l'astronomia, del *quadrivium*) i es mantenia en un plànol filosòfic des del qual influenciava més la teoria de l'art que la praxis artística. Era més un estat mental, un anhel d'equilibri i perfecció, que no pas un instrument tècnic, i és precisament en aquest sentit que la trobem en l'obra de Todó, transcendint aspectes merament formals o tècnics.

L'aproximació a l'esperit renaixentista de Todó que es palesa en moltes obres (vegeu *Homenatge al Renaixement*) no fa tanta referència a l'etapa d'apoteosi de les grans figures com Miquel Àngel, Rafael o Leonardo com al renaixement inicial («sempre he preferit Donatello a Miquel Àngel», afirma), el de les primeres etapes, aquell moment de recerca, de descoberta encara dubitativa, ingènua, plena d'imperfeccions, però pura, neta dels manierismes i barroquismes posteriors, aquell primitivisme de final del Trecento i les troballes del Quattrocento: Giotto, Piero della Francesca, Masaccio, Mantegna... autors amb aquella mena de candidesa en l'estudi analític de les lleis de la natura i de la seva representació: la perspectiva, les proporcions, l'anatomia... amb l'entusiasme de descobrir una nova concepció humanista del món i de l'art i amb resultats plàstics que palesen la rigidesa arcaïtzant pròpia del tempteig, però alhora dotats d'una rotunda i estranya solemnitat.

L'altre punt de contacte entre Todó i la geometria, com ja s'ha dit tantes vegades, parteix de Cézanne i del cubisme. Todó també homenatja constantment el cubisme en les seves obres (*Quadre cubista al cavallet*, 1988). L'estructuració planimètrica de superfícies i objectes, la inexistència o trastocament dels conceptes de volum, profunditat o perspectiva els pren directament del moviment protagonitzat per Braque, Picasso i Juan Gris, especialment d'aquest últim, però sempre d'una manera lliure i sovint amb un toc jocós.

El cubisme, fascinat per la geometria cezanniana, és un dels principals moviments del segle XX interessats en la geometria. Assolí un impuls extraordinari i una transcendència inusitada i esdevingué el baluard estètic d'una revolució industrial i social que tingué múltiples derivacions (purisme, futurisme...), algunes de tan radicals en l'aspecte geomètric com el suprematisme, el constructivisme i el neoplasticisme; fins i tot està en l'origen del racionalisme arquitectònic a través de Le Corbusier.

Precisament, l'aproximació més científica i alhora pragmàtica a la geometria es produeix en artistes com Kandinsky, Klee i Le Corbusier, que varen formar part de la mítica Bauhaus, que preconitzava la cooperació transversal entre les diferents disciplines artístiques i la indústria. Le Corbusier considerava les formes primàries de la geometria com l'essència de les arts plàstiques, l'arquitectura i el disseny; de fet, esdevenen el símbol de la racionalitat i d'una actitud analítica per a una important generació d'artistes d'enorme influència que ultrapassa els límits de les arts plàstiques (inclou la poesia, la música, les arts escèniques...) i arriba a l'enginyeria i l'urbanisme. En aquella revolució truncada pel nazisme, i potser encara pendent, s'hi constatava un cert clima de rebuig a allò que no fos funcional i a la banal subjectivitat estilística en pro d'un art idealista de vocació profundament social.

Aquests antecedents expliquen les circumstàncies (cronològicament posteriors però amb clars paral·lelismes amb les esmentades) que configuren el context en què es produí la significativa col·laboració de l'artista amb l'arquitectura i altres disciplines artístiques;

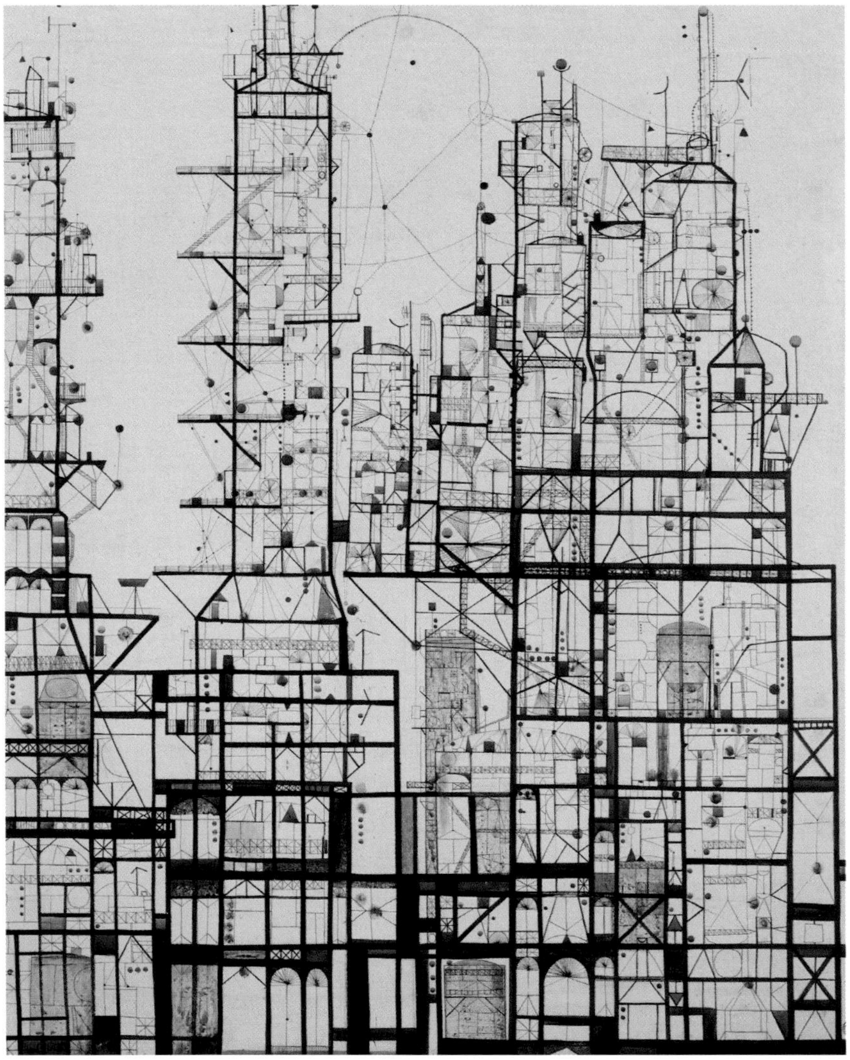

Refineria, 1960.
Acrílic sobre tela, 162 x 127.

aquesta col·laboració s'inicia amb l'encàrrec d'Oriol Bohigas per a la Mútua Metal·lúrgica el 1959 i continua l'any següent amb quatre encàrrecs més per a indústries importants. Paral·lelament es va produir l'excepcional vinculació entre els poetes contemporanis i la pintura de Todó, d'acord amb l'amistat i col·laboració que en aquells anys hi va haver entre poetes i pintors. Els poetes es manifestaren sensibles a la pintura del moment, i molts d'ells, com Cirlot, Perucho i Santos

Torroella, en foren també crítics destacadíssims. Tot i així, és prou singular el fet que catorze dels més reconeguts poetes del segle XX catalans i castellans li dediquessin un llibre de poemes, *Homenatge a Todó*, en el qual cada autor contempla, interpreta i elogia des de la seva sensibilitat diversos aspectes de la pintura de l'artista. A aquest lligam de fraternitat entre les arts al voltant de l'obra de Todó s'hi afegeix la música. Compositors com Xavier Valls, que li dedicà l'obra *Els artefactes de Todó*, estrenada al Palau de la Música el 1962, s'inspiren igualment en la seva aportació plàstica. Todó, per la seva banda, va ser molt actiu en aquest intercanvi interdisciplinar il·lustrant llibres de poesia de grans autors contemporanis, editant col·leccions de litografies que acompanyaven llibres de poemes, exercint de professor de disseny a l'escola Elisava, fent escenografies teatrals, etc., a més dels esmentats murals.

La confluència d'una sèrie de circumstàncies havia determinat aquesta efervescència a l'entorn de Todó i la seva obra. Des de començament de la dècada dels seixanta tots els pintors de l'informalisme abstracte ja tenien una obra madurada i definida, ja no estaven en un procés de trencament i recerca sinó de perfeccionament del seu llenguatge. Todó s'avança amb les seves màquines a un període de crisi de l'informalisme. En efecte, un nombre significatiu d'artistes d'aquest moviment entengueren que ja no era un llenguatge de protesta, ja que havia estat assimilat pel poder, fins i tot per una part del mercat, i optaren per deslliurar-se'n i evolucionar cap a d'altres tendències. D'altra banda, des dels anys cinquanta es produïa una revolució tecnològica que estava repercutint en el pensament i en la vida quotidiana. S'estengué llavors l'opinió que l'informalisme era un art subjectiu, capriciós i poc racional. Influïts en part per la ideologia marxista, els artistes reclamaven un art compromès políticament en un moment d'oberta lluita social de la classe treballadora. Enmig d'aquesta crisi es perfilava la figura de Todó amb una obra d'alguna manera lligada al món del treball, de la indústria, i que mantenia l'actitud de considerar-se com un simple treballador de la pintura, molt

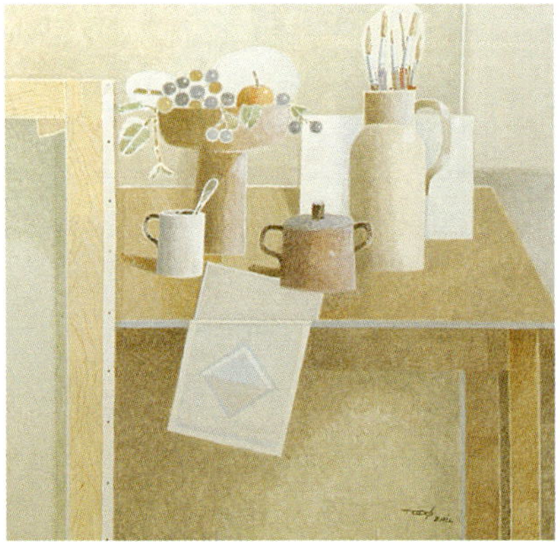

Cinc pinzels d'artista, 2000.
Acrílic sobre tela, 73 x 73.

abans que quallessin moviments com Estampa Popular (del qual va ser membre fundador en l'àrea catalana l'any 1965). D'altra banda, la repercussió del *new dadà*, del *nouveau realisme* i del *pop* americà a Espanya donà pas a noves figuracions radicals amb una forta càrrega emocional: és el moment en què van sorgir els famosos *Equipo Realidad* i *Equipo Crónica*. Les discussions ètiques i estètiques a l'entorn d'aquests temes provocaren fins i tot la «defenestració» d'alguns artistes per part d'alguns crítics que, des de posicions una mica dogmàtiques, tant a favor de l'informalisme com del realisme compromès, no van acceptar el fet que tan important com la conjuntura sociopolítica és la llibertat de l'artista i de la seva resposta davant aquest entorn.

Tot plegat va ser un parèntesi, un parèntesi transcendent i significatiu en el conjunt de l'obra de Todó però que, tanmateix, no destorbà ni determinà la seva evolució posterior, que continuà regint-se pels mateixos principis de racionalitat, estructuració geomètrica, ironia i llibertat.

3. Les claus d'un llenguatge

A banda de tots els aspectes conceptuals i de contingut de l'obra de Todó, el seu llenguatge se sustenta en unes claus formals, en una sèrie de recursos de l'ofici que ha anat desenvolupant i que configuren un segell personal, que identifica la seva manera de fer i la fa inconfusible.

En primer lloc cal destacar l'enorme varietat de solucions compositives que apreciem en el conjunt de la seva obra, en absolut repetitiva, cosa que ens demostra que dins de la fidelitat a unes determinades coordenades estilístiques està permanentment obert al canvi. Li agrada sorprendre's tot sovint amb alguna innovació, necessita l'estímul d'enriquir constantment la seva sintaxi amb aspectes temàtics (com aquella bombeta de llum presentada en un gerro entremig de fulles com si fos una flor), de factura també, però sobretot en l'aspecte estructural. «*Hace ya muchos años que Francesc Todó se esfuerza por hallar nuevos ritmos estructurales*», confirma Francesc Miralles.[3]

En efecte, el plantejament general de la peça és molt obert i divers: des del més senzill que comentàvem de l'arrenglerament dels objectes en primer pla fins a les ordenacions més complexes, passant per una simetria estricta, sense dissimulacions, que preval en un bon nombre d'obres. El format, que no acostuma a ser gaire gran, té tendència al quadrat. Sempre hi ha una estructura interna derivada d'unes línies de força que defineixen les pautes del quadre, les quals es corresponen a uns esquemes mentals predominants, generalment amb un sentit matemàtic de la composició d'arrels cubistes. De vegades impera un «caos» mil·limètricament controlat, un desordre només aparent, com quan omple tota la superfície d'estris. Molt sovint, al contrari, estableix zones buides que permeten que la composició suri o respiri. En el cas de les taules, accentua molt aquest efecte, de manera que les coses disposades a sobre toquen el límit superior del bastidor mentre que la meitat inferior queda pràcticament buida (*Taula plegable*, 1995; *Peu de taula*, 2003).

Són freqüents les composicions d'homenatge al cubisme (*Copa i anís*, 1994-1995) amb elements tan típics de les composicions de Braque, Gris o Picasso com l'ampolla d'anís o el naip, i tècnicament resoltes respectant quasi estrictament les directrius d'aquell estil en les quals els objectes apareixen acoblats o juxtaposats i s'aguanten miraculosament, sense caure, sobre superfícies verticals suspeses en la irrealitat més absoluta. Sense haver de mantenir el mateix rigor, les claus cubistes es mantenen ben presents també en el cas de les arquitectures en què es tria un o més punts de vista impossibles i completament ficticis, com el d'aquells camps d'esport dels seixanta.

Especialment interessants són algunes d'aquestes composicions en què l'autor posa tot l'accent expressiu en la verticalitat dels elements arquitectònics (*Fàbrica i dues xemeneies*, 2001) Aquest impuls vertical que s'accentua artificiosament afegint o destacant element prims i verticals com xiprers i pals (*Far de l'any 1922*) i allargant de forma inversemblant murs, xemeneies, portes i finestres, com comprimint pels costats la composició, arriba a assolir en algunes peces de formats prou grans (sense haver de renunciar al quadrat imperant del bastidor) una estranya i esplèndida monumentalitat (*Es portal des món*, 1980; *El carrer de la vila*, 2000) que en aquest sentit «manierista» d'allargament artificiós dels volums en pro de la majestuositat de l'escena ens evoca d'alguna manera El Greco.

Una altra fórmula que cal destacar és la que apareix en alguns paisatges de format totalment quadrat com *La bassa gran* o *La vall dels murs*, en què les cases apareixen envoltant un espai buit que ocupa el centre de la composició, on es desenvolupa un màgic i evanescent joc de reflexos (mig reals en el cas de la bassa i absolutament imaginaris en l'altre), aspectes que ja ens condueixen a parlar de l'espai i de la llum.

Malgrat que va ser precisament el cubisme el moviment que trencà el model d'espai renaixentista trencant la perspectiva i la profunditat i multiplicant els punts de vista, no solament de la composició general sinó de cada objecte, Todó no els considera excloents i conjumina ambdós models en els seus quadres. Aquesta hibridació o convergència de sistemes oposats és possible perquè la concepció de l'espai en Todó està al servei de la pintura entesa com un joc de sensacions visuals intencionadament ambigües i contradictòries. Partint de la seva atracció per la geometrització de Cézanne i el cubisme sintètic de Braque, Gris i Picasso, el seu plantejament espacial és essencialment planimètric. En primer lloc, a penes demostra cap interès pels volums; l'escassa sensació de tridimensionalitat és exclusivament visual i induïda per un joc de llums i ombres que no té res a veure amb el modelat tradicional; gairebé mai hi ha una intenció de fer cossos que omplin l'espai ni de provocar un efecte de coses tangibles, és per això que tot sembla ingràvid, desmaterialitzat, i per la mateixa raó la composició manté la seva lleugeresa encara que estigui «plena» d'objectes.

Tanmateix, sí que s'hi manifesta un interès per la perspectiva, sempre, ben entès, dins d'aquest plantejament visual. Molt probablement podem inscriure aquest interès dins de la seva atracció intel·lectual vers la pintura del Quattrocento. Todó sembla homenatjar aquells tempteigs de perspectiva geomètrica en obres com *Homenatge al Renaixement*, de títol prou evident, jugant amb els punts de fuga múltiples. Tanmateix, potser les obres més significatives en aquest aspecte són els quadres de finestres o balcons oberts a un paisatge. Un cas paradigmàtic és l'obra titulada *Com en un monestir*, en la qual la multiplicitat de plans de profunditat sembla gairebé una lliçó acadèmica: un primeríssim pla amb la planta; la taula del darrere quasi fa d'ampit a la finestra oberta, que deixa veure el suposat monestir envoltat de vegetació; finalment, el fons de turons i planícies fins al mar, horitzó i cel. Tot, taula, finestra, edifici, dibuixat amb perspectiva respecte a un punt de fuga que, tot i que no es pot ubicar amb precisió, dóna la sensació acadèmica a què ens referíem.

Malgrat evitar els contrastos (recordem que col·loca paper vegetal als vidres per tamisar la llum), generalment s'aprecien llums i ombres en les seves obres. N'és una bona prova el fet que s'hi sol distingir la direcció de la llum, fins i tot ens ha comentat que és un detall que li permet saber on ha pintat el quadre: si la llum ve de la dreta està fet a l'estudi de Barcelona, si procedeix de l'esquerra està fet a Cadaqués. Un altre aspecte relacionat amb l'espai que cal tenir en compte —tot i que depèn més directament d'altres factors, com la pinzellada i més concretament la llum— és l'ambientació atmosfèrica peculiar, tant en interior com en exterior. A partir dels noranta s'adverteix una vibració especial consubstancial al tipus de pinzella-

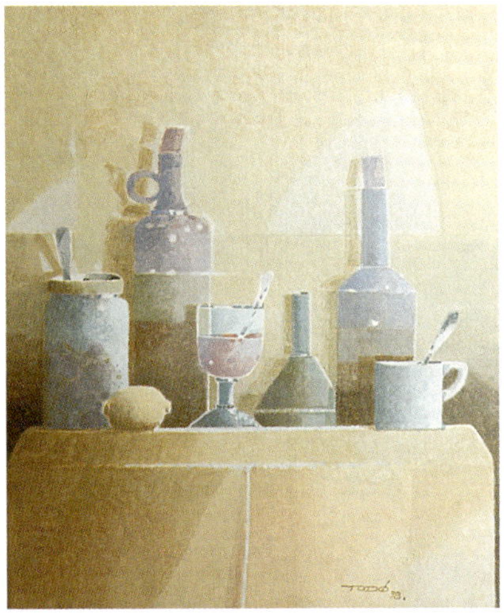

Copa de vi, 1998.
Acrílic sobre tela, 65 x 54.

da lleugera, tènue, breu i atomitzada, com puntillista, que sembla evocar aquella teoria corpuscular de la llum preconitzada per Newton que va influir en la concepció lumínica de mestres com Vermeer (amb els seus típics grumolls de llum als primers plans) i Velázquez en les experimentacions preimpressionistes dels paisatgets de Vil·la Mèdici.[4] Pel que fa als interiors, una obra especialment interessant és *Copa de vi* (1998), un especial exemple de la llum posada al servei de la fantasia per crear i dotar de màgia un petit fragment de realitat. Es tracta d'una simple composició de coses heterogènies desordenades sobre una taula, que aquest cop està tocant la paret i, sobre aquesta paret, situada just darrere els objectes, aquests projecten les seves ombres que es superposen a uns reflexos de capricioses formes geomètriques, tal vegada procedents d'un mirall o d'una finestra. Un subtil enfosquiment darrere de la taula la desenganxa del fons i destaca lleument el conjunt de coses, però l'interessant és que els objectes cedeixen la seva supremacia a uns altres elements físics però immaterials, com les ombres i els reflexos, els quals, juntament amb les lluïssors del vidre, conformen un prodigiós conjunt que no solament anima la composició —desenvolupada en un únic pla i matisada amb tons crema suaus i càlids—, sinó que, malgrat la seva evanescent i efímera presència, prenen eficaçment el protagonisme i configuren una ambientació singular.

Lluentors, transparències i reflexos que, juntament amb punts de llum estratègicament ubicats que poden aparèixer en qualsevol objecte (no solament els de vidre o porcellana), sense necessitat de cap justificació basada en la realitat, s'afegeixen a un altre recurs totalment personal i prou definitori. Es tracta del contornejat blanc que ressegueix les formes tot destacant la seva estructura interior o perimetral, aquestes siluetes màgiques són un recurs que contribueix de manera fonamental a una intencionada desvinculació de la realitat.

Finalment, pel que fa al color, la calidesa dels temes tractats contrasta amb una gamma cromàtica predominantment freda. Els blaus dominen amplament en el conjunt de la seva obra i això, juntament amb la llum blanca, produeix una sensació de frescor que és antitètica a l'engroguida pàtina del temps que cerquen altres realistes preparant les teles amb un fons càlid per tal de donar un alè romàntic a les seves obres. Todó no empra pas aquest artifici, prefereix aquesta llum matinal, fresca com la rosada, neta i transparent, i sap temperar l'excés de fredor derivat dels blaus i del blancs mitjançant el contrapunt perfectament dosificat d'ocres, beixos, cremes i vainilles.

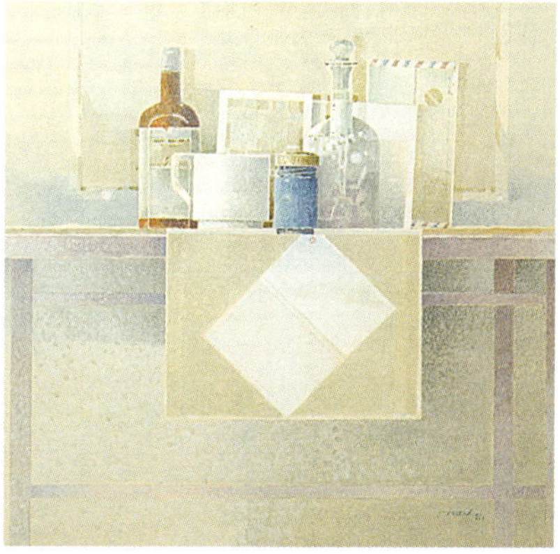

Carta postal d'Unicef, 1991.
Acrílic sobre tela, 70 x 70.

En els exteriors, el tectònic perd definició en favor de l'efecte ambiental de llum dissolta, homogèniament repartida sense a penes contrastos, com filtrada per un tel de núvols prims. També el color s'hi veu afectat i perd intensitat en dissoldre's dins aquest bany de llum difusa que també és la responsable de la pèrdua de volum i pesantor.

L'estranya blancor d'aquesta llum sembla expressar el mateix anhel de puresa consubstancial al blanc del qual van fer bandera els neoplasticistes, que el consideraven el color espiritual per excel·lència, i també els racionalistes, encapçalats per Le Corbusier, que van fer-ne un símbol de certesa, claredat de conceptes, equilibri i austeritat enfront del primitivisme irracional, subjectiu, vulgar o superficial dels colors vius. Però la simbologia de la llum es remunta molt més enrere: la llum associada al coneixement i la raó dels il·lustrats davant de l'obscurantisme de la ignorància, i també la llum com a metàfora de la veritat i del bé en l'evangeli.

4. Els temes: de l'objecte al paisatge

Els interiors i especialment els objectes quotidians constitueixen, juntament amb el paisatge, la temàtica preferida de Todó. L'objecte concret, però, no té transcendència en si mateix, és una tria circumstancial, casual, sempre pot ser substituït per un altre. La seva elecció tampoc no depèn de l'estètica. No obstant això, no tots els objectes són vàlids: no li interessen, per exemple, els utensilis procedents d'un antiquari, independentment del seu aspecte o utilitat; prefereix objectes extrets d'un ambient conegut, llargament viscut, condició que els confereix, segons l'autor, una mena d'impregnació humana, una càrrega autèntica d'intimitat. Per tant, són objectes que es justifiquen en relació amb el subjecte (l'artista, en aquest cas) mitjançant una relació de convivència i de servei, ja que són eines, instruments que ajuden el subjecte a expressar-se i a exercir la seva feina. D'aquesta manera, la seva presència en el quadre assoleix la categoria de símbol o d'icona, ja que són empremtes d'una manera de viure, testimonis de la presència humana. L'home és absent del perímetre del quadre, però present a través dels objectes d'ús personal per l'entorn vivencial que evoquen.

En efecte, els objectes que pinta Todó són tota mena d'utensilis, coses d'ús quotidià, ornaments i records d'una vida que pertanyen a l'entorn íntim de l'artista i que d'alguna manera revelen un fragment biogràfic. Són, en certa manera, com autoretrats, que fins i tot evoquen una manera d'entendre la vida i susciten a través de detalls anecdòtics, de vegades irònics, que semblen picar l'ullet a l'espectador (i arriben a reflectir-se en el títol), un corrent de simpatia, de connexió, que expressa clarament el seu tarannà senzill, afable i comunicatiu.

La col·locació dels objectes, de vegades perfectament arrenglerats sobre una taula, en la seva frontalitat arcaïtzant, la pulcritud d'execució, la serenor que emanen, ens recorden l'ascetisme de les natures mortes d'un Zurbarán o d'un Sánchez Cotán. L'estricta simetria d'algunes obres —els plecs planxats de les tovalles, tapets o cobretaules que ocupen més de la meitat del quadre, uns del temes preferits des dels inicis dels vuitanta— accentua aquesta sensació litúrgica que transcendeix allò merament físic. Per això, malgrat ser senzilles metàfores de la vida quotidiana, objectes humils, sense jerarquies ni pretensions, sense pomposes càrregues al·legòriques, sense arribar a cap intenció metafísica, trobem en moltes obres un cert punt de sublimació poètica que les abstreu de la realitat i que confereix una aura «sobrenatural» a les coses més nímies.

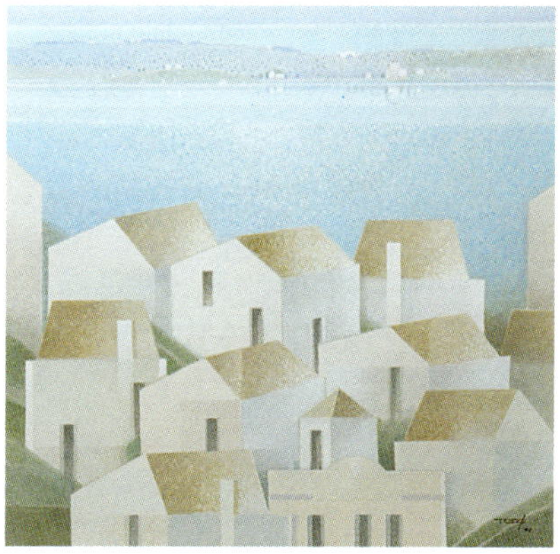

Cases del Mediterrani, 2001.
Acrílic sobre tela, 81 x 65.

És com un elogi de la vida senzilla reflectida en coses fungibles (tasses, culleretes, begudes, papers, tovallons), gairebé compartint el mateix esperit d'aquelles natures mortes de l'Holanda protestant, que, tot recuperant la tradició estoica, exalçaven l'ètica de la llar i del treball, i investien la vida quotidiana, la privacitat de l'entorn familiar, d'un valor espiritual.

No sempre els objectes ocupen el primer pla. De vegades l'enfocament s'allunya i el radi s'amplia, els objectes apareixen sobre un moble, generalment una taula, o davant d'una finestra, de manera que es pot veure un fragment d'un interior, fins i tot amb taula i cadires. El pas següent arriba a enllaçar amb el paisatge exterior. La inclinació temàtica de Todó sempre ha estat en l'entorn de l'home, des d'un enquadrament proper, restringit, fins al més ampli del paisatge, però és sempre un paisatge humà, determinat, transformat, sotmès per la mà de l'home i al seu servei, preferència que ja era ben palesa en l'època naïf: cases, jardins i fonts, arbres, ocellets, personatges... un món de casa de nines amb tots els detalls.

El paisatge és igualment una invenció, una sintaxi virtual, de fragments que hi són o que directament el pintor s'inventa. De fet, és on se'ns apareix el Todó més abstracte en dues vessants: d'una banda, la pèrdua de contacte amb referents visuals que s'evidencia en obres que s'endinsen cap a l'abstracció lírica (*Les roques de Cadaqués*, 1964; *Els camins de la llibertat*, 1965) i/o geomètrica (*Estació de Llavaneres, Gredera d'Olot*, *La paret blanca*). En totes aquestes, el paisatge és només una excusa on el referent real, quan hi apareix —com en les dues últimes obres que hem esmentat—, és d'un simbolisme ingenuista.

L'altre aspecte d'aquesta abstracció del paisatge és el corresponent a les composicions d'arquitectures, que semblen maquetes desplegables de paper que caurien amb només una bufada. Cases completament alienes a la realitat, impossibles, són un joc de plans i d'angles: façanes, xemeneies, finestres, portes, teulades que no arriben als murs, deixant els cairells sense cobrir, murs rectes o inclinats que es perllonguen capriciosament... tot, sempre, tractat amb una extrema puresa i netedat emfasitzades pel blanc de la calç i per l'estilització geometritzant (*Els murs encalats de Cadaqués*, 1988; *Cases del mediterrani*, 2001).

Si considerem en conjunt tota l'evolució temàtica de l'artista, se'ns confirma aquesta preocupació per l'entorn de l'home com una constant, la qual, però, experimenta un canvi substancial en la maduresa respecte a l'etapa juvenil d'avantguarda, en la qual hi ha una preocupació per reflectir la modernitat, per ser testimoni del temps que viu, del progrés, de la tecnologia, del ritme vertiginós dels canvis. L'activitat i el dinamisme es reflecteixen en les obres d'aquesta etapa, en les quals l'autor adopta una posició que oscil·la entre el paper de protagonista actiu i compromès, influït pels seus amics poetes Jaime Gil de Biedma, José Agustín Goytisolo i Blas de Otero, i el de testimoni ingenu, atònit i enlluernat que es permet contemplar-ho tot des de la perspectiva d'un nen que juga amb trens i *mecanos* sense preocupar-se gaire del seu funcionament ni utilitat concreta; també es percep en aquesta etapa una certa ironia i un distanciament quan deixa de creure en el progrés i la tecnologia com a eina de millora social. Aquesta mena de desengany, de despertar del somni o del miratge, el condueix a donar l'esquena a tota aquella temàtica que abans el fascinava. Com a conseqüència es produeixen una sèrie de canvis: en primer lloc, l'entorn laboral, dinàmic, social i col·lectiu de la fàbrica és reemplaçat per l'íntim i assossegat de la llar; al mateix temps, el ritme frenètic imposat per la màquina a l'existència humana és substituït per la cadència vital i serena del temps quotidià, i el dinamisme sorollós de les màquines, per la quie-

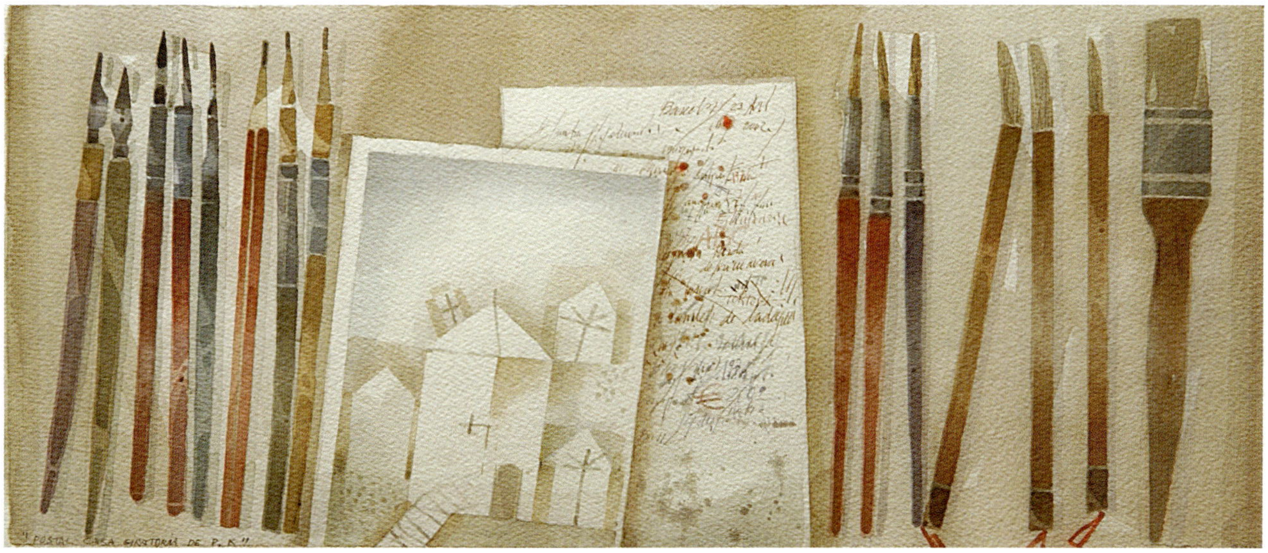

Postal amb casa giratòria de P.K., 2001.
Aquarel·la, 25 x 55.

tud i el silenci. A la fi, tot allò que implicava modernitat esdevé intemporalitat.

Malgrat aquestes dicotomies, aquestes modificacions tan significatives, hi ha coses que es mantenen, i en aquest sentit convé recordar que Todó no s'oblida mai del factor lúdic. Per això, si, superada la passió pels enginys, el «joc» predilecte ja no és com un *mecano*, ara potser s'assemblarà més a una casa de nines, a un joc de construcció, o a un puzle, una maqueta de paper o un desplegable, però sempre, al marge d'altres aspectes més rigorosos de la seva obra, persisteix aquest esperit juganer.

Mereixen especial atenció com a tema dels seus quadres les eines de l'ofici. El cavallet, les teles, el quadre que està pintant, apareixen reflectint el seu propi treball. De la mateixa manera que anys enrere representava les eines del fuster, del paleta, del jardiner, en definitiva, el treball dels altres, amb efusiva i afectuosa ingenuïtat però des de fora, més aviat com per afecció, ara, en canvi, reflecteix el seu món laboral propi i íntim i ho fa com un homenatge a la pintura i al pintor (*Quadre cubista al cavallet, Pintura i dibuix del natural, A la*

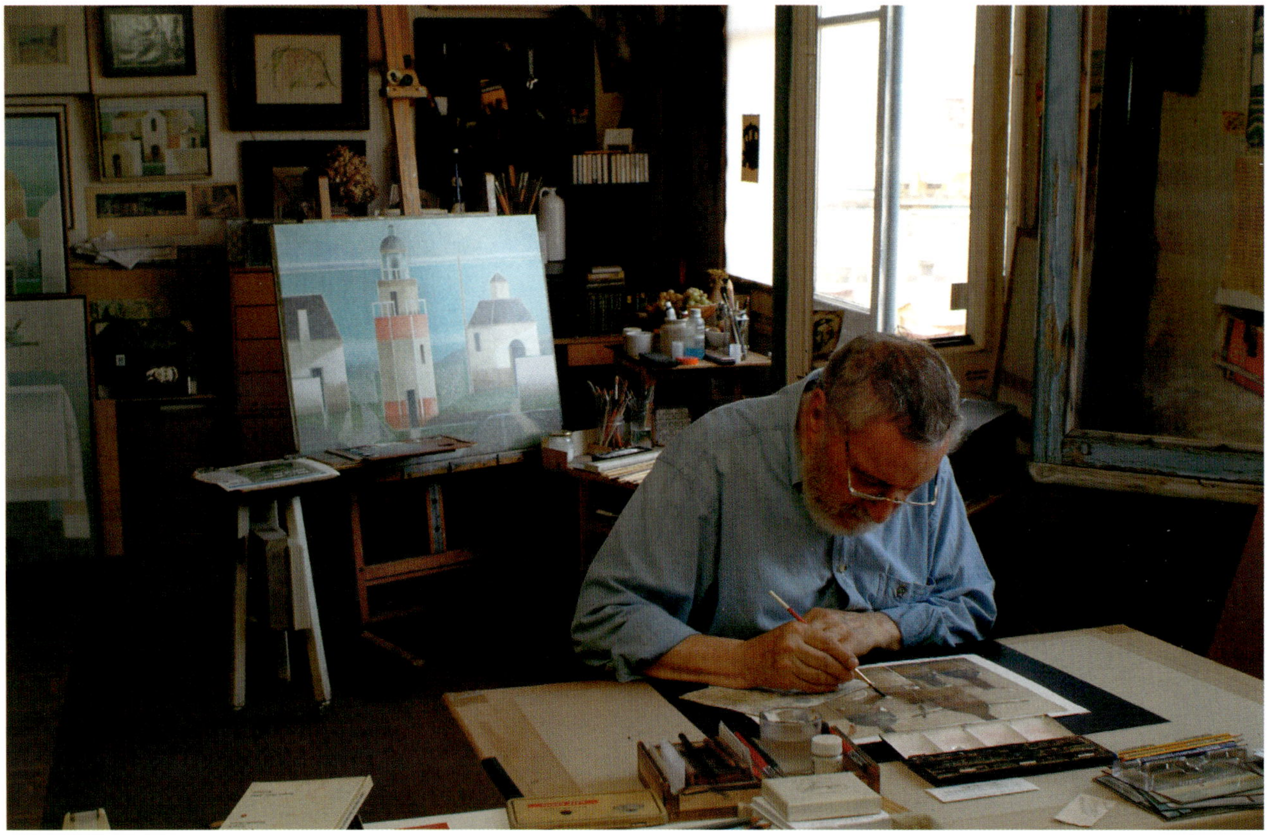

Pintura), amb aquesta representació del quadre dins del quadre de tan llarga tradició en la història de la pintura.

Encara se'ns mostra més intimista en les aquarel·les, especialment en les d'objectes d'escriptori: els llapis, els pinzells xinesos, sovint representats en plena frontalitat i col·locats verticalment en un ordre ritual, com soldadets de plom, com un poema visual o notes en un pentagrama. Aquests objectes –tinters, plomes, sobres, cartes, segells, targetes–, que també apareixen sovint en les més heterogènies i aparentment casuals agrupacions, barrejats amb tot tipus d'estris, són al mateix temps testimonis d'un mode de vida ancorat en el passat, vençuts per un progrés que l'autor, amb l'ímpetu de la joventut, abans exalçava i que ara li és aliè; i per això ara els reivindica, els enalteix,

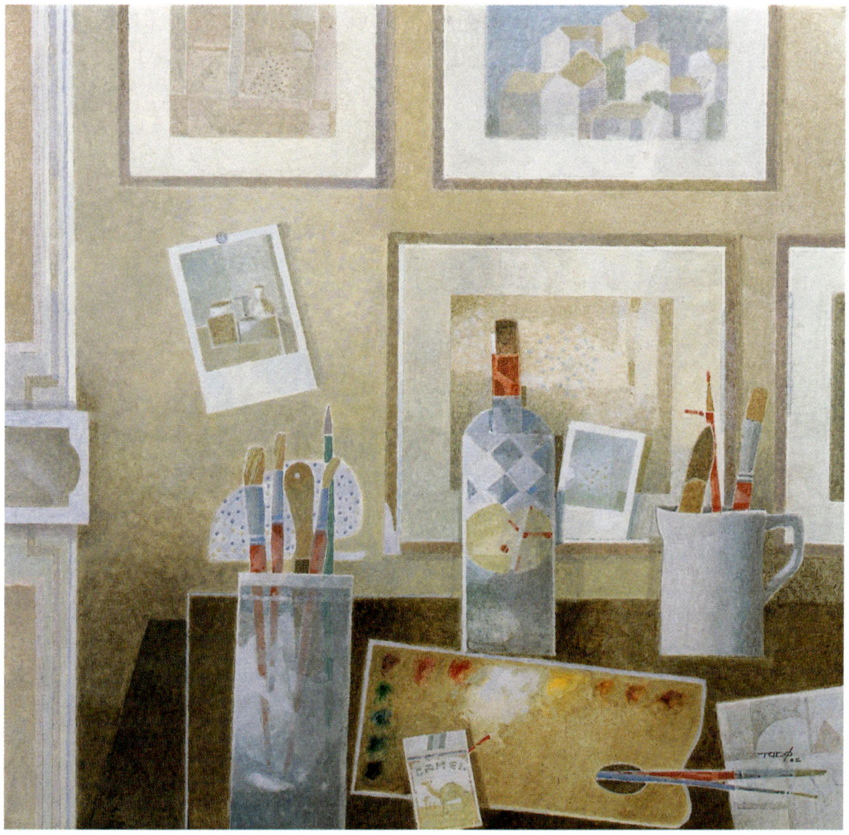

A la pintura, 2002.
Acrílic sobre tela, 73 x 73.

amb l'aura del seu anacronisme, de la seva obsolescència. Potser per això percebem en aquestes aquarel·les una lírica i amorosa nostàlgia embolcallada de sentit de l'humor i de la complicitat amb l'espectador que tant li agrada suscitar. A ell, a l'espectador potencial, van dirigits els títols inclosos a la part baixa de l'obra formant-ne part inseparable. Manuscrits a llapis amb delicada cal·ligrafia expressen i expliquen amb amical confiança, com una divertida dedicatòria, el contingut, la intenció, l'anècdota vivencial que l'ha mogut a fer aquell quadre.

5. La realitat, contemplació i transfiguració

El criteri de representació realista arrenca de la filosofia grega, la qual entén la representació plàstica com a mimesi o imitació, còpia d'allò real; tanmateix, com que Plató admet l'existència d'un model ideal que supera la mateixa realitat, el paper de l'artista ha pogut anar molt més enllà del d'un simple imitador passiu més o menys virtuós. Aquest concepte el recuperen al Renaixement els neoplatònics, quan asseveren que, més important que intentar reproduir objectivament la realitat segons la reglamentació expressada en valors matemàtics (divina proporció, etc.), és prendre en consideració la recreació de l'objecte en la consciència sensible de l'artista, d'acord amb un *disegno interno*. Per tant, abans que a la tela, l'artista ha d'aprendre a reproduir l'objecte en la imaginació, teoria que s'adequa prou al quadre com a construcció mental a partir d'una realitat exterior, tal com l'entén Todó, sense perdre de vista les connotacions sentimentals i vivencials que hi intervenen.

A primera vista, la pintura de Francesc Todó produeix una sensació de realitat, però només és aparença, ja que a penes hi ha connexió amb la realitat tangible. Des d'etapes primerenques de la seva pintura (*El Serrallo*, 1949), ja contrastava la perspectiva de fons amb un primer pla abstracte i planimètric. No aconsegueix ni pretén en cap moment enganyar ni fer creure el que no és, sinó jugar amb l'ambigüitat d'unes sensacions visuals contradictòries. La realitat, per a ell, és una referència inicial, un punt de partida, però mai un model que pugui limitar o determinar la seva creació. Més aviat seria com un esquema per manipular, un patró flexible i susceptible de ser subjectivat a voluntat de l'artista.

El seu art sorgeix d'un col·loqui amb la realitat, d'una síntesi dialèctica entre l'experiència visual i la intel·lectual o cognoscitiva amb la intervenció fonamental de la imaginació, que el mateix Einstein considera pel damunt del coneixement, segons una de les seves cèlebres disquisicions. Mitjançant el procés de treball en què captura mentalment una sèrie d'objectes per reagrupar-los i alterar-los al seu caprici, el que fa és abstreure les coses reals per conduir-les a una dimensió irreal.

En paraules d'Arnau Puig, «La creació és una acció organitzadora segons un sistema perceptiu individual [...] en funció d'una situació o context social i personal. No es tracta de reproduir un món fet i acabat des de sempre, sinó d'elaborar un món mentre l'anem vivint».[5]

Aquest és el cas de Todó, que ha elaborat un món mentre l'anava vivint; per això hi ha una consonància afectiva entre ell i l'entorn (objectes, paisatges) que l'acompanyen en la seva existència, una proximitat que (com hem vist parlant dels temes) podríem qualificar de sentimental i biogràfica.

La pintura de Todó, des que als anys setanta decantà la seva temàtica envers el seu entorn quotidià, es nodreix de l'exploració del seu món més proper, de la contemplació vivencial de la realitat. Com va dir Corredor-Matheos: «*Todo es fruto, en Todó, de una visión contemplativa. Lo que ve, lo ve interiormente. [...] podemos hablar de pintura metafísica. La física no se niega ni se elude: se trasciende*».[6]

Com si la percepció només fos una referència enganyosa que ens impedís percebre res més enllà de la superficialitat, per a Todó no és suficient veure o mirar, ni tan sols observar, sinó que és imprescindible la contemplació. L'actitud contemplativa, en el seu cas, implica un procés d'anàlisi i de reflexió, d'aprehensió d'aquesta realitat propera per tal d'interioritzar-la i, a partir d'aquí, reinterpretar-la.

Per tot això, en la seva obra el que sembla real no ho és en absolut. Tot el procés de transformació a què sotmet la realitat mitjançant els esmentats recursos de trastocament de les lleis físiques de perspectiva, volum, espai, etc., el tractament dels contorns, del color, del joc de transparències, les solucions atmosfèriques... no són mers recursos estètics, sinó que formen part d'un sistema d'idealització, de sublimació, mitjançant el qual aconsegueix filtrar la realitat per extreure'n les impureses banals.

La reinterpretació de la realitat que proposa Todó fa al·lusió a l'essència poètica de les coses més enllà i independentment de la seva realitat tangible i visual; és una evocació, i quasi bé podríem dir també una mena d'invocació, de conjur o encanteri, en el sentit que arriba a extreure, a copsar, el petit misteri de les coses, la seva ànima per damunt de la seva aparença.

Aquesta mena de boirina subtil que sembla cobrir els quadres és com un vel que separa la realitat de la il·lusió. Todó estableix una mena de sedàs de la realitat prosaica i trivial, de tal manera que el resultat no és mai una imitació, sinó tota una altra cosa, un miratge, una il·lusió de realitat, fràgil i evanescent com els somnis.

En aquest món de somni l'ésser humà és una presència absent, un esperit que impregna totes les coses. I és precisament l'esperit de Francesc Todó el que impregna la seva obra i configura una altra realitat fascinant i màgica, una realitat transfigurada on regnen la quietud i el silenci, que són símbol del seu equilibri interior i mirall de la seva sensibilitat.

RAQUEL MEDINA

Notes

1. Catàleg de l'exposició itinerant *Francesc Todó*, organitzada pel Departament de Cultura de la Generalitat de Catalunya el 1984.

2 Arxiu Todó, retall de premsa sense referència de publicació ni data.

3 «Lirismo y paradojas de Francesc Todó», *La Vanguardia*, 16.05.97, pàg. 52

4 Per ampliar aquests aspectes, consulteu el llibre de R. MEDINA *La luz en la pintura, un factor plástico*. PPU Barcelona, 1988.

5 A. PUIG, *Escrits d'estètica*, Laertes, Barcelona, pàg. 70

6 J. CORREDOR, «Todó, física y metafísica de la pintura», *Dossier Guadalimar,* 1980, pàg. 297.

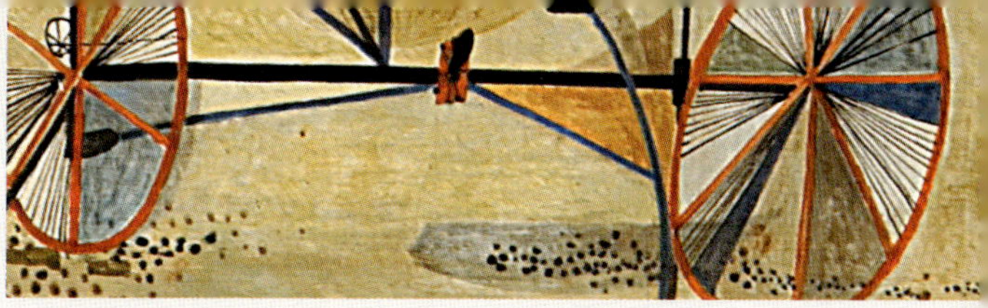

Àlex Mitrani

Todó, 1956-1964

Ironia i poesia de la petita utopia de les màquines

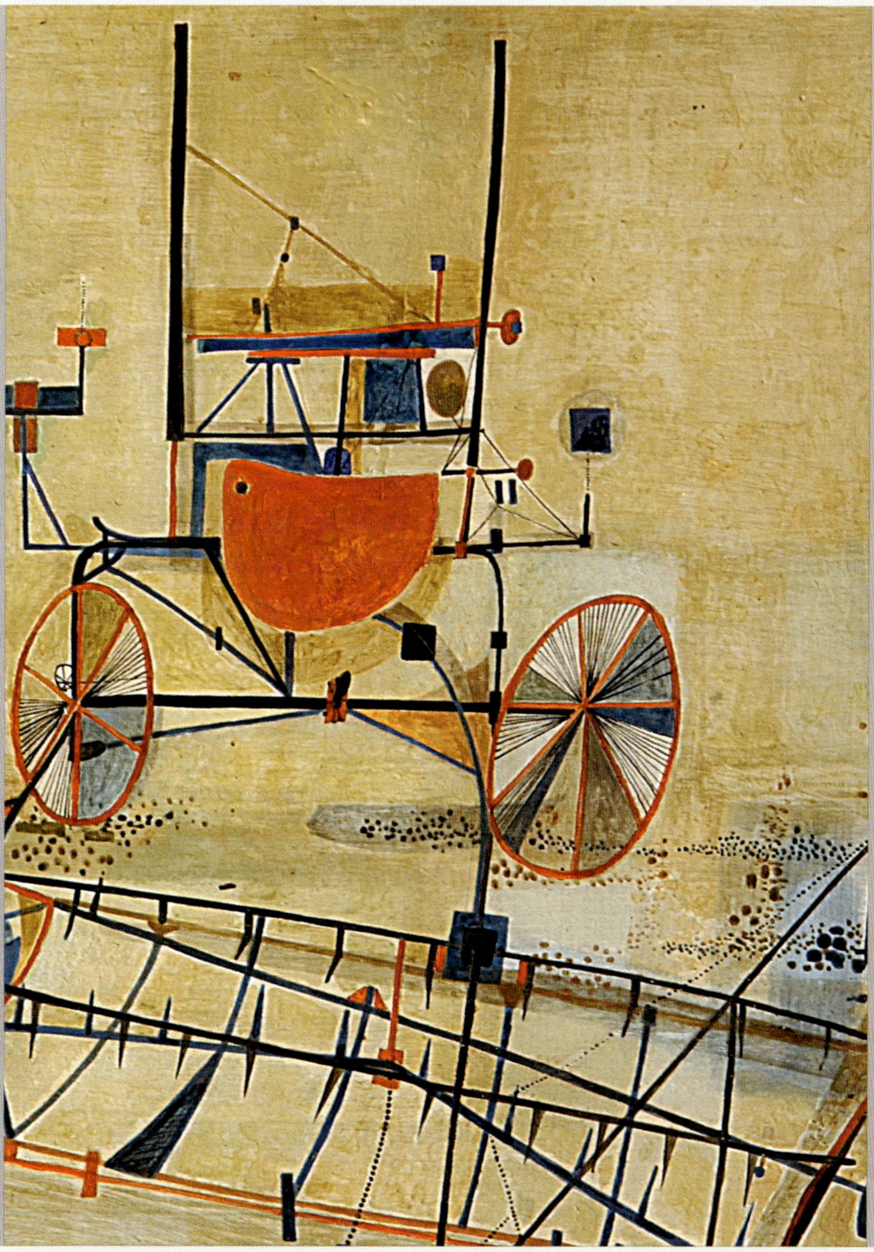

Todó, 1956-1964

Ironia i poesia de la petita utopia de les màquines

La idea renaixentista de *disegno* va ser essencial per revolucionar la consideració de les arts plàstiques. Per als renaixentistes el dibuix era ciència i pensament. La representació pictòrica volia ser una manera de coneixement de la realitat que combinava l'empirisme, l'experiència sensorial, amb un sistema abstracte, geomètric i artificial, de construcció de les imatges. Tal actitud implicava una nova autoconsciència de la pràctica pictòrica. A l'obra del mestre paradigmàtic del Renaixement, Leonardo da Vinci, s'aprecia clarament el nou estatut de l'art: amb independència dels antics lligams amb allò transcendent propis d'un art religiós, Leonardo lliga i dignifica el coneixement sensible i intuïtiu –la llum, la vida en un somriure– amb el coneixement pràctic i científic –el dibuix aplicat a l'enginyeria, a la invenció–. Amb el temps, el sentit antic del *disegno* s'ha dissociat i parlem de disseny quan ens referim a la ideació en el camp industrial o decoratiu, mentre que reservem el concepte de dibuix per a les belles arts. Aquesta distinció ens explica una certa evolució de l'art, però no ens ha d'enganyar sobre la naturalesa profunda del dibuix.

El dibuix és, efectivament, pensament que es fa en la seva mateixa pràctica. És un dels mitjans més apropiats per a la descripció de les coses, però és, al mateix temps, distant i artificial. El mateix decurs del dibuix dibuixa el pensament, de vegades fins a fer-nos perdre de vista allò que amb ell volíem fer visible. Hi ha un plaer derivat del simple joc lineal capritxós, rítmic o lògic i justificat per un objectiu concret. Les obres del període dit maquinista de Francesc Todó desenvolupen aquestes qualitats. A la manera de Duchamp, i de Picabia sobretot, les màquines de Todó es presenten com diagrames en què la lògica és només aparent. Les seves màquines són iròniques, ja que l'aparent precisió no condueix a l'eficàcia o al moviment, i el seu caràcter tecnològic, sofisticat, contrasta sovint amb un clar arcaisme. En alguns casos, hauríem de parlar més d'andròmines, entranyables, festives, que no pas de màquines. No en tots el casos. La poètica de Todó d'aquesta època és susceptible de múltiples lectures.

Tot i ser molt específica del seu moment, l'estètica de Todó presenta certes connexions amb la tradició cultural que el precedeix, en què es trenaven de manera complexa diferents maneres de concebre la modernitat. Em refereixo a les característiques peculiars de l'àmbit català on s'establí una dialèctica d'oposicions i concomitàncies entre el noucentisme i les avantguardes.

Eugeni d'Ors dedicà la seva glosa «Sensibilitat nova» (14-III-1908) a fer-se ressò d'una conferència de l'arquitecte i enginyer Fèlix Cardellach, especialista en dibuix tècnic, amb el todonià títol d'«El sentiment mecànic en les construccions metàl·liques». D'Ors reté aquest terme de «sentiment mecànic» com a paradigma d'una estètica i una política de la vida civilitzada, tecnificada, racional i dinàmica. En aquest sentit, el noucentisme demostrava la seva inicial vocació de modernitat amb un discurs paral·lel al dels contemporanis futuristes italians. Àdhuc aquest discurs noucentista parteix de fonaments més moderns que els del futurisme mateix, ja que s'articula com una alternativa al romanticisme, mentre que els italians segueixen una retòrica excessiva i eufòrica directament vinculada a arrels finiseculars. És una explicació simplista atribuir l'evolució de Joaquim Torres Garcia –d'un mediterraneisme arcàdic a la sorollosa i fragmentada avantguarda– a la mera influència de corrents exteriors per influència del seu amic Rafael Barradas. A banda de la coneguda deriva conservadora dels cercles culturals i polítics noucentistes, hem de remarcar una passió compartida per la ciutat. A més, podem establir un lligam entre el robust sentit de l'equilibri del classicisme noucentista i l'estricta ordenació lineal d'elements simbòlics, passat, això sí, pel filtre neoplasticista, del famós universalisme constructiu del pintor uruguaià. Torres Garcia serà una de les referències principals per a Todó: podríem dir que segueix la seva estela, això sí, aplicada al context cultural català, aliè al messianisme americà d'un Torres Garcia que pertanyia generacionalment a l'època de les grans utopies i projectes ideològics. Veurem com la poètica de Todó suposa una utopia ben especial.

En Todó, el pas de l'ingenuisme al món adult —la crítica anglosaxona contemporània diria també masculí— de les màquines no s'ha d'entendre com un trencament. Per començar, la suposada ingenuïtat de la seva pintura a principi dels cinquanta no era tal. El seu amic, l'exigent escriptor i pintor Josep Maria de Martín, parlava d'«ingenuisme intel·lectual» en un article de 1955. Tot i que, entre 1952 i 1957 aproximadament, la pintura de Todó s'aproxima a les formes clàssiques de l'ingenuisme, ho fa des de preocupacions compartides per l'avantguarda. De fet, paral·lelament, altres artistes estrangers com Roger Bissière, Massimo Campigli o Ben Shan, sense oblidar Dubuffet, fan palesa una clara atracció per les expressions primitives o elementals. I cal no oblidar que Miró i Klee eren llavors extremament influents i que eren vistos com els pioners d'una via artística que cercava la seva font en l'espontaneïtat infantil. En tot cas, un cert ingenuisme —utilitzant aquest terme amb totes les precaucions, ja que ha estat objecte de dubtosos o justificats prejudicis— és característic de l'art català, amb manifestacions també en l'àmbit internacional. Aquí no podem estendre'ns més sobre el tema. Anotem que intuïm en aquesta tendència, aparentment innocent però molt sofisticada, una necessitat per part dels artistes de respondre al marasme anihilador de la guerra amb una cerca de puresa, no exempta de sentit crític i de tendresa. La nostra exposició *L'avantguarda nostàlgica* (Sala Verdaguer, Barcelona) vol ser un primer pas per aprofundir aquest fenomen. Per entendre el caràcter exigent i modern de l'obra de Todó, és significatiu recordar que Todó va il·lustrar la primera edició de *Diana i la mar morta* (1953), de Joan Perucho. Tal com assenyala Assumpció Bernal en el pròleg de la recent reedició, aquesta obra de Perucho mostra una enyorança de la infantesa i ho fa amb una expressió continguda, elegant, i adoptant les formes d'un objectivisme narratiu avançat per l'època. Les composicions de Perucho se situen entre el poema i la prosa, entre la crònica i l'evocació. El seu to líric i prosaic a la vegada, allunyat de la hipèrbole, subtil, fresc i modern, conjuga molt bé amb l'esperit de l'obra de Todó.

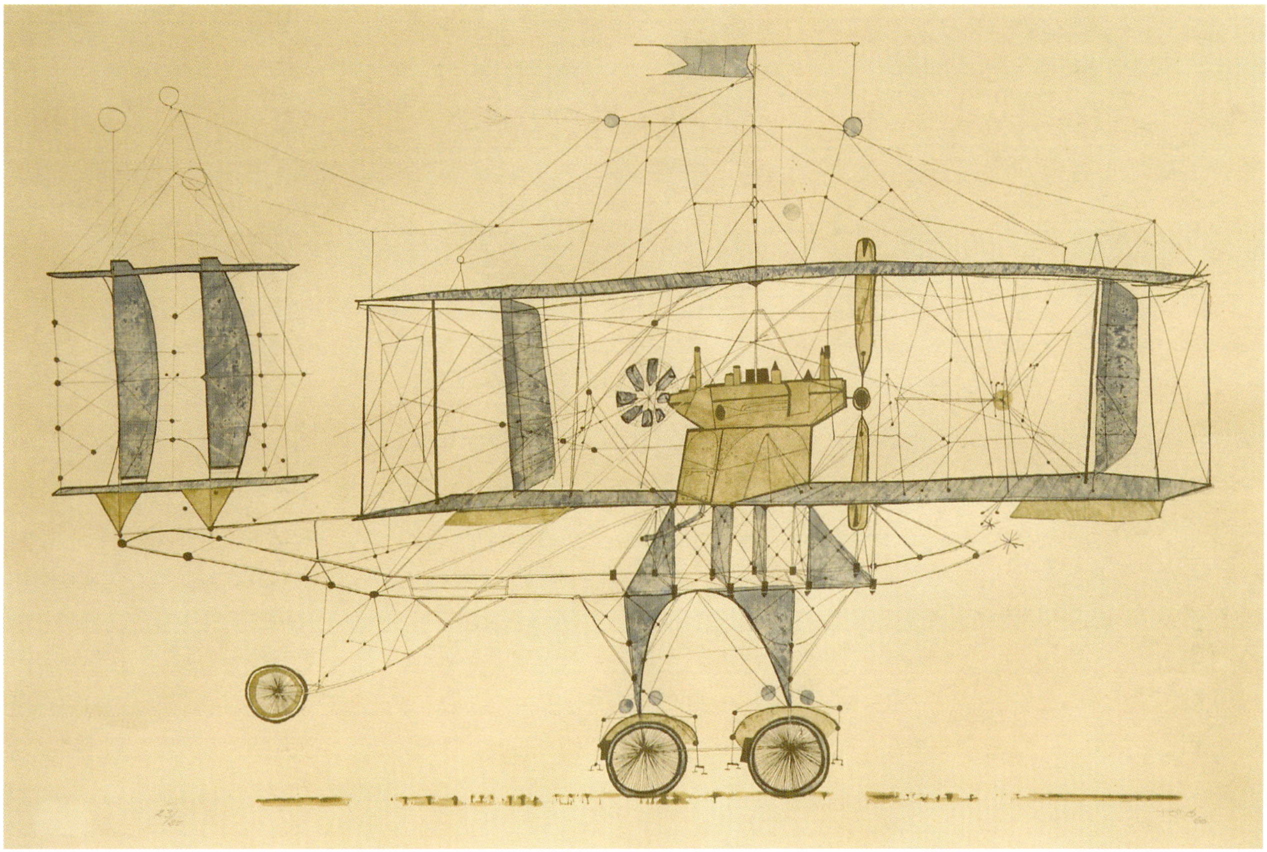

Avió, 1960.
Gravat, 44,2 x 65.

Durant aquesta etapa, caracteritzada per aquest peculiar ingenuisme, Todó ja anuncia les temàtiques de l'època de les màquines. De fet, en aquesta, hi ha un motiu preponderant que són els mitjans de transport i, per extensió, un interès per tot allò que tingui moviment. Ara bé, aquest dinamisme es presenta, paradoxalment i irònica, detingut. El filòsof Henri Bergson, com si preparés les obres de Picabia, en el seu assaig sobre el riure vinculava directament la comicitat amb allò mecànic, amb el contrast entre l'automatisme i la vida. Plàsticament, a l'obra de Todó no hi ha evocacions de la velocitat. El moviment a les seves màquines es troba en la mateixa estructura lineal que els dibuixa, que n'articula el funcionament. A l'obra de Todó de mitjan dels cinquanta ja s'hi podia apreciar un interès creixent per les vies de comunicació, els carrers, els ponts. A les placetes dels pobles,

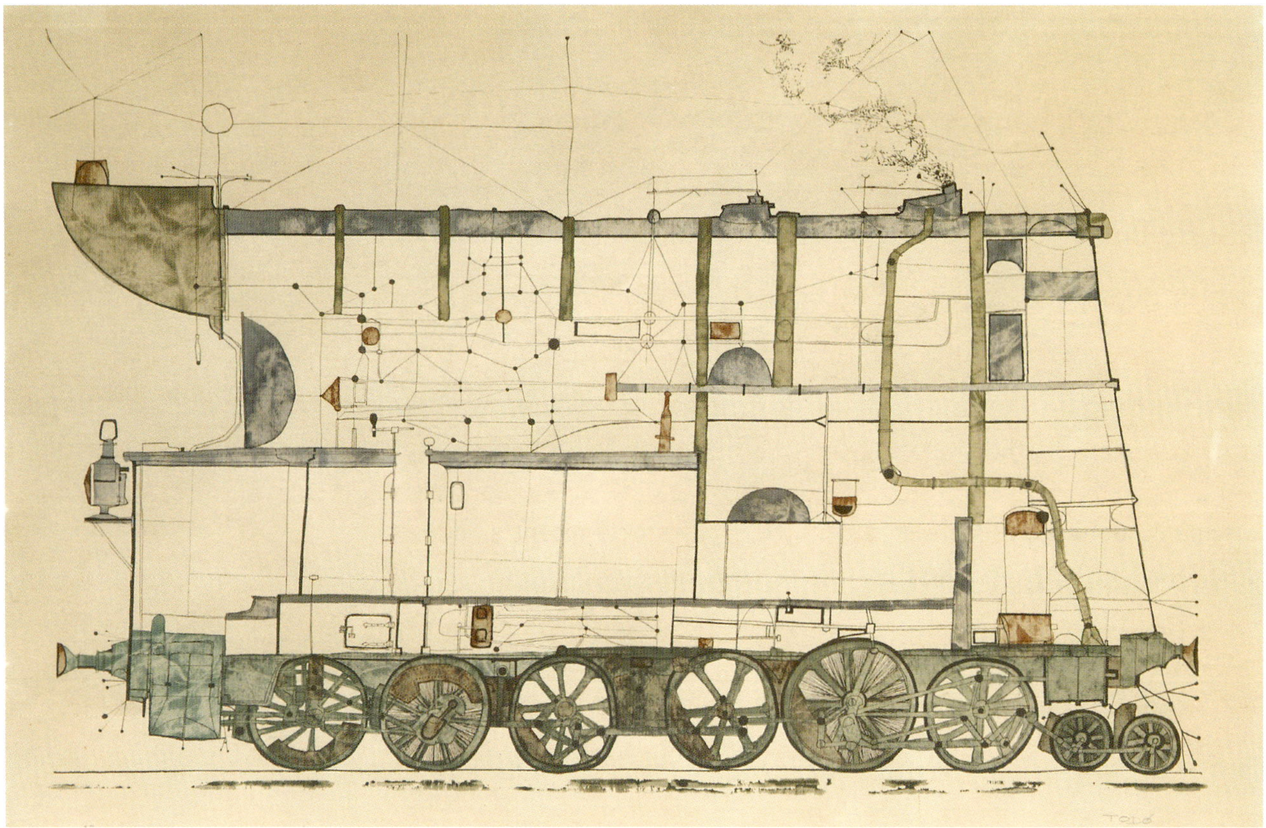

Locomotora, 1960.
Gravat, 44,2 x 65.

evitant tot ruralisme ranci, hi situa un automòbil; a les platges, un vaixell de vapor. Em sembla reveladora aquesta aparició dels vaixells de vapor, dels paquebots. La seva presència detinguda a l'horitzó pot ser l'equivalent de les locomotores estàtiques de Giorgio de Chirico. També Le Corbusier havia explicitat sovint la seva admiració per aquests vaixells rutilants i arquitectònics. Hi ha, doncs, misteri, afectuós anecdotisme, elogi de la modernitat i ironia en aquestes màquines que esdevindran el motiu obsessiu de la pintura de Todó en els anys següents.

Però més que en clau irònica o poètica, les obres del període maquinista de Todó foren acollides, interpretades i defensades amb un discurs fortament ideologitzat que, de cara a la posterior fortuna crítica, li va ser, potser, contraproduent. S'hi van abocar moltes expectatives. Es tracta d'un episodi important i significatiu en la història recent de l'art català. Quasi podríem parlar d'una «operació Todó» al voltant de l'any 1960, en la qual s'oposava la necessitat d'una nova figuració popular a l'estancament esteticista de l'abstracció informalista. El 1961, apareixen dos llibres importants, ambdós editats per Joaquim Horta: *Tres ensayos polémicos sobre la pintura de Todó,* d'Oriol Bohigas, Josep-Maria Castellet i Cesáreo Rodríguez-Aguilera, amb pròleg de Fernando Chueca, llavors director del Museu d'Art Contemporani, i *Homenatge a Todó*, en què els principals poetes catalans en llengua catalana i castellana, a més del compositor Manuel Valls, li dedicaren un poema cadascú. En aquests anys realitza diversos murals que apareixen com les obres més directament vinculades al discurs de Bohigas, aspecte desenvolupat en un article recent a *Serra d'Or* (octubre 2002). Bohigas destaca la seva opció com un camí per resoldre un problema que considerava central: la integració de l'art, l'arquitectura i el disseny, des d'una perspectiva social i, en l'estela del pensament de Walter Benjamin, contrari a tot aristocratisme mistificador. Castellet, per la seva banda, el presenta com el paradigma d'una nova figuració, d'un realisme humanista que reconcilia l'home amb la màquina i el treball. Amb una anàlisi més detallada s'aprecien clarament les vinculacions de la poètica de Todó amb el realisme arquitectònic propugnat per Bohigas (la modernitat pragmàtica dels habitatges per a obrers metal·lúrgics del 1959). El realisme en poesia no tingué el mateix èxit ni la mateixa eficàcia que l'Escola de Barcelona. Probablement un excés d'ideologització i politització, tot i que podien ser pertinents pel context, cansà els mateixos creadors. El discurs crític que s'associà a l'obra de Todó es revelà aviat com a inadequat. Les avantguardes evolucionarien en funció de la difusió del Nou Realisme nascut a França, que es veia com un *pop* crític i més objectual que pictòric. Els pintors de la generació de postguerra hi arribaren a fer alguna aproximació, Tàpies i Guinovart els que més. Una manifestació anecdòtica però reveladora foren unes intervencions que es van fer als aparadors del Corte Inglés, l'any 1965. Todó hi realitzà la que es pot considerar com la seva única instal·lació, que evocava un racó d'unes obres de construcció immobiliària. El seu caràcter ideològic era molt evident. Fins i tot, a la caseta dels obrers, hi havia posat el llibre de Francesc Candel *Els altres catalans*. No era aquesta via tan explícita i antipictòrica l'apropiada per a Todó. L'article d'Alexandre Cirici a *Serra d'Or* de març de 1966 era d'una gran lucidesa respecte a aquesta qüestió, ja que subratllava l'específica poètica todoniana com una visió tendra i irònica d'una cultura, la barcelonina i catalana, marcada per la domesticitat. Més enllà del paper que se li va atribuir com a paladí d'una nova figuració crítica oposada a l'informalisme, sembla clar, amb el temps, que Todó, amb la seva intel·ligent relectura del noucentisme i les avantguardes, representa un *pop art* autòcton.

He tingut el privilegi indiscret de poder veure les obres en procés a l'estudi de l'artista. Sorprenen per la seva concepció abstracta però lligada a objectes concrets, que són elements sígnics i simbòlics, més que pesants i corporis. Allò que fonamenta l'obra és la xarxa de relacions compositives, l'entramat o pentagrama dibuixístic que n'estableix els ritmes. Després arriba aquesta gamma cromàtica que Todó ha anat afinant pacientment. Finalment, l'obra es constitueix com un exercici utòpic, però lligat, com ho ha de ser per força, a un lloc, un *topos* ben concret, el de la nostra cultura mediterrània, formulant una petita utopia, un jardí voltairià, que apareix com a possibilitat de saviesa i plaer.

ÀLEX MITRANI

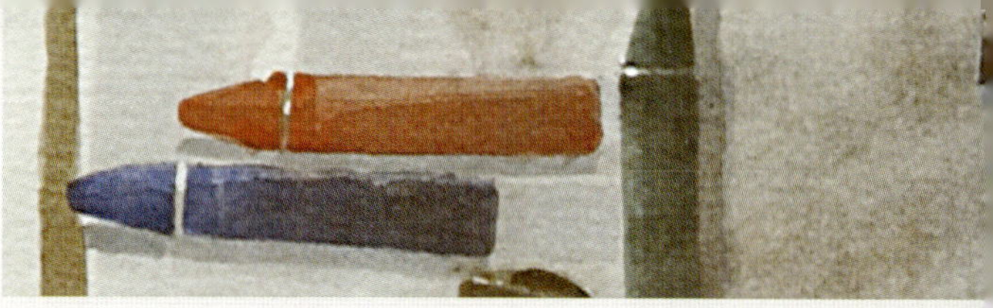

Gerard Vergés

Pintura de llibres

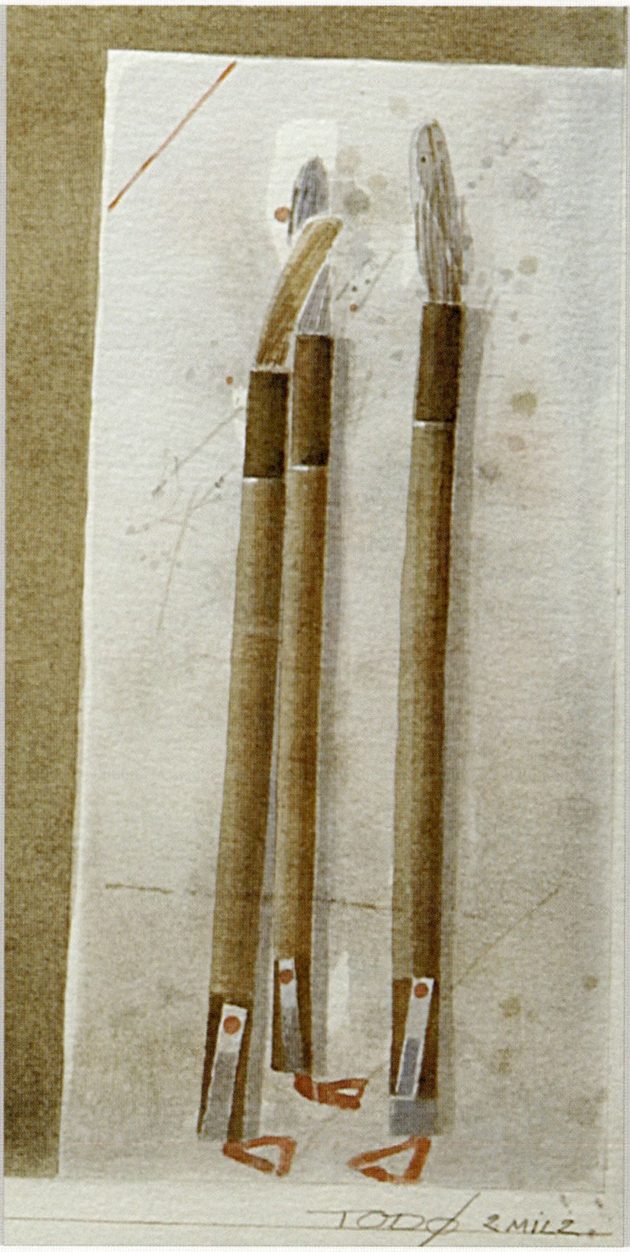

Pintura de llibres

Ara fa tres anys vaig encarregar a Francesc Todó un oli per al meu estudi. El tema havia de ser un prestatge amb llibres. És a dir, llibres sobre llibres, llibres pintats sobre llibres reals, llibres pertot arreu, llibres que ens fan lliures.

La tela, allargassada (35 x 120), conté trenta-tres volums, en el llom d'alguns dels quals pot llegir-se l'autor o el títol: Joan Vinyoli, Paul Klee, Bruckner, García Lorca, Kavafis...

Però al prestatge també es veu un petit rellotge i dos objectes molt inspirats: un d'ells és el dors d'una carta amb l'adreça del remitent: «F.T.G. – C/ d'en Carbó, nº 9. Tortosa», la casa on va néixer Francesc Todó García el 1922 i en què els seus pares tenien una botiga de roba, fins que el 1931 la família es traslladà a Barcelona. L'altre objecte, més desdibuixat i que tan sols s'endevina, és una capsa entomològica amb dos exemplars de *Graellsia*, segurament la papallona nocturna més bella del continent europeu, sobre la qual vaig escriure l'any 1986 algunes devotes pàgines, i que al segle XIX Marià de la Pau Graells, naturalista barceloní (que no castellà, com afirmava el *National Geographic*), havia dedicat a la molt coqueta i voluble Isabel II d'Espanya.

La pintura està resolta amb colors freds i pàl·lids, amb una mena de puntillisme evanescent i amb una molt estricta distribució de volums i de línies: una mica en l'estil (cadascú, això sí, amb personalitat pròpia) d'aquell altre pintor català de l'escola de París que és Xavier Valls.

Anant més enllà, permeteu-me reproduir unes paraules meves anteriors sobre l'estimat artista tortosí: «La seva obra em recorda (tot i ser també dos pintors ben diversos) els llenços de l'italià Morandi. Perquè Todó i Morandi construeixen les seves natures mortes sobre formes depurades. Amb una diferència bàsica; si Morandi és l'opacitat, Todó és la transparència; si Morandi és daurat, Todó és blau pur; si Morandi és dens, Todó és aeri. Estic parlant, no caldria ni dir-ho, de pintors d'altura».

No debades en el magnífic llibre de Joan Ainaud de Lasarte *La pintura catalana. Del segle* XIX *al sorprenent segle* XX (vol. 4), dins aquest segle XX, tan sorprenent com esplèndid, no hi manquen ni la figura ni l'obra de Francesc Todó.

GERARD VERGÉS

DADES BIOGRÀFIQUES

1922 Neix a Tortosa (Baix Ebre) el 21 de novembre. És el quart fill de Domingo Todó i Luisa García, propietaris d'un establiment tèxtil.

1928 Mor la seva mare.

1929 El seu pare es casa en segones núpcies amb Mercedes Llop.

1930 Neix la M. Cinta, l'última dels germans.

1931 La família Todó es trasllada a viure a Barcelona, on el pare continua el negoci tèxtil al carrer Còrsega i s'inicia com a industrial del ram.

Primer contacte amb la gran ciutat i la Catalunya industrial. Els tramvies, els trens del carrer Aragó, les grues del port i l'aeroport Muntades del Prat li produeixen un gran impacte.

1936 Té tretze anys quan esclata la Guerra Civil. La família Todó, catòlica i conservadora, n'espera un canvi. Durant els hiverns de l'adolescència assisteix amb el seu germà als concerts de la Banda Municipal al Palau de les Belles Arts; els grans murals de la sala són el seu primer contacte amb la pintura original.

1937 Primera aquarel·la. Comença a pintar amb el seu germà Lluís, afeccionat també a la pintura.

1938 Una caixa de pintures i un cavallet a l'aparador de la galeria on exposa Joaquim Mir el decideixen a ser pintor tot i l'oposició del seu pare. Lluís Todó li paga unes classes de dibuix en una acadèmia del carrer del Pi. El pare cedeix i accepta que assisteixi al taller de Sainz de la Maza a condició que treballi també en el negoci familiar.

1940 Mor el seu germà José a l'edat de 21 anys.

1942 Curs a l'Escola de Belles Arts de Sant Jordi. El professor Labarta el posa en contacte amb els corrents contemporanis. Com que no pot fer-ho a casa, pinta als horts del Guinardó i d'Horta.

1946 Al Cercle Maillol de l'Institut Francès coneix els pintors de la seva generació: Josep Hurtuna, Josep M. Llort, Joan Palà, Xavier Valls, etc.

Primera exposició individual a la Sala Vinçon del Passeig de Gràcia. Coneix el matrimoni Maria Girona i Albert Ràfols.

1947 Es casa amb Joana Gou.

1948 Participa en el Primer Saló d'Octubre de les Galeries Laietanes, on continuarà exposant posteriorment.

1949 Neix el seu fill Joan i mor la seva esposa Joana.

Visita sovint el seu veí Josep M. Castellet, obligat a reposar, amb qui inicia una gran amistat.

1950 A l'Instituto de Cultura Hispánica coneix l'equip redactor de *Laye*: Carlos Barral, Ramón Carnicer, José Agustín Goytisolo, Gabriel Ferrater i Esteban Pinilla de las Heras.

1952 Guanya el Premi Rosa Vera de Gravat i la medalla Francesc Gimeno de l'Ajuntament de Tortosa.

1954 Premi especial de dibuix al III Saló de Jazz de Barcelona.

Becat pel Ministerio de Educación i l'Institut Francès, visita museus de França, Bèlgica, Països Baixos i Anglaterra.

Primera exposició a Madrid, a la Galería Biosca, presentada per Dionisio Ridruejo.

1955 Es casa amb Isabel Garriga.

1956 Juntament amb Josep M. Castellet, Joaquim Horta i Ignacio Carles Tolrà munten la impremta Frontis.

1958 Comença a pintar màquines.

Exposició a la Sala Gaspar amb una presentació de J.M. Castellet.

1959 Oriol Bohigas li encarrega un mural per al nou edifici de la Mútua Metal·lúrgica.

Deixa Frontis per dedicar-se exclusivament a la pintura.

Participa en les exposicions col·lectives: *Modern Spanish Painting* a la O'Hana Gallery de Londres, i *Spanische Malerei der Gegenwart,* itinerant per la R.F. Alemanya.

1960 Ricard Giralt-Miracle l'adreça a Joan Torrents, en el taller del qual estamparà diverses edicions de litografies.

Realitza murals per a les empreses Böheringer Ingelheim, Indústries Fàbregas de Barcelona i Piher de Badalona.

És professor de l'Escola de Disseny Elisava de Barcelona.

1961 Exposa novament a la Sala Gaspar.

Joaquim Horta edita *Tres ensayos polémicos sobre la pintura de*

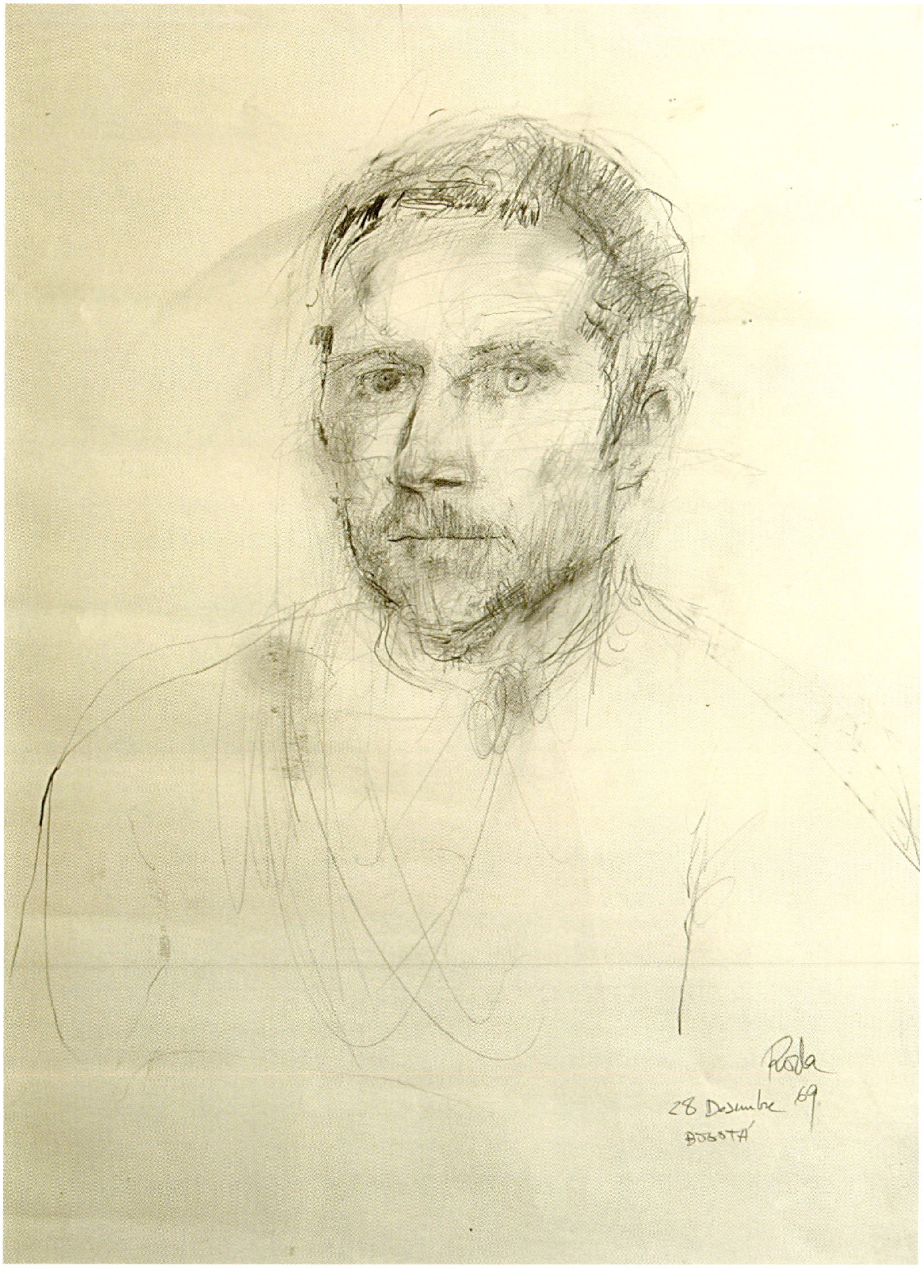

Retrat de Francesc Todó, per Joan Roda, 1969.

Todó, obra d'Oriol Bohigas, Josep M. Castellet i Cesáreo Rodríguez-Aguilera.

Set poetes catalans i set de castellans publiquen poemes dedicats al pintor: *Homenatge a Todó / Homenaje a Todó*, editat per Joaquim Horta.

Camilo José Cela publica *Los oficios del mesón* i *Los oficios de la construcción* (Ed. Papeles de Son Armadans), amb dues col·leccions de vint xilografies originals de Todó.

1962 S'estrena al Palau de la Música Catalana l'obra *Els artefactes de Todó* de Manuel Valls.

Exposició a la Galerie Lambert de París.

Neix el seu fill Oriol.

Realitza els decorats de l'obra *Una voz en off*, de Xavier Montsalvatge, que s'estrena al Gran Teatre del Liceu.

Viatja als països escandinaus amb els alumnes de l'Escola Elisava.

1963 A partir d'aquest any, passa els estius a Cadaqués.

1964 Homenatge a Salvat Papasseit. Todó participa en una exposició col·lectiva juntament amb Jordi Curós, Maria Girona, Josep Guinovart i Albert Ràfols.

Participa en la mostra col·lectiva *Modern Painting*, organitzada per The American Federation of Arts, i amb caràcter itinerant pels Estats Units.

1965 Membre del grup fundador d'Estampa Popular Catalana. Participa en l'exposició *Convergencias entre el pensamiento y la plástica actuales,* en homenatge a Jean-Paul Sartre, a l'Institut Francès de Barcelona.

En el decurs de la Setmana d'Art Català Actual participa amb Josep Guinovart, Joan Hernández Pijoan, Albert Ràfols, Josep M. Subirachs i Joan Josep Tharrats en la realització dels aparadors d'El Corte Inglés.

1968 Il·lustra el llibre *Lectures de poesia catalana* a cura de Joaquim Molas (Edicions 62).

Exposa a la Sneed Gallery 35, de Rockford, Illinois (EUA).

1969 És nomenat professor de pintura a la Universitat de los Andes de Bogotà (Colòmbia); s'hi trasllada amb la família.

1970 Exposa a Bogotà i a Cali (Colòmbia), i a Mèxic D.F. (Mèxic). Viatja també per Yucatán, Guatemala i Panamà. Torna a Barcelona.

1971 Fa el cartell del II Festival Internacional de Música de Cadaqués.

Viatja per la Toscana amb Roser Bru i Àngel Vilalta.

1973 Exposa divuit aquarel·les al Palau de la Música Catalana amb motiu del XI Festival de Barcelona.

A partir d'aquest any, les aquarel·les seran una constant en la seva producció.

1974 Participa en la mostra *Barcelona vista per 10 artistes,* organitzada per la Caixa de Barcelona.

1975 Viatja a Nova York i Boston.

1979 Traça Obra Gràfica edita el llibre *10 poemes de Joan Vinyoli–10 litografies de Francesc Todó.*

1982 L'Ajuntament de Barcelona li encarrega el cartell per a les Festes de la Mercè.

1983 L'editorial Àmbit publica un llibre monogràfic sobre Todó amb text de Jordi Llovet i fotografies de Joan Iriarte.

1984 S'inaugura a Tortosa una exposició retrospectiva de la seva obra que serà itinerant per tot el Principat, organitzada per la Generalitat de Catalunya.

1985 Exposició a la galeria Justin Lester de Los Ángeles.

Il·lustra el llibre de cuina *La cuina de casa meva* (Edicions 62), de Beatriu Torrents.

1986 La *Vanguardia* adquireix una pintura seva de gran format per a les seves oficines de Madrid.

1987 La Diputació de Barcelona li encarrega una pintura per al nou edifici de Can Serra.

1988 La Sala Parés organitza amb pintors de la galeria l'exposició *Barcelona Now*, que té lloc a The Salomon Gallery de Londres.

1989 *Barcelona Now* es presenta també a la Mistral Gallery de Londres.

Viatja a Portugal, i es detura a Sintra, Cascais, Setúbal, Batalha i Lisboa, on visita el Museu d'Art Modern Gulbenkian.

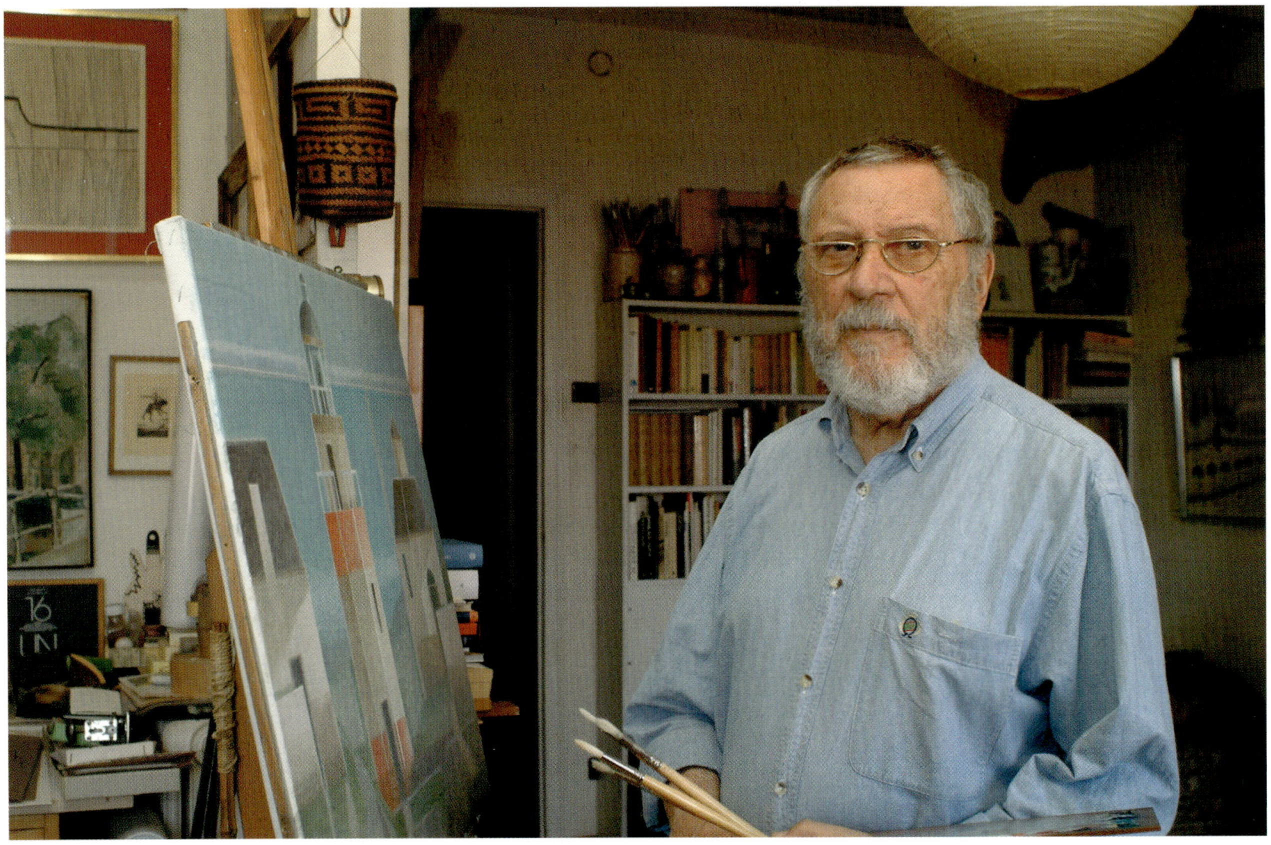

1993 El Dr. Ernest Lluc, rector de la Universitat Menéndez Pelayo, de Santander, inaugura l'exposició *Pinturas y acuarelas* de Todó a la Galería Sur de Santander.

1996 Amb l'escola Eina visita a l'Haya l'exposició sobre Vermeer de Delf.

1997 Fa el pregó de les festes de la Mare de Déu de la Cinta a Tortosa.

2000 Restaura el plafó de Midat Mútua, abans Mútua Metal·lúrgica. El 12 de novembre la Generalitat li atorga la Creu de Sant Jordi.

EXPOSICIONS INDIVIDUALS

1946 Sala Vinçon, Barcelona.
1948 Sala Vinçon, Barcelona.
1952 Llibreria Caralt, Barcelona.
1954 Galeria Biosca, Madrid.
Sala Vayreda, Barcelona.
1958 Sala Gaspar, Barcelona.
Librería Sur, Santander.
1960 Galería Prisma, Madrid.
1961 Sala Gaspar, Barcelona.
1962 Club Universitari, Tortosa.
Galerie Lambert, París.
Hotel Formentor, Mallorca.
Galería Biosca, Madrid.
1963 Sala Gaspar, Barcelona.
1965 Galeria Biosca, Madrid.
1966 Sala Gaspar, Barcelona.
Galería Grises, Bilbao.
1967 Galeria Val i 30, València.
1968 Sneed Gallery 35, Rockford, Illinois (EUA).
Sala Gaspar, Barcelona.
Librería Sur, Santander.
Galeria Val i 30, València.
1969 Dibuixos i litografies a la llibreria Ianua, Barcelona.
Galería San Diego, Bogotà (Colòmbia).
1970 Museo La Tertulia, Cali (Colòmbia).
Galería San Diego, Bogotà (Colòmbia).
Galería Pecanins, Mèxic D.F. (Mèxic).
1971 Galería Sur, Santander.
Es Portal, Cadaqués.
1972 Sala Parés, Barcelona.
1973 Galería El Cisne, Madrid.
Exposició de 22 dibuixos per als programes de la temporada del

Festival Internacional de Música. Palau de la Música Catalana, Barcelona.
Antològica 1958-1973, Escola Aula, Barcelona.
1976 Dibuixos i monotips a la Sala Parés, Barcelona.
1977 Galería El Cisne, Madrid.
Sa Pleta Freda, Son Servera (Mallorca).
1978 Sala Parés, Barcelona.
Galeria Ur, El Vendrell.
1979 Galeria Àgora 3, Sitges.
Galeria Sant Lluc, Olot.
Galeria Cadaqués, Cadaqués.
Galería Sur, Santander.
10 litografies i 10 dibuixos originals – 10 poemes de Joan Vinyoli, Sala Parés, Barcelona.
1980 Galería El Cisne, Madrid.
1981 Sala Parés, Barcelona.
Galeria Flors i violes, Pals.
Galeria El Setze, Martorell.
Escola Aula, Barcelona.
Contratalla Sala d'Art, Tarragona.
1982 *Petit format*, Sala Parés, Barcelona.
Galeria Cadaqués, Cadaqués.
1983 Espai B.M., Granollers.
Hotel Llevant, Llafranc.
Galería El Cisne, Madrid.
1984 Sala Vayreda, Barcelona.
Exposició retrospectiva (1946-1984) itinerant pel Principat, organitzada per la Generalitat de Catalunya, i inaugurada al Palau Oliver de Boteller, Tortosa.
1985 Justin Lester Fine Art, Los Ángeles (EUA).
Palafrugell Art, Palafrugell.
Sala Parés, Barcelona.
1986 Institut Francès, Barcelona.
1987 Sala Clarà, Olot.

1988 Galeria d'Art Clariana, Vic.
1989 Exposició retrospectiva al Museu Monjo, Vilassar de Mar.
1990 Sala Parés, Barcelona.
1991 Sala Rebull, Reus.
Lineart «Fira d'Art», Gant (Bèlgica).
1992 Galeria Palma XII, Vilafranca del Penedès.
1993 Galeria Sur, Santander.
Sala Rebull, Reus.
1994 Galeria Juan Gras, Madrid.
Galeria d'Art Maragall, Barcelona.
Galeria Canals, Sant Cugat, Barcelona.
Galeria Boixareu, Sabadell.
1995 Galeria Carlos Lozano, Cadaqués.
1996 Sala Rebull, Reus.
Palau de Caramany, Girona.
1997 Sala Parés, Barcelona.
David Messum «Pine Art», Londres.
Casino l'Amistat, Cadaqués.
1999 Palau de Caramany, Girona.
Galería Cervantes, Santander.
2000 Museu Monjo, Vilassar de Mar.
Sala Parés, Barcelona.
2001 Kroma 2001, Sant Feliu de Guíxols.
Espai 21, Cambrils.
2002 Galeria 18, Barcelona.
2003 Sala Parés, Barcelona.
Les Voltes, Capellades.

BIBLIOGRAFIA

DEL CASTILLO, Alberto: *Diario de Barcelona*, Barcelona, desembre de 1946.

GIMENO NAVARRO: *El Correo Catalán*, Barcelona, 5 de desembre de 1946.

TEIXIDOR, Joan: *Destino*, Barcelona, febrer de 1948.

RODRÍGUEZ AGUILERA, Cesáreo: «Diálogos de arte: Francisco Todó García», *Revista*, 1953.

ARNAL MAQUEDA: *Diario Español*, Tortosa, 12 de novembre de 1953.

RIDRUEJO, Dionisio: Catàleg de la Galería Biosca, Madrid, gener de 1954.

RODRÍGUEZ-AGUILERA, Cesáreo: *Antología española del arte contemporáneo,* Barcelona, Ed. Barna, 1955.

DE MARTIN, Josep Maria: «La pintura ingenua e intelectual de Paco Todó», *Índice,* setembre de 1955.

CASTELLET, Josep Maria: Catàleg de l'exposició a la Sala Gaspar, Barcelona, maig de 1958.

GUTIÉRREZ, Fernando: *La prensa*, Barcelona, maig de 1958.

— Catàleg Galería Sur, Santander, juny de 1958.

CORTÉS, Juan: «Las poéticas máquinas de Francesc Todó», *Destino*, Barcelona, maig de 1958.

MANZANO, Rafael: *Solidaridad Nacional*, Barcelona, maig de 1958.

DEL CASTILLO, Alberto: *Diario de Barcelona*, Barcelona, maig de 1958.

ARNAL, Jaime: «El cuadro de la semana», *Destino*, Barcelona, maig de 1958.

MYLOS (Sebastià Gasch): «En el taller de los artistas: Con Todó García», *Destino,* juny de 1959.

SITJÀ, Francisco: «El objeto en la pintura de Todó», *El Ciervo*, Barcelona, desembre de 1960.

BOHIGAS, Oriol; CASTELLET, Josep Maria; RODRÍGUEZ-AGUILERA, Cesáreo: *Tres ensayos polémicos sobre la pintura de Todó,* Barcelona, Joaquim Horta, 1961.

DIVERSOS AUTORS: *Homenatge a Todó / Homenaje a Todó,* Barcelona, Joaquim Horta, 1961.

PERUCHO, Joan: «Las máquinas inquietantes de Todó», *Destino,* Barcelona, maig de 1961.

RODRÍGUEZ-AGUILERA, Cesáreo: «La pintura realista de Todó», *Gran Vía*, Barcelona, maig de 1961.

DEL CASTILLO, Alberto: *Diario de Barcelona*, Barcelona, juny de 1961.

CORTÉS, Juan: «La poesía de las máquinas de Todó», *La Vanguardia*, Barcelona, juny de 1961.

CORREDOR-MATHEOS, José: «El realismo social en la pintura de Todó», *Gran Vía*, Barcelona, juliol de 1961.

CIRICI PELLICER, Alexandre: «L'impacte de Todó», *Serra d'Or*, Barcelona, setembre de 1961.

CRESPO, Ángel: «Algo acerca de Todó», *Correo de las Artes*, Madrid, juny de 1962.

SÁNCHEZ CAMARGO, Manuel: *Pueblo*, Madrid, juny de 1962.

— «Artistas catalanes en Madrid: Francisco Todó», *La Vanguardia*, Barcelona, 19 de juliol de 1962.

CORREDOR-MATHEOS, José: «Todó: La vuelta a la integración del artista en la sociedad será la salvación del pintor», *La prensa*, Barcelona, 12 de novembre 1962.

ARINES, Carlos: «Francisco Todó», *Informaciones*, Madrid, juny de 1962.

CORBALÁN, Pablo: «Francisco Todó», *El Noticiero Universal*, Barcelona, juliol de 1962.

SÁNCHEZ CAMARGO, Manuel: «Artistas catalanes en Madrid. Francesc Todó», *La Vanguardia*, Barcelona, juliol de 1962.

SANTOS TORROELLA, Rafael: *Noticiero Universal*, Barcelona, abril de 1963.

GASCH, Sebastià: «De viva voz con los artistas», *Diario de Barcelona*, Barcelona, 30 de maig de 1964.

Inquietud, Vic, gener de 1965. Número especial dedicat a l'exposició col·lectiva de Magda Bolumar, Maria Girona, Guinovart, Ràfols Casamada, Subirachs, Todó i Moisès Villèlia.

SÁNCHEZ CAMARGO, Manuel: «Artistas catalanes en Madrid. Todó en su nueva faceta», *La Vanguardia*, Barcelona, abril de 1965.

HIERRO, José: *El Alcázar*, Madrid, abril de 1965.

FERRATER, Gabriel: Catàleg per a l'exposició a la Sala Gaspar, Barcelona, gener de 1966.

DEL CASTILLO, Alberto: *Diario de Barcelona*, Barcelona, gener de 1966.

MARSÀ, Ángel: *El Correo Catalán*, Barcelona, maig de 1966.

GIRALT-MIRACLE, Daniel: *Destino*, Barcelona, febrer de 1966.

CIRICI PELLICER, Alexandre: «Todó i els barcelonins», *Serra d'Or*, Barcelona, març de 1966.

SANTOS TORROELLA, Rafael: *El Noticiero Universal*, Barcelona, maig de 1968.

GICH, Juan: «Todó y lo cotidiano», *Tele-Exprés*, Barcelona, 10 de maig de 1968.

CORTÉS, Juan: *La Vanguardia*, Barcelona, maig de 1968.

GIRALT-MIRACLE, Daniel: *Destino*, Barcelona, juny de 1968.

PORCEL, Baltasar: «Francesc Todó en la poesía de los objetos», *Destino*, Barcelona, agost de 1969.

GONZÁLEZ, Isaías: «Francisco Todó en San Diego», *El Espectador*, Bogotà (Colòmbia), novembre de 1969.

CIRICI PELLICER, Alexandre: «Todó i els principadins», *L'Art Català Contemporani*, Barcelona, Edicions 62, 1970.

OSORIO, Sonia: «Francisco Todó», *El tiempo*, Bogotà (Colòmbia), maig de 1970.

PAREJA, Donoso: *Francisco Todó*, Mèxic D.F. (Mèxic), juliol de 1970.

AREÁN, Carlos: *Arte joven en España*, Madrid, Publicaciones Españolas (Colección Temas Españoles, 516), 1971.

MARTÍNEZ CEREZO, A.: *Gaceta del Norte*, Santander, juny de 1971.

MOIX, Anna Maria: «24 horas de la vida de Paco Todó», *Tele-Exprés*, Barcelona, abril de 1972.

E.F.: «Todó en Sala Parés», *Hoja del lunes*, 22 de maig de 1972.

CAMPOY, A. M.: *Diccionario crítico del arte español contemporáneo*, Madrid, Ibérico-Europea de Ediciones, 1973.

CASTELLET, Josep Maria: Text per a l'exposició de dibuixos al Palau de la Música Catalana, Barcelona, setembre de 1973.

DEL CASTILLO, Alberto: «Francisco Todó en el palacio de la Música Catalana», *Diario de Barcelona*, Barcelona, octubre de 1973.

CHAVARRI, Raúl: *Pintura española actual,* Madrid, Ibérico-Europea de Ediciones, 1973.

MALUQUER, Jordi: «La música de Todó», *El Correo Catalán*, Barcelona, 12 d'octubre de 1973.

MARSÀ, Àngel: «Signos plásticos y lengua musical», *Correo de las Artes*, Barcelona, tardor de 1973.

FRANCO, Enrique: *Arriba*, Madrid, novembre de 1973.

GARRUT, Josep Maria: *Dos siglos de pintura catalana,* Madrid, Ibérico-Europea de Ediciones, 1974.

GALÍ, Francesc: «Francesc Todó», *Estafeta Literària*, Barcelona, 15 de febrer de 1976.

DIVERSOS AUTORS: *Centenari del Centre Excursionista de Catalunya. Homenatge dels artistes catalans,* Barcelona, 1976.

COMELLAS, Jaume: «Francesc Todó. Tradición de la pintura catalana», *Athena*, Barcelona, novembre de 1976.

GIRALT-MIRACLE, Daniel: *Barcelona vista per 40 artistes,* pròleg al catàleg de la Caixa d'Estalvis, Barcelona, 1978.

PICAZO, Glòria: «Francesc Todó. Entre la evocación y la composición», *Batik*, Barcelona, juny de 1978.

CORREDOR-MATHEOS, José: *Seis artistas catalanes,* Santander, Galería de Arte Sur, 1978.

LLOP, J.: «Francesc Todó en Àgora 3», *El eco de Sitges*, Sitges, 10 de març de 1979.

PEÑA, Maria: «Francesc Todó il·lustra Joan Vinyoli», *Avui*, Barcelona, 8 de juliol de 1979.

REVUELTA, Francisco: «Todó, en Sur», *El Diario Montañés*, Santander, 20 de octubre de 1979.

FONTBONA, Francesc: *El paisatgisme a Catalunya,* Barcelona, editorial Destino, 1979.

FONTBONA, Francesc: Entrada pertinent a la *Gran Enciclopèdia Catalana,* Barcelona, 1980.

GIRALT-MIRACLE, Daniel: «Todó i l'estètica de Cadaqués», *Avui*, Barcelona, maig de 1981.

IGLESIAS DEL MARQUET, J.: «Francesc Todó o el valor de lo próximo», *Diario de Barcelona*, Barcelona, 23 de maig de 1981.

FERRATER, Gabriel: *Sobre pintura,* Barcelona, Seix Barral, 1981.

OLIVER, Conxita: «Les composicions intimistes de Francesc Todó», *Avui*, Barcelona, 22 de novembre de 1983.

GONZÁLEZ CIRER, F.: «Atardecer tortosino en Barcelona», *La Veu del Baix Ebre*, Tortosa, desembre de 1983.

SALA i VILA, Joan: «Passeig oníric a la galeria espai B/M», *Revista del Vallès*, Granollers, 15 de gener de 1983.

JARDÍ, Enric: *El cartellisme a Catalunya,* Barcelona, editorial Destino, 1983.

MIRALLES, Francesc: *Història de l'art català (vol. VIII: L'època de les avantguardes)*, Barcelona, Edicions 62, 1983.

IGLESIAS DEL MARQUET, J.: «La pintura de Francesc Todó», *Diario de Barcelona*, Barcelona, gener de 1984.

PUIG, Valentí: «La minuciosidad sensible», *Diario de Mallorca*, Mallorca, 25 de febrer de 1984.

GONZÁLEZ CIRER, F.: «Conversa oberta amb Francesc Todó García», *La Veu del Baix Ebre*, 2 de març de 1984.

FÀBREGA, Jaume: «Francesc Todó. Poesia, és a dir geometria», *Punt Diari*, Girona, 19 de desembre de 1984.

CREUS, Ricard: *El dietari pintat de Francesc Todó*. Xerrada a Castell d'Aro (Girona), juliol de 1984.

DIVERSOS AUTORS: *Francesc Todó: 30 pintures 1946-1984, 30 pintures recents sobre paper, 25 litografies,* catàleg de l'exposició als Serveis Territorials de Catalunya, Tortosa, 1984.

BOSCH I MIR, Glòria: «Francesc Todó, un noucentista», *Punt Diari,* Girona, agost de 1985.

FÀBREGA, Jaume: «Todó i la realitat refinada», *Punt Diari,* Girona, agost de 1985.

DURAN, Fina: «En Todó pintant inventa màquines que parlen de l'home i de la terra», *Avui*, Barcelona, gener de 1984.

RODÓN, Paco: Catàleg de l'exposició al Museu Monjo, Vilassar de Mar, maig de 1989.

BENET, Jordi; SUSANNA, Àlex, i ESPINET, Miquel: *Todó*, Barcelona, Sala Parés, 1990.

SANTOS TORROELLA, Rafael: «Francesc Todó, circunspecto y ecuánime», *ABC*, 31 de maig 1990.

MANZANO, Rafael: «Todó», *Gal Art*, juliol-agost 1990.

CADENA, Josep Maria: «Francesc Todó y su equilibrado mirar», *El Periódico*, Barcelona, 18 de setembre de 1991.

GARCIA, Xavier: «Francesc Todó. Una benedictina fusta pictòrica», a *Homenots del Sud*, Tarragona, Edicions del Mèdol, 1993.

CORREDOR-MATHEOS, Josep: *Història de l'art català (vol IX. La segona meitat del segle XX)*, Barcelona, Edicions 62, 1996.

PUJALS, Joan M.: «Francesc Todó o l'esguard de la mirada I, II, III i IV», *Diari de Tarragona*, desembre de 1996.

GIRALT-MIRACLE, Daniel: «El mundo íntimo de Francesc Todó», *ABC*, 9 de maig de 1997.

VERGÉS, Gerard: «El meu amic Todó», *L'Ebre*, 10 de juny de 2000.

VÉLEZ, Pilar: *L'univers singular de Todó*, catàleg de l'exposició a la Sala Parés, Barcelona, 2000. Reprès al catàleg de l'exposició a l'Espai 21, Cambrils, 2001.

—: «Els Todó de Francesc Todó», Vilassar de Mar, *Zerovuittresquarantazero*, febrer de 2000.

CODORNIU, Davínia: «Todó: El millor quadre sempre és el més proper», *L'Ebre*, 21 de setembre de 2001.

LLAMBRICH, Fàtima: «Todó: La pintura m'ha permès continuar sent un home molt actiu», *Diari de Tarragona*, 24 de setembre de 2001.

OLIVER, Conxita: «Francesc Todó, una pintura feta de silencis», *Avui*, Barcelona, 27 de setembre de 2001.

TORÀ, Sònia: «Todó o la poesia dels objectes», *Més Ebre*, Tortosa, 25 de gener de 2002.

BELTRAN, Mercè: «Armonía con pinceles», *La Vanguardia*, 23 de juny de 2002.

MITRANI, Àlex: «Todó, pintor modern. Apunts per a una revisió històrica i patrimonial», *Serra d'Or*, octubre de 2002.

— «1948/1966, conquistando la modernidad», *Dossier Cataluña*, Barcelona, Ars Nova, 2002.

— «La bellesa en present», catàleg de l'exposició a la Sala Parés, Barcelona, 2003.

SPIEGEL, Olga: «Todó», *La Vanguardia*, 8 de març de 2003.

CADENA, Josep Maria: «L'equilibri actiu de la bellesa», *El Periódico*, 14 de març de 2003.

SUSANNA, Àlex: «Todó a la Sala Parés», *El Mundo*, 17 de març de 2003.

J.R.C.: *Els todós del Todó*, catàleg de l'exposició a la sala municipal Les Voltes-Casa Bas, Capellades, 2003.

MITRANI, Àlex: *L'avantguarda nostàlgica*, catàleg de l'exposició a la Sala Verdaguer, Barcelona, Generalitat de Catalunya, 2003.

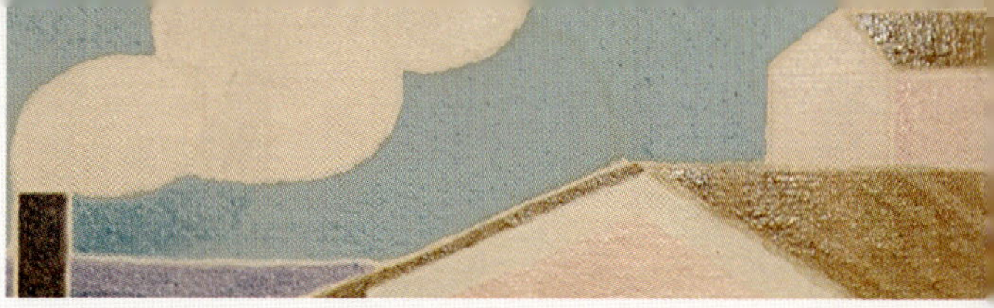

Obra pictòrica

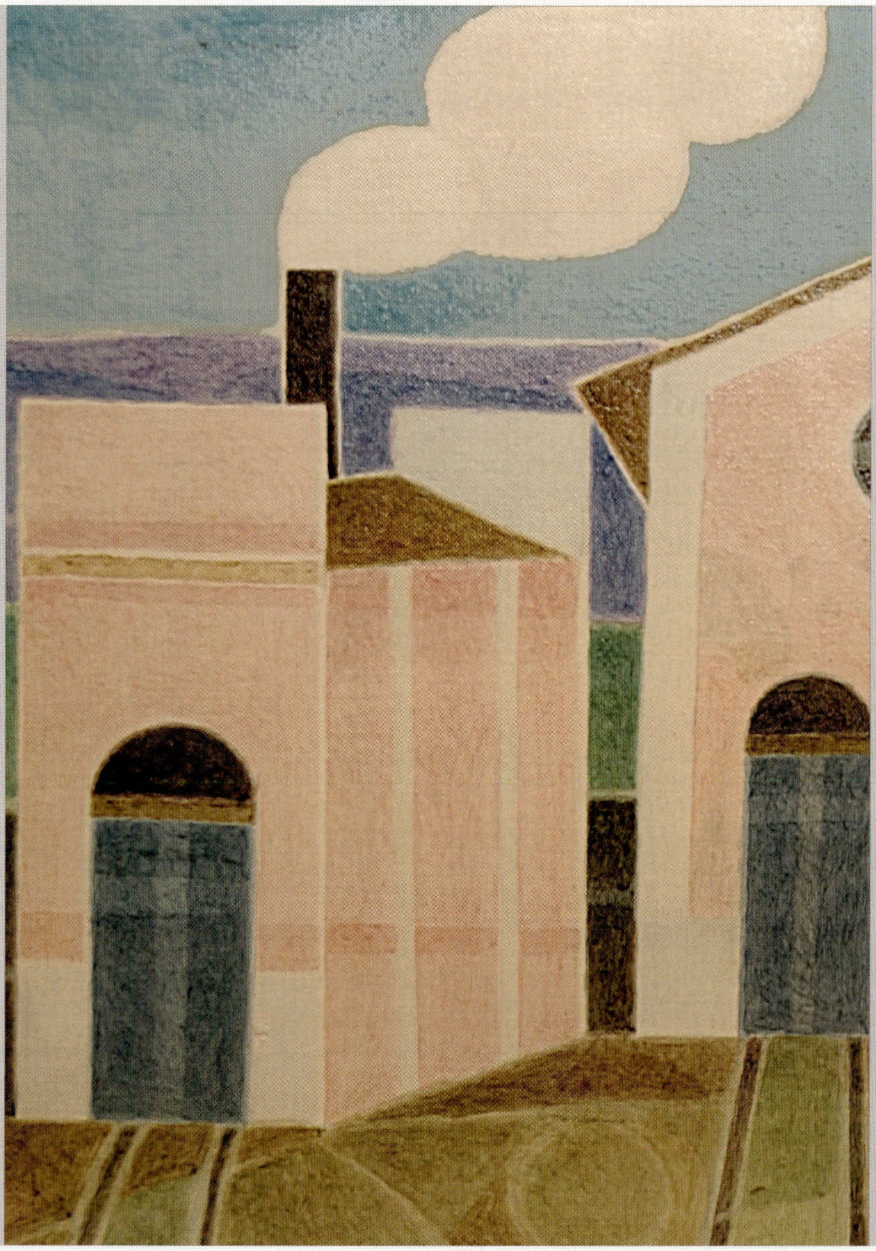

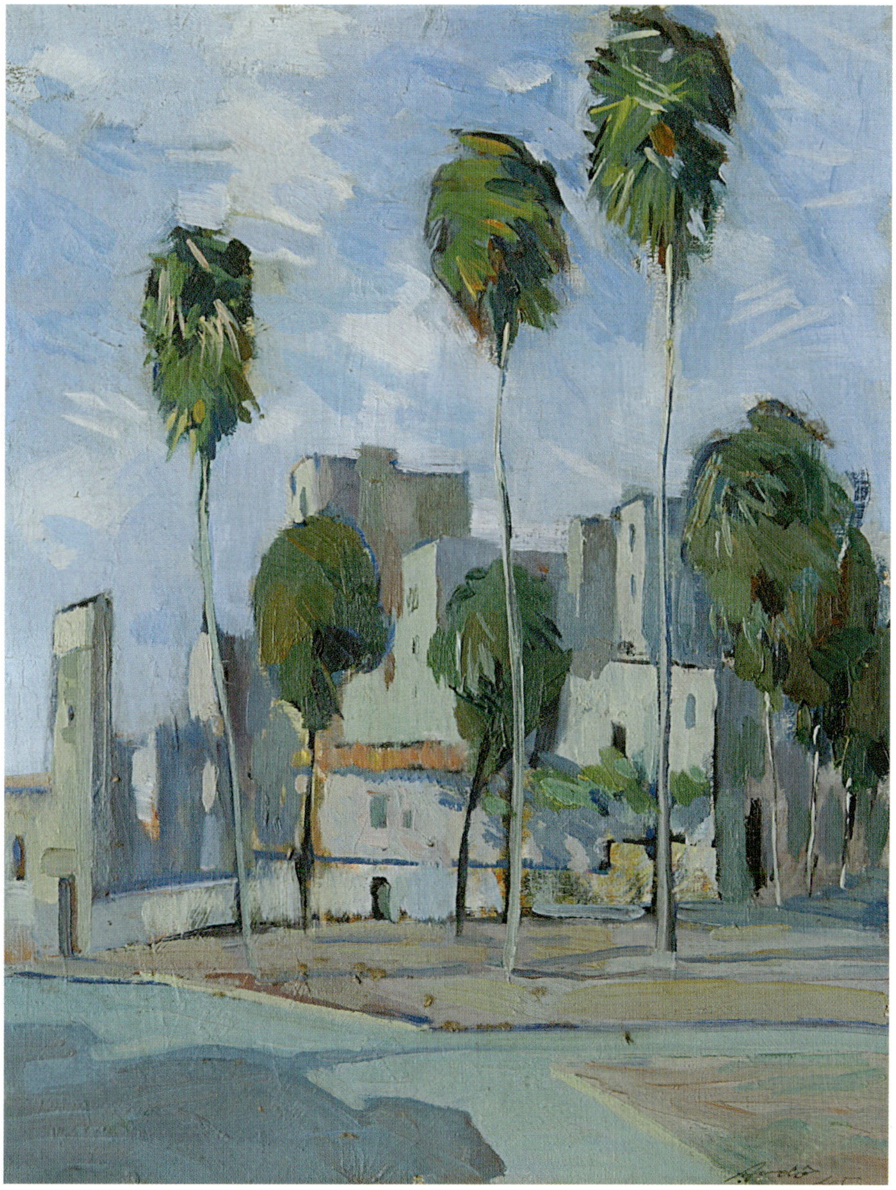

Plaça Joanic, 1945.
Oli sobre tela, 61 x 45.

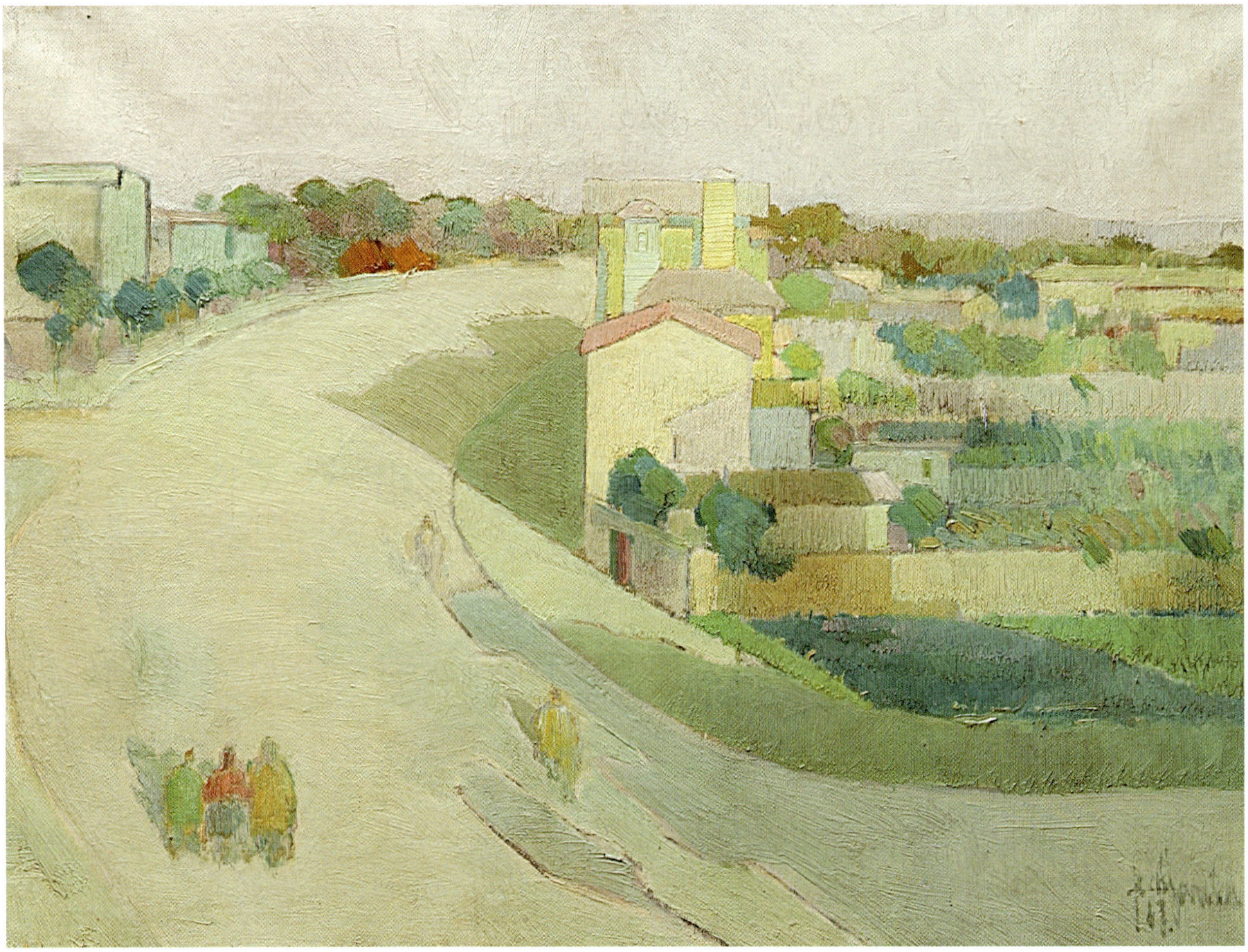

Barri dels periodistes, 1947.
Oli sobre tela, 50 x 65.

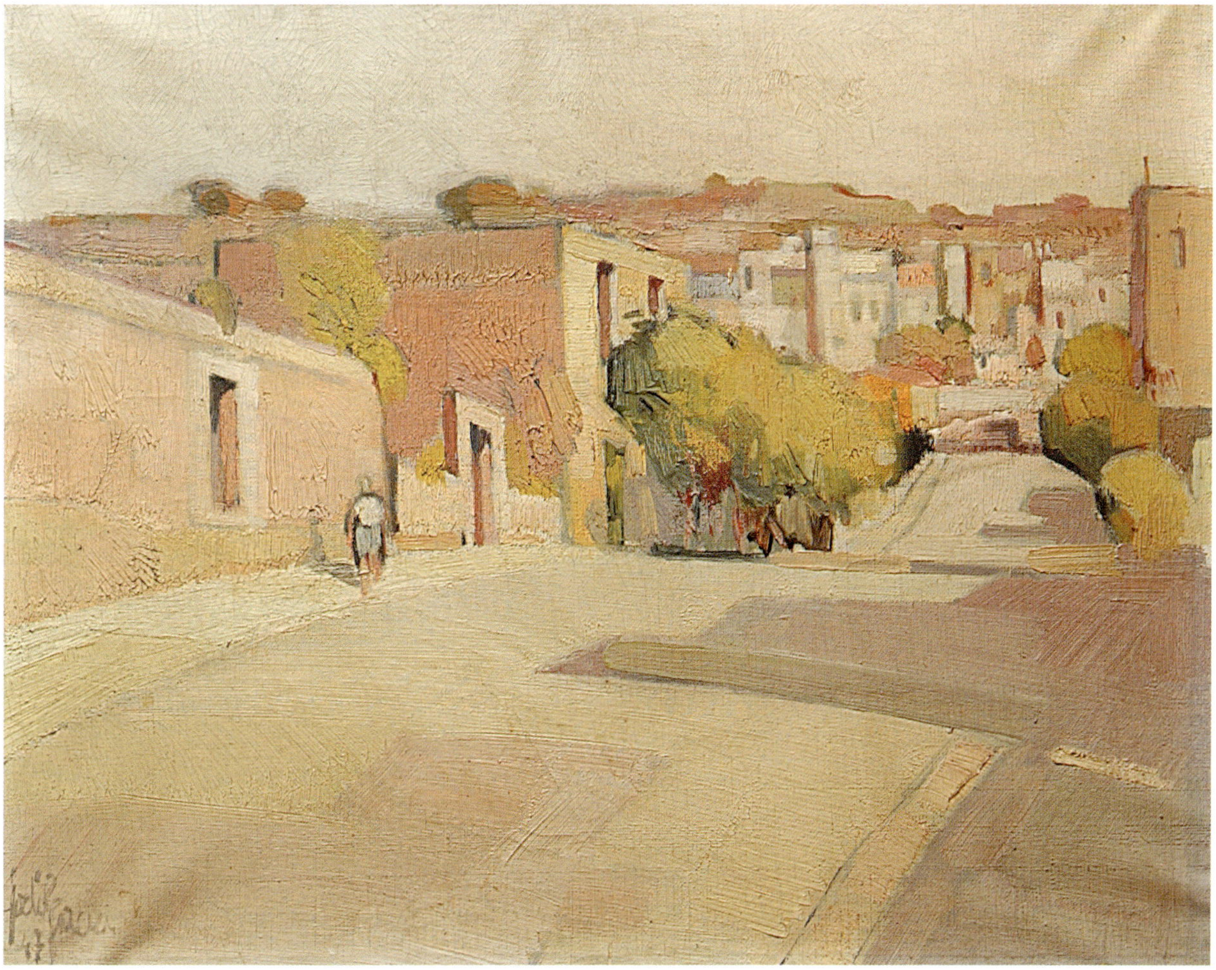

Carrer Valseca, 1947.
Oli sobre tela, 49 x 60.

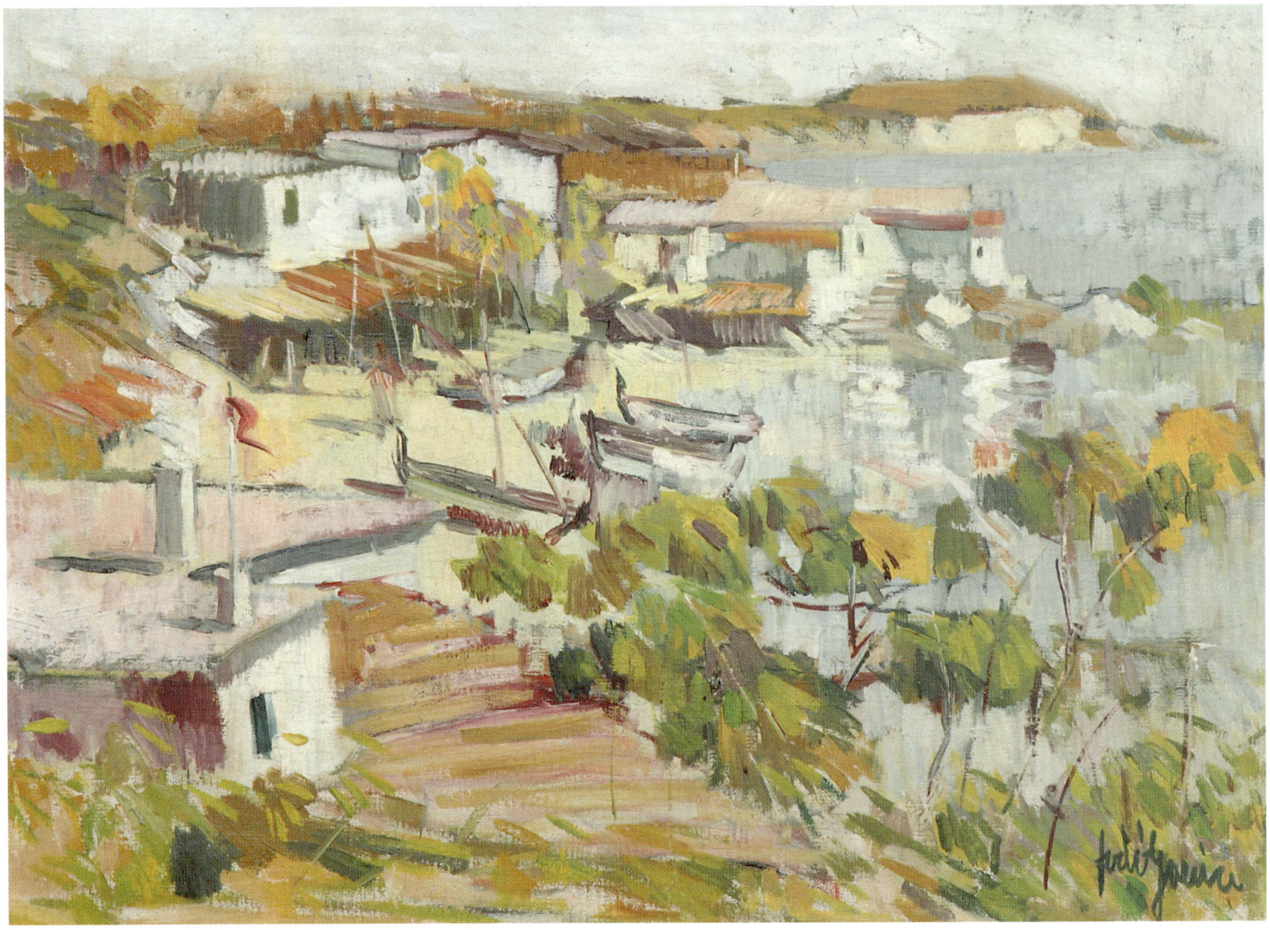

Paisatge amb barques, 1948-1949.
Oli sobre tela, 43,5 x 73.

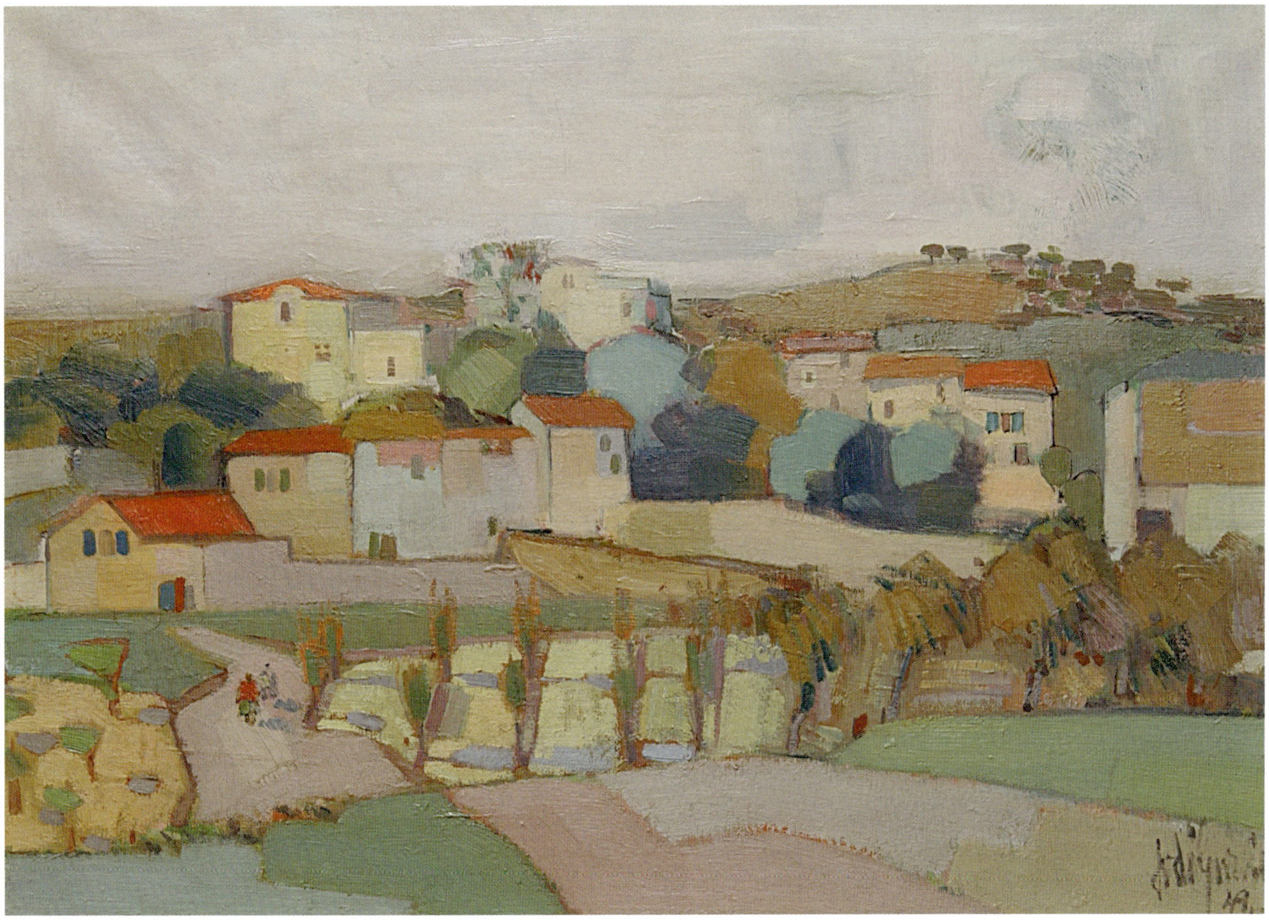

Camps, 1949.
Oli sobre tela, 54 x 73.

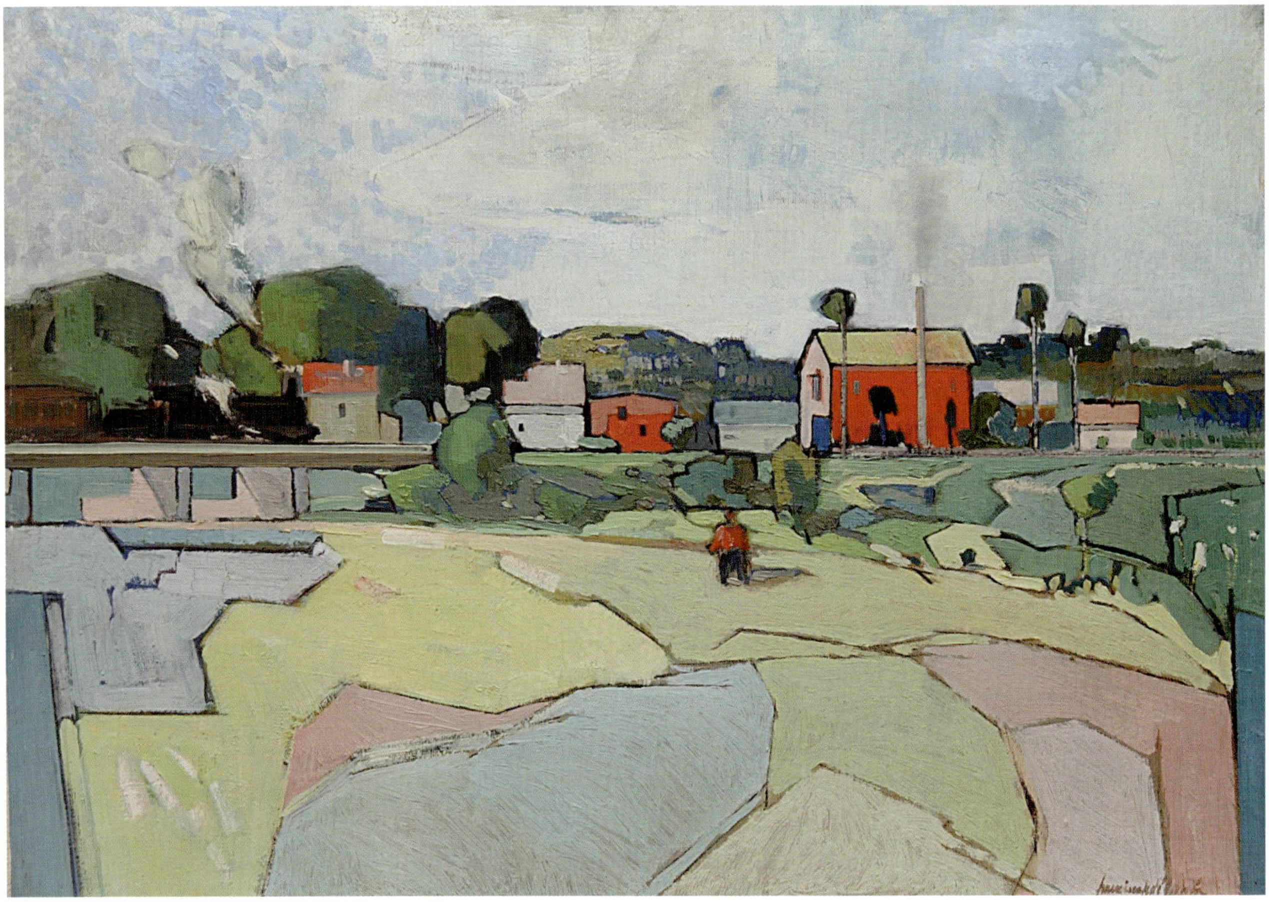

El Serrallo, 1949.
Oli sobre tela, 60 x 81.

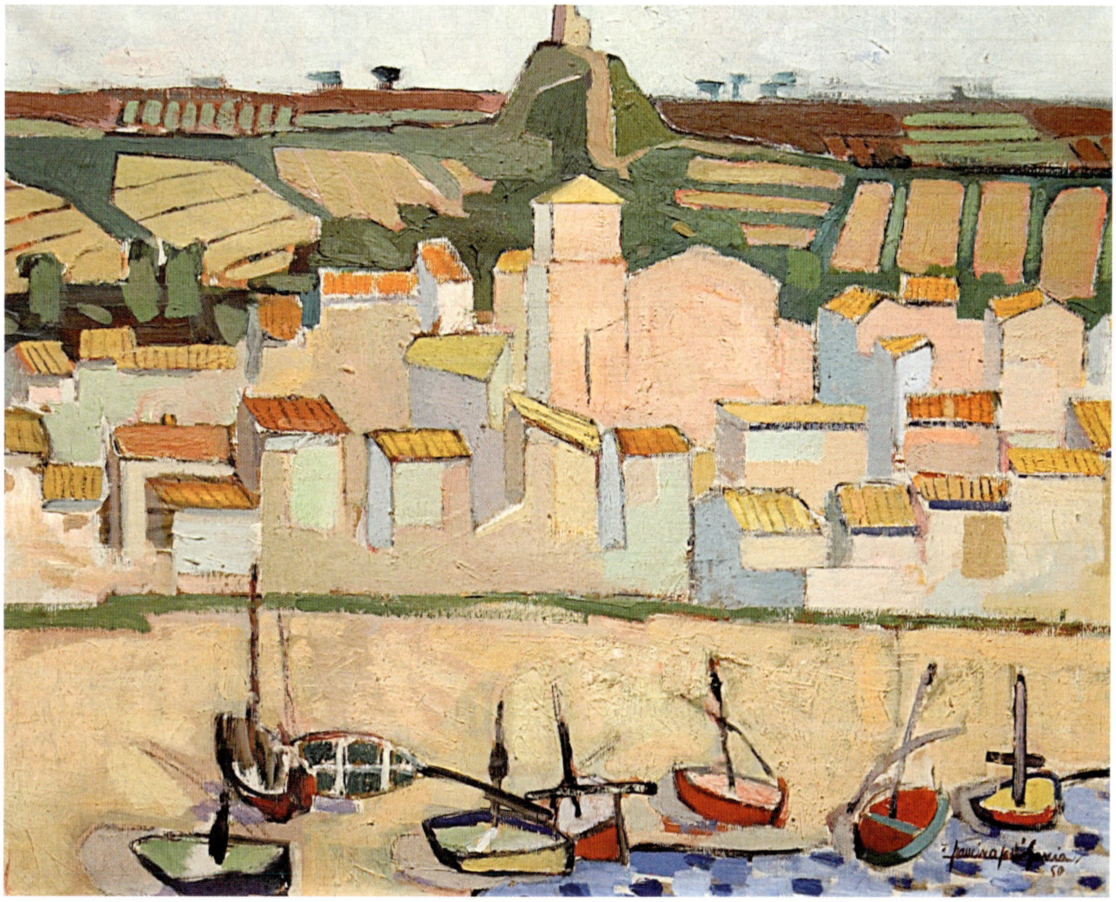

Tossa, 1950.
Oli sobre tela, 58 x 70.

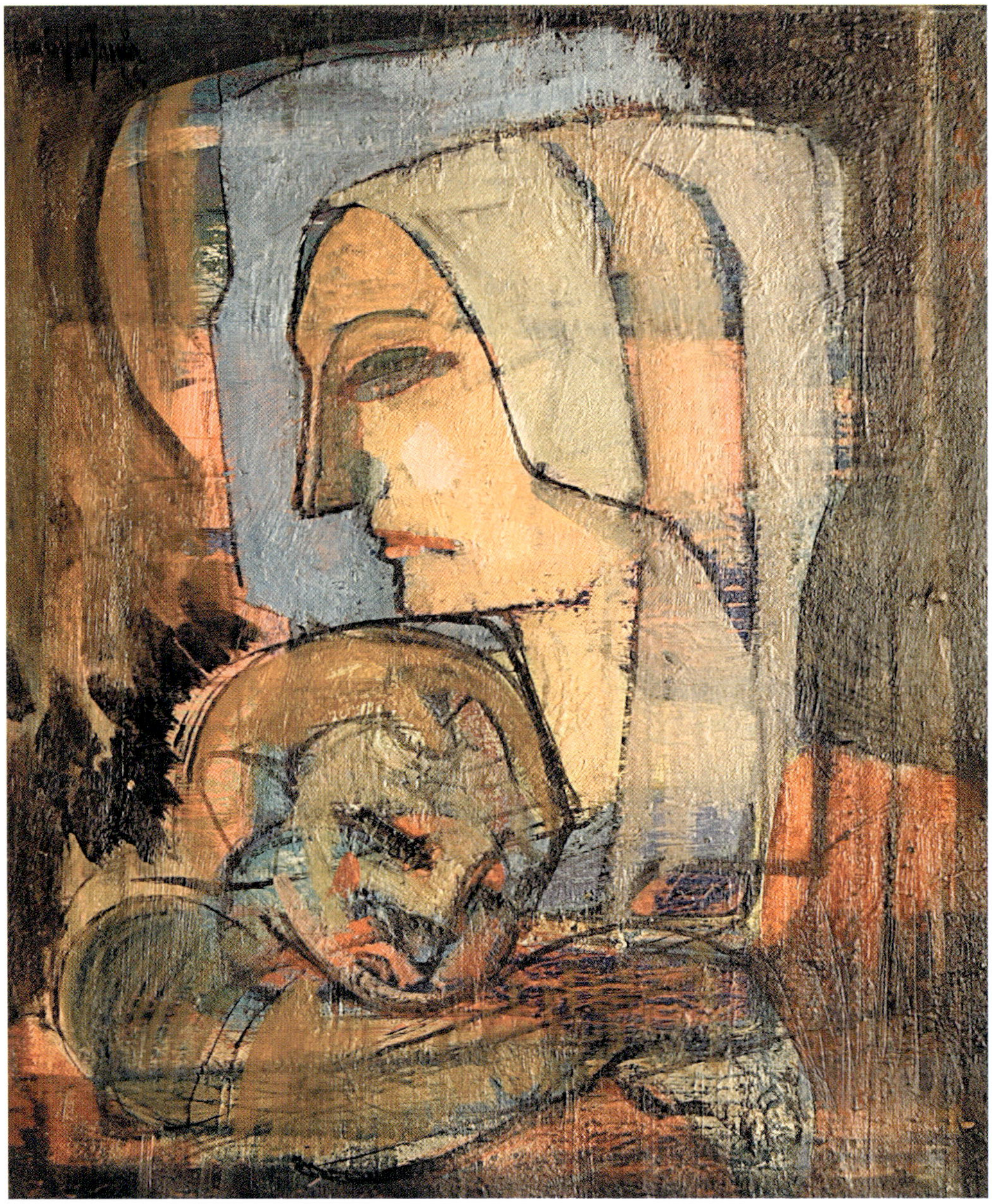

Maternitat, 1949.
Oli sobre tela, 65 x 54.

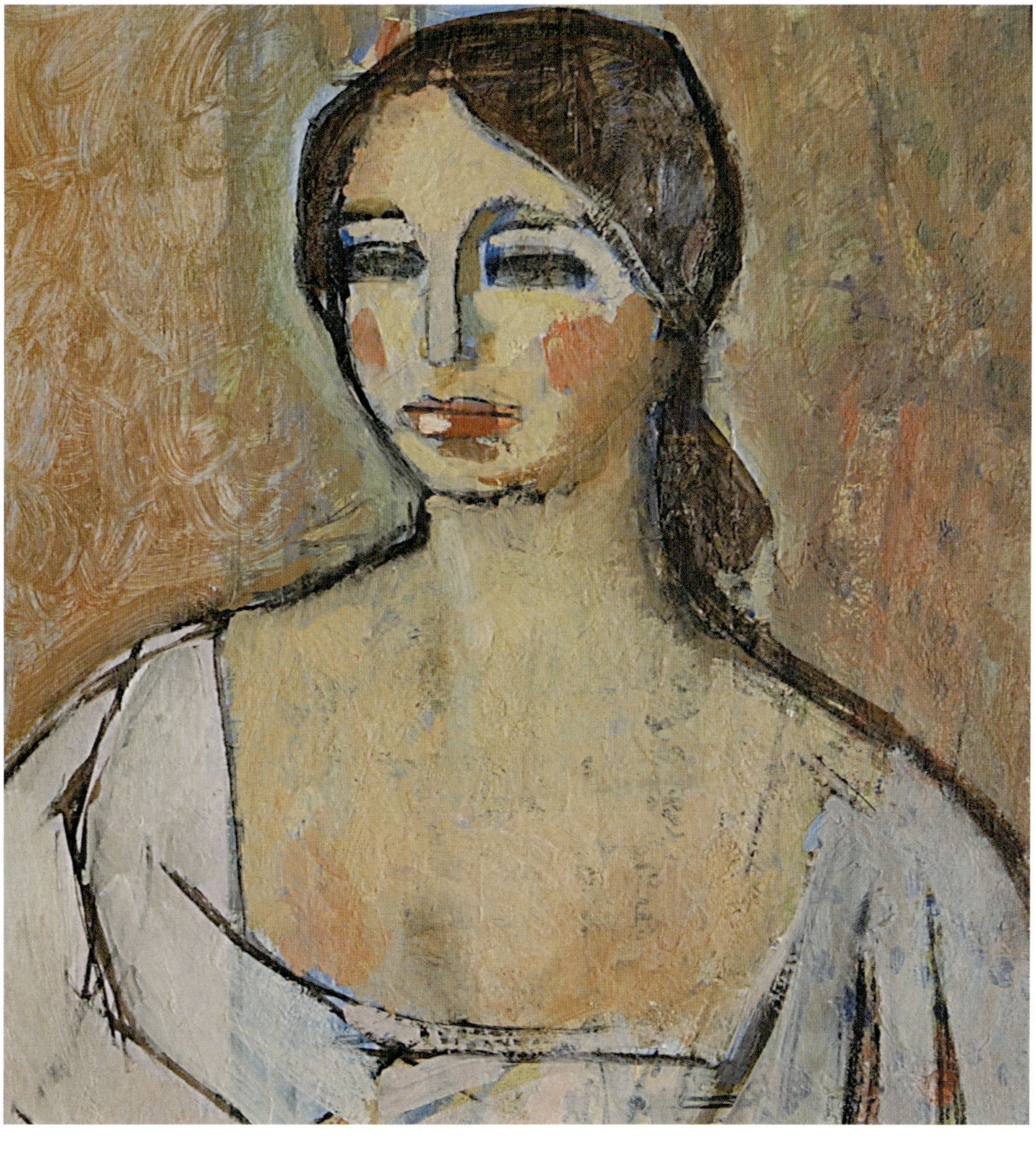

Dona, 1949.
Oli sobre tela, 54 x 48.

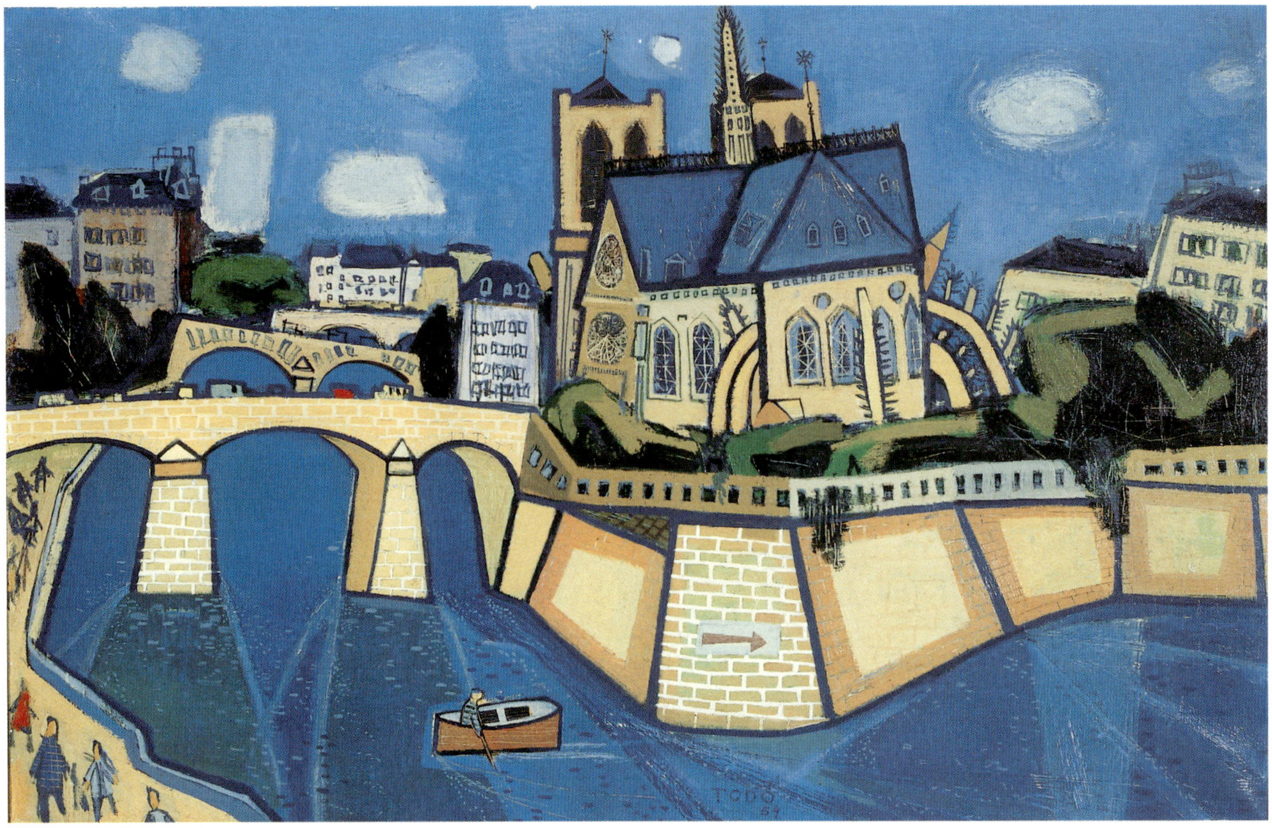

París, 1954.
Oli sobre tela, 54 x 81.

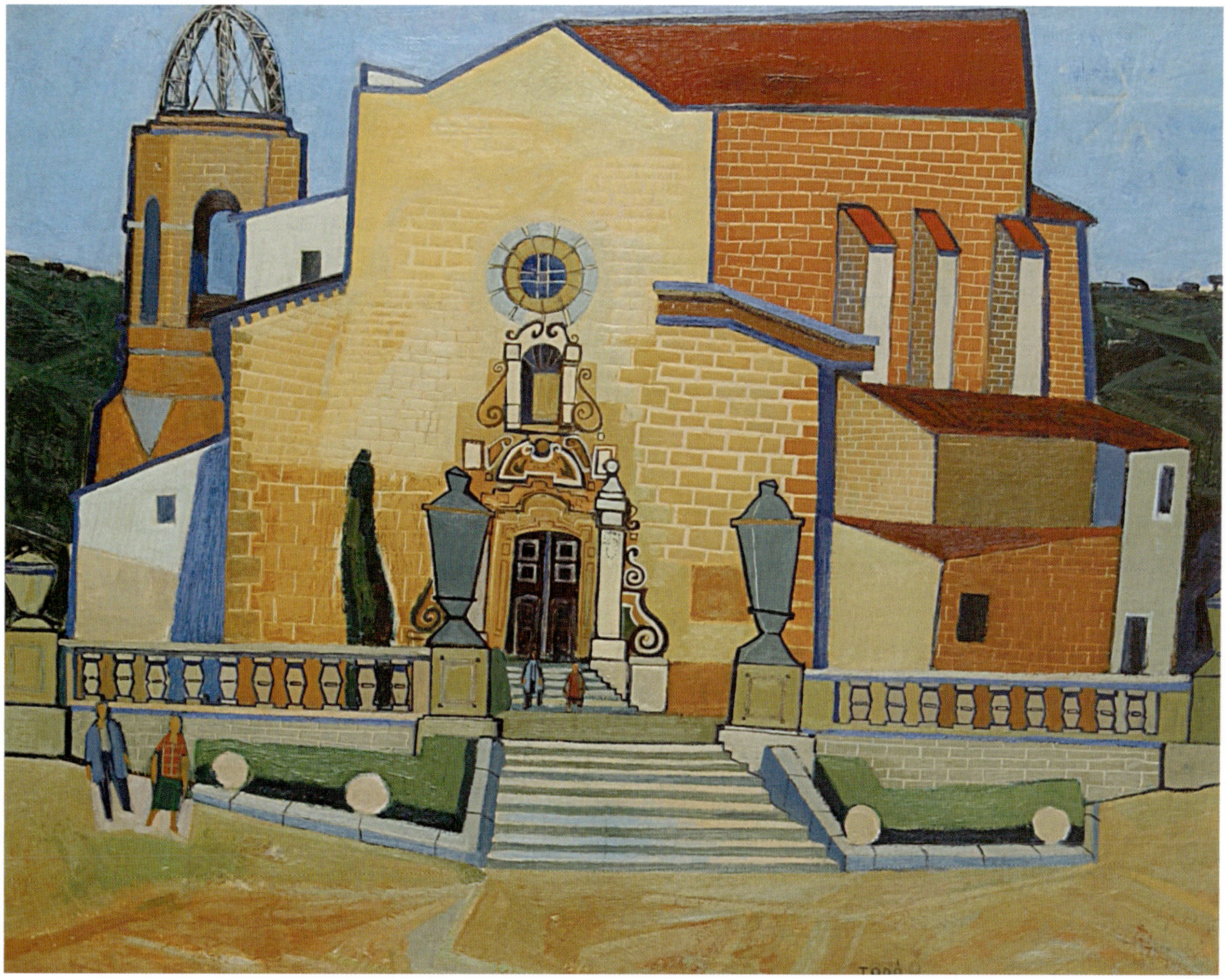

Església de la Garriga, 1954.
Oli sobre tela, 65 x 81.

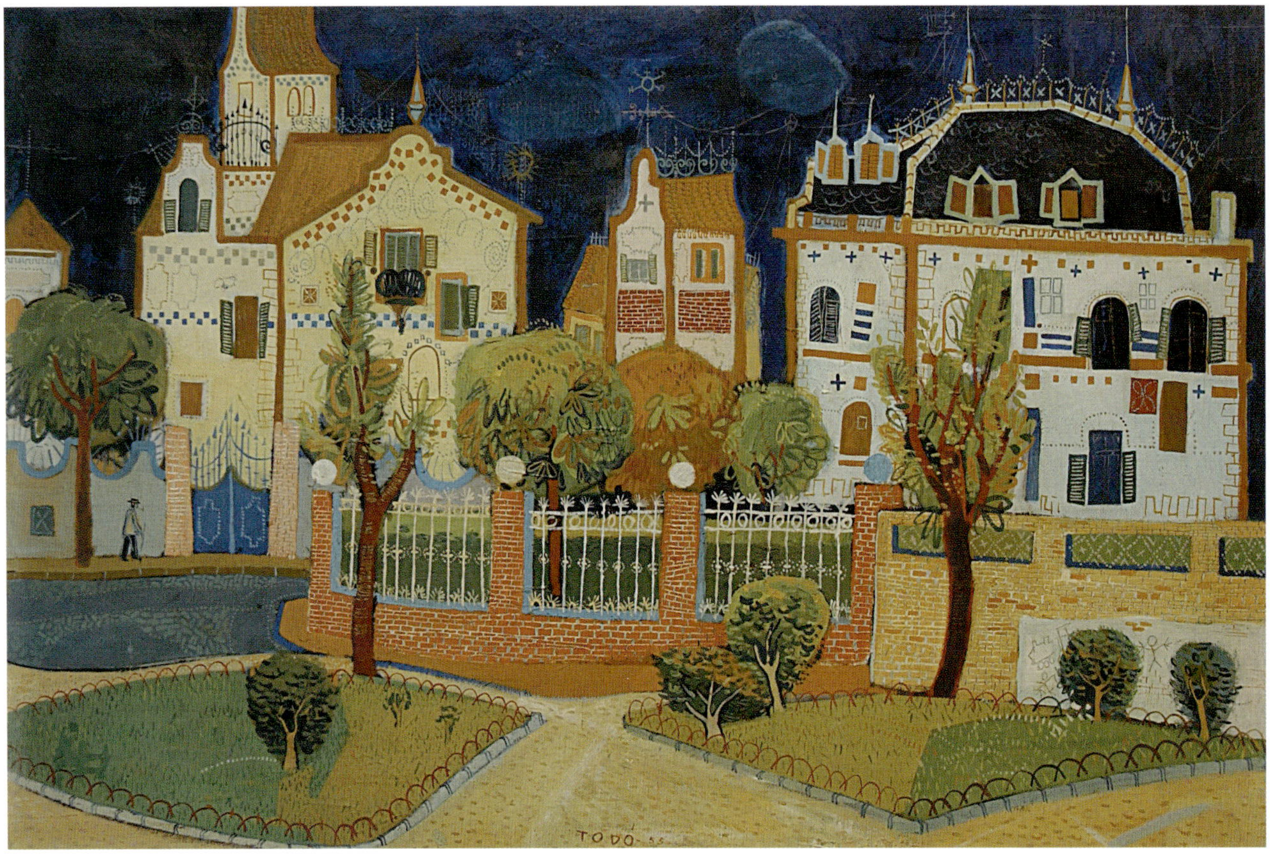

Plaça del silenci, 1955.
Oli sobre tela, 79 x 114.

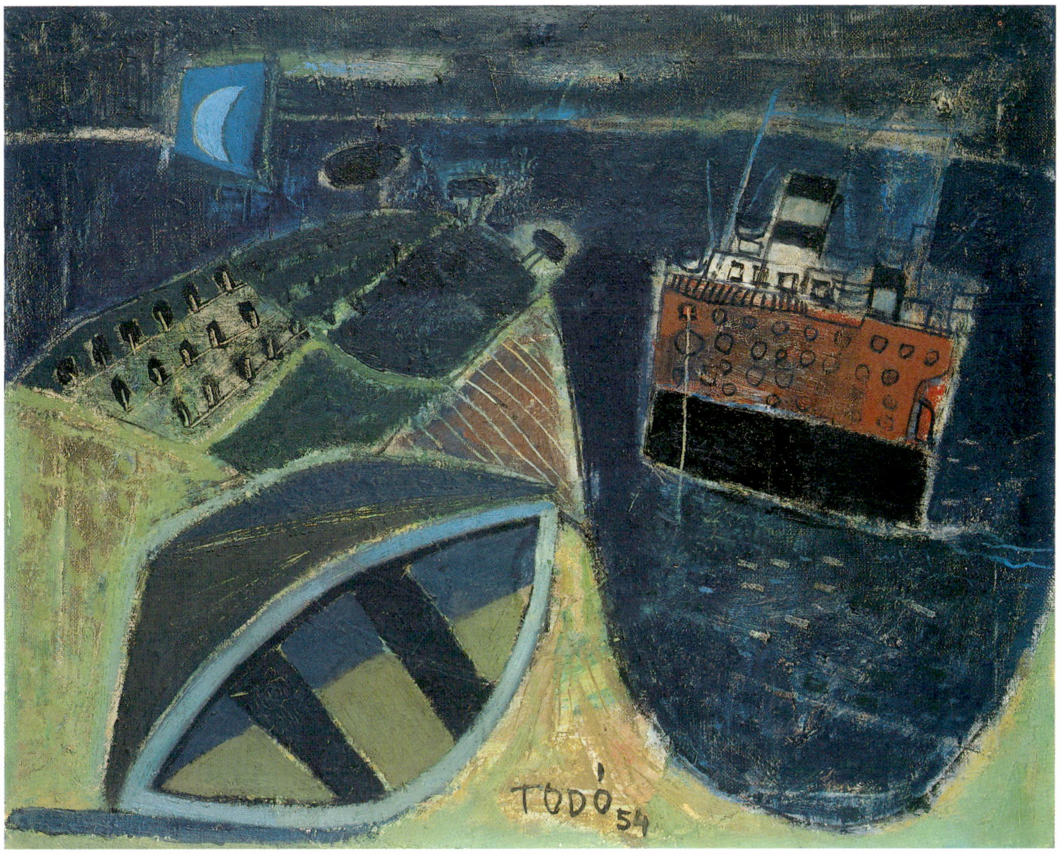

Vaixell de nit, 1954.
Oli sobre tela, 46 x 38.

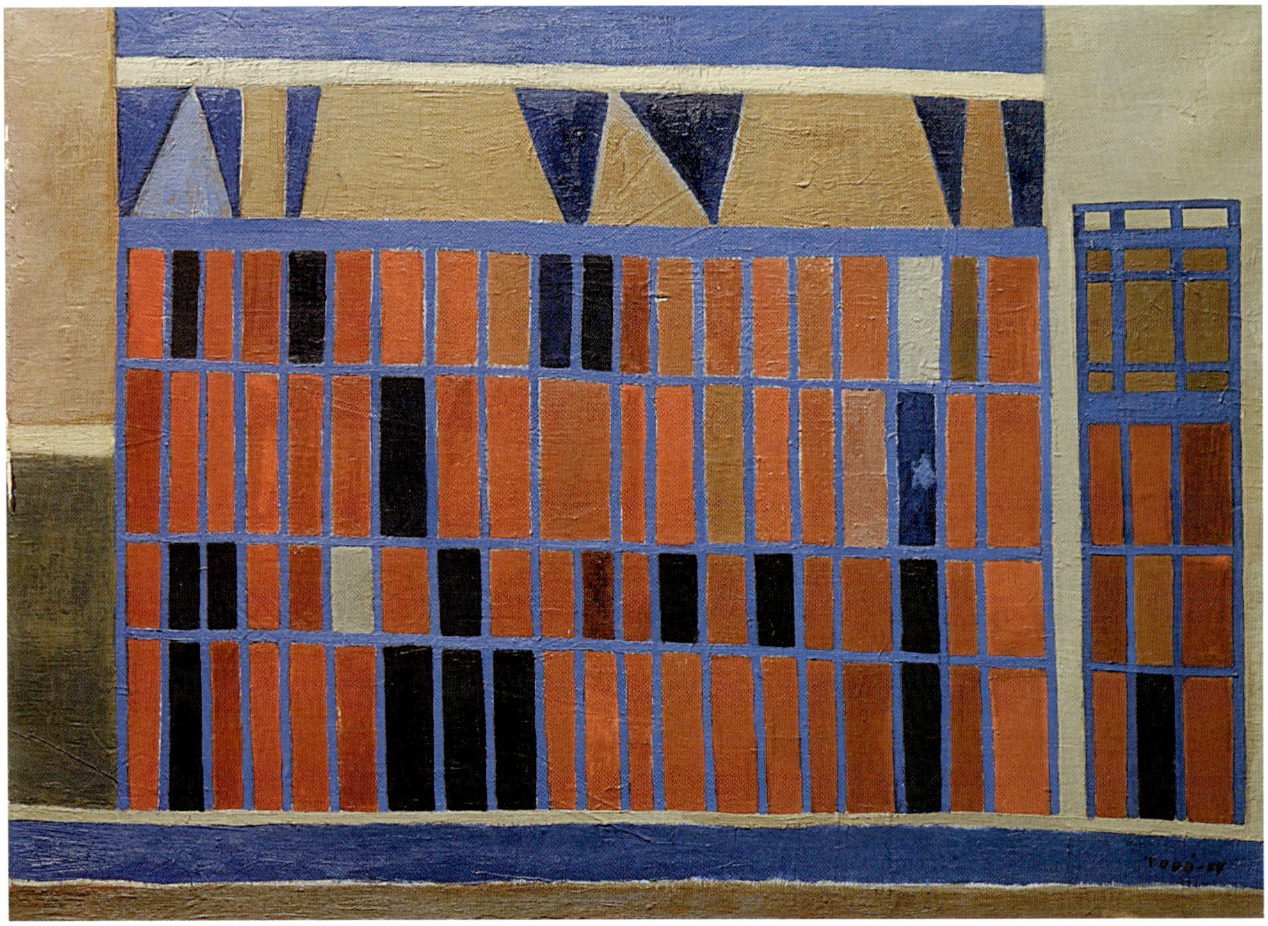

Estació de Llavaneres, 1957.
Oli sobre tela, 60 x 81.

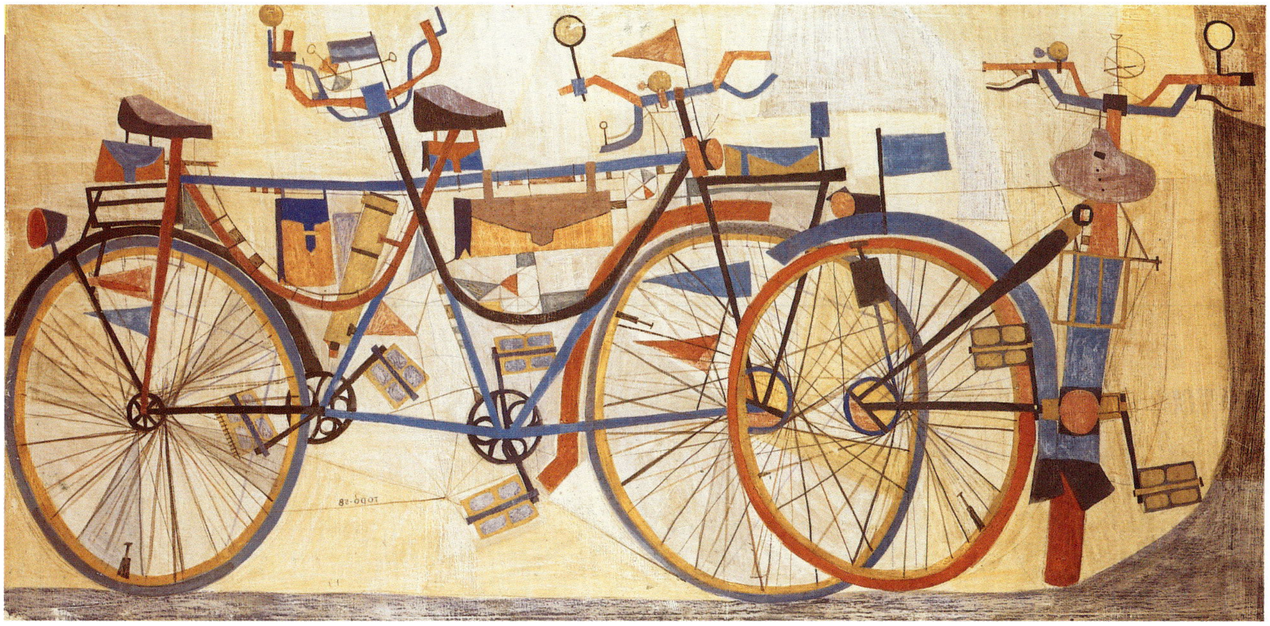

Bicicletes, 1958.
Tremp sobre fusta, 60 x 120.

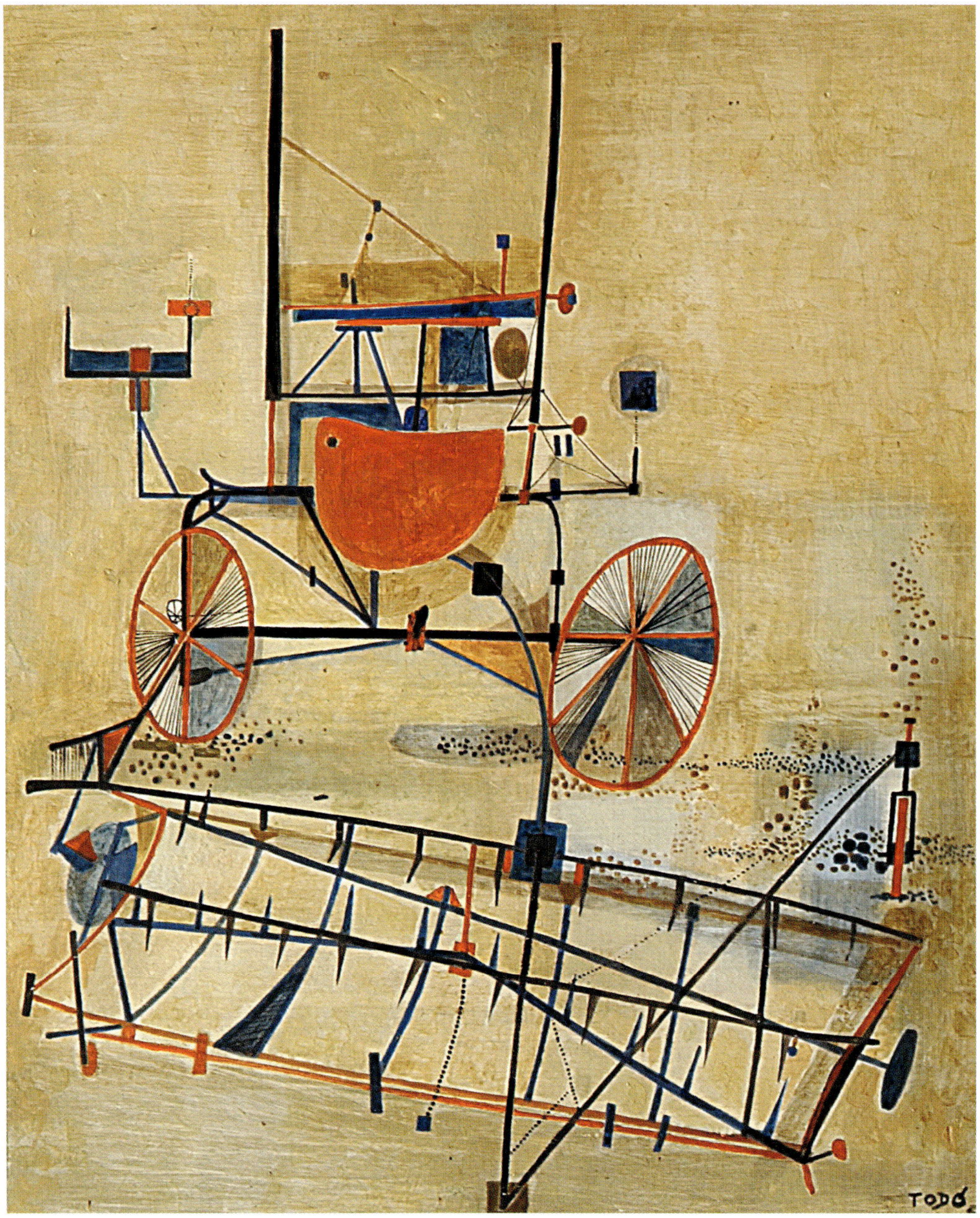

Màquina de llaurar, 1958.
Tremp sobre fusta, 41 x 33.

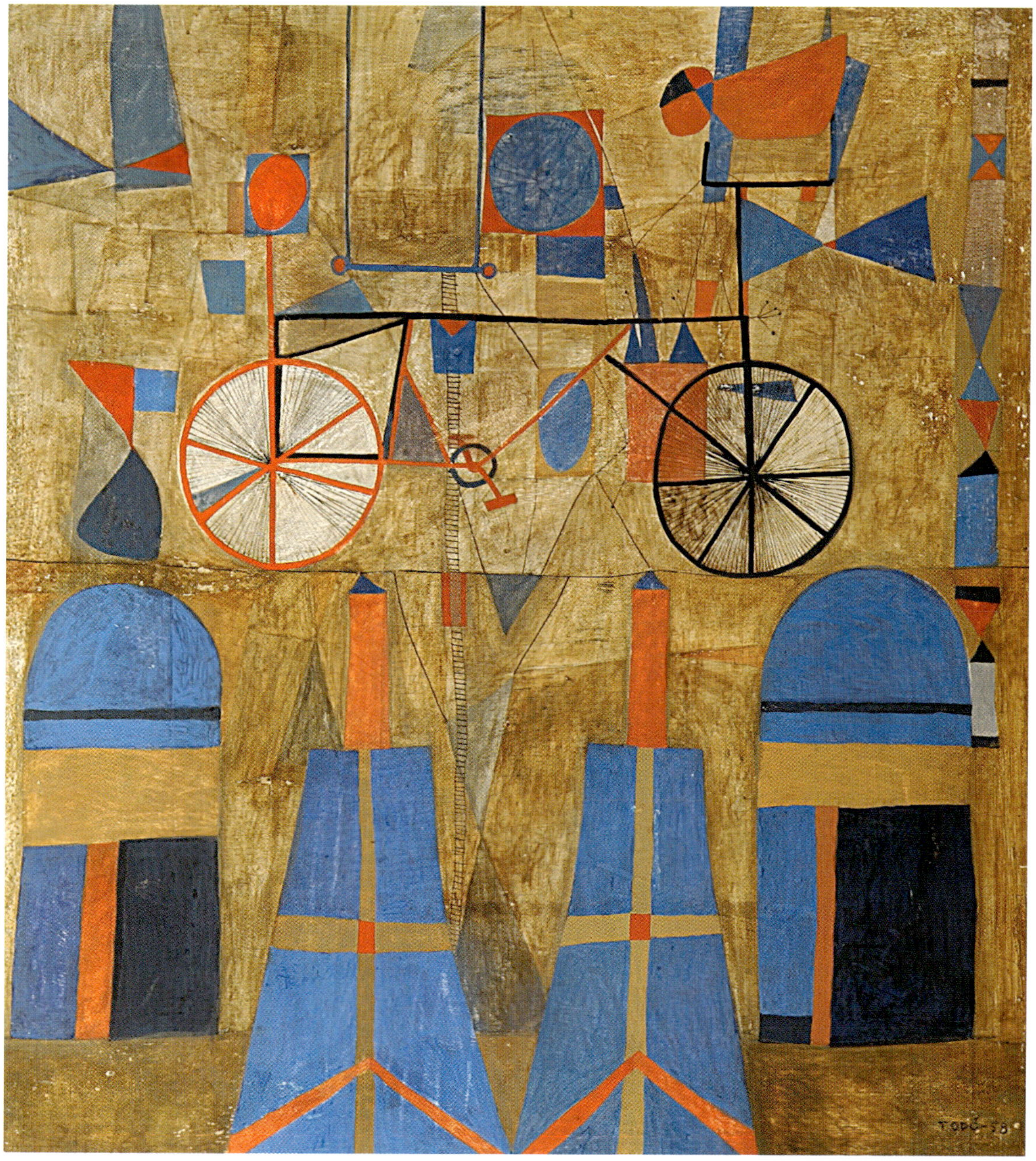

Parada de circ, 1958.
Tremp sobre fusta, 68 x 59.

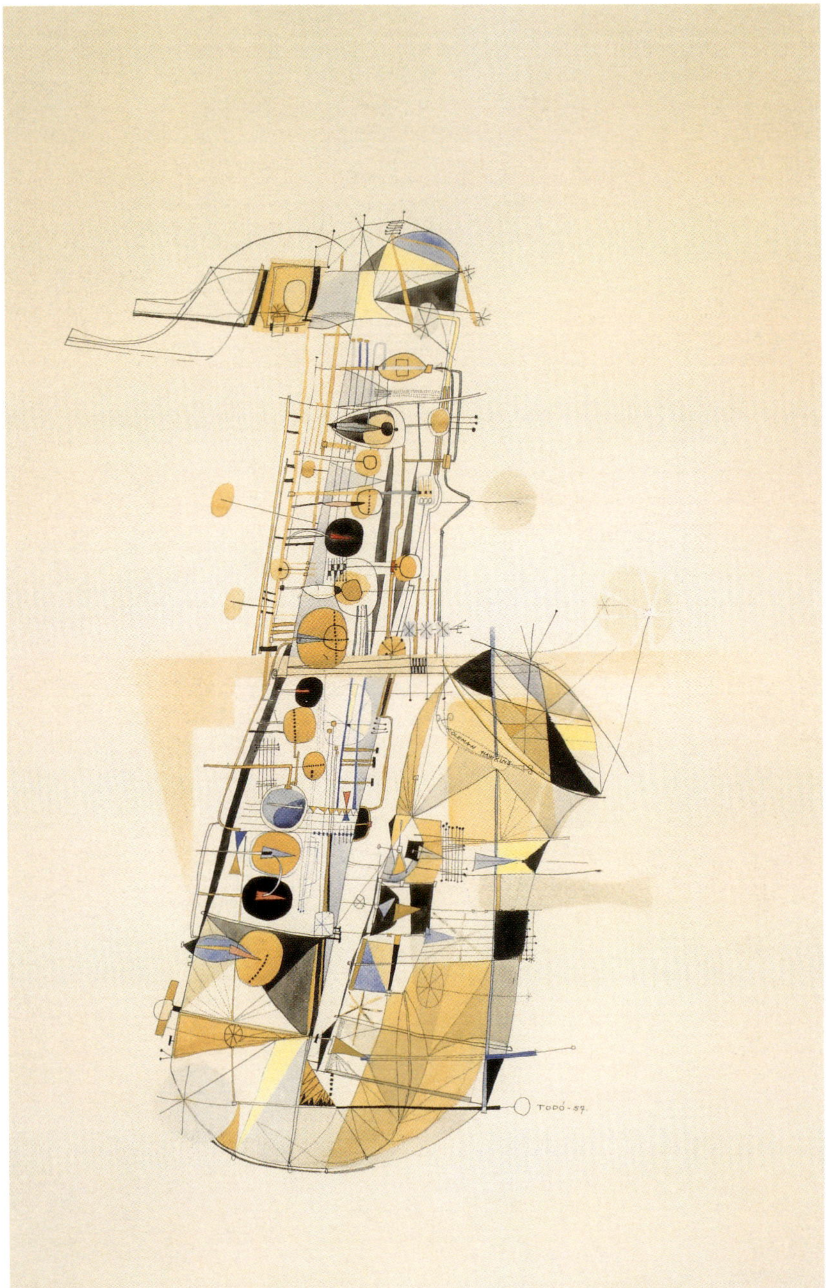

Homenatge a Coleman Hawkins, 1959.
Tècnica mixta, 103 x 67.

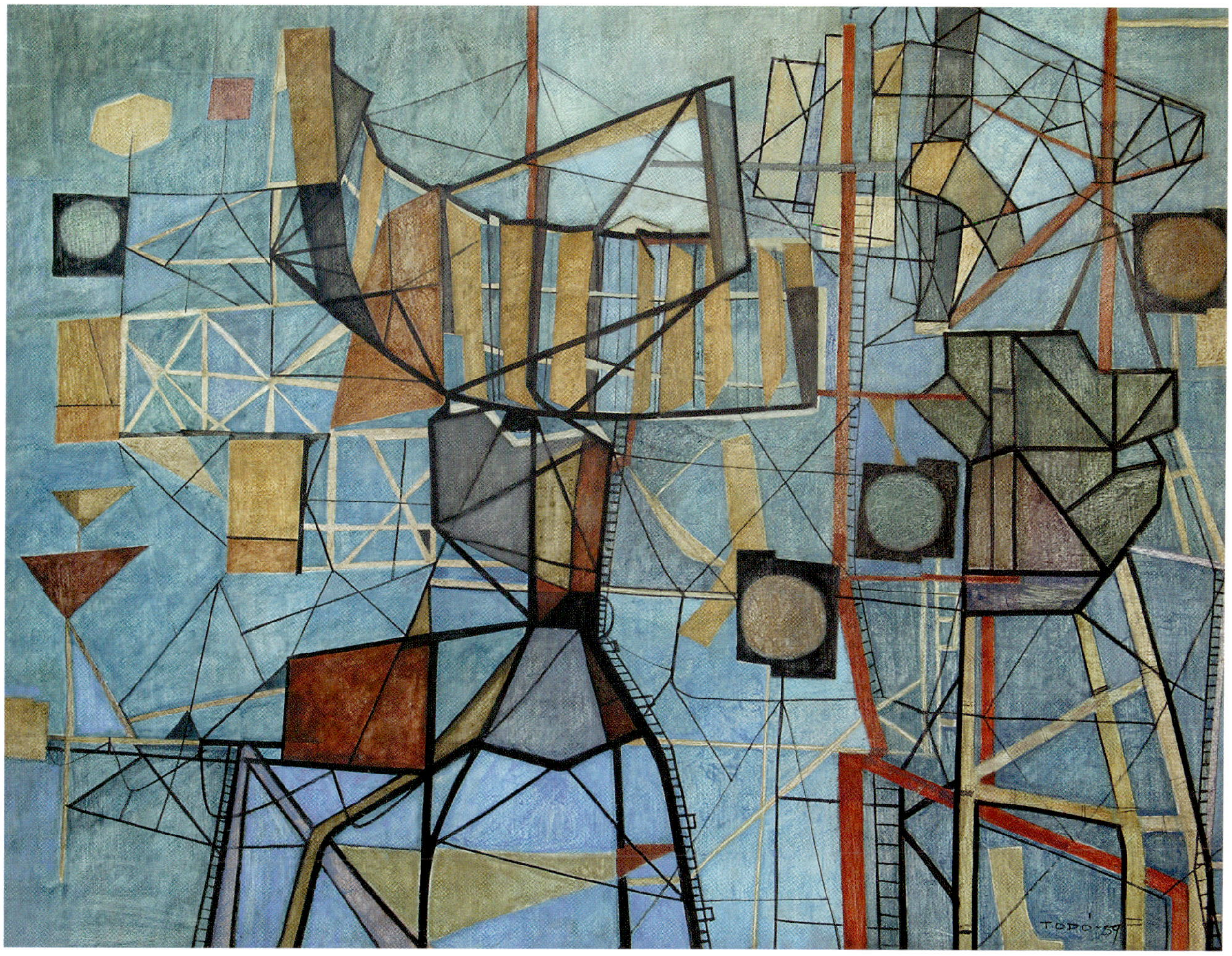

Estació de radar, 1959.
Tècnica mixta, 114 x 146.

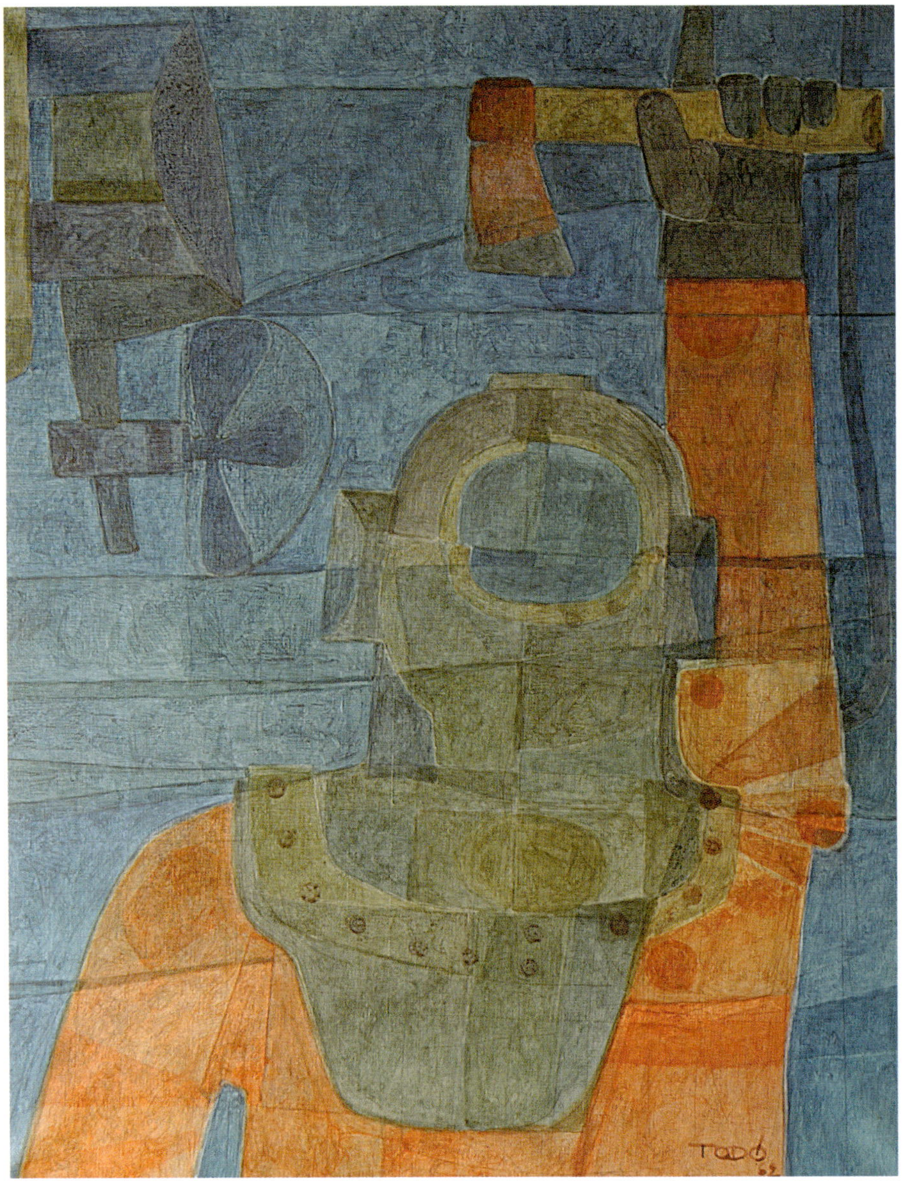

Bus submergit, 1962.
Acrílic sobre tela, 116 x 89.

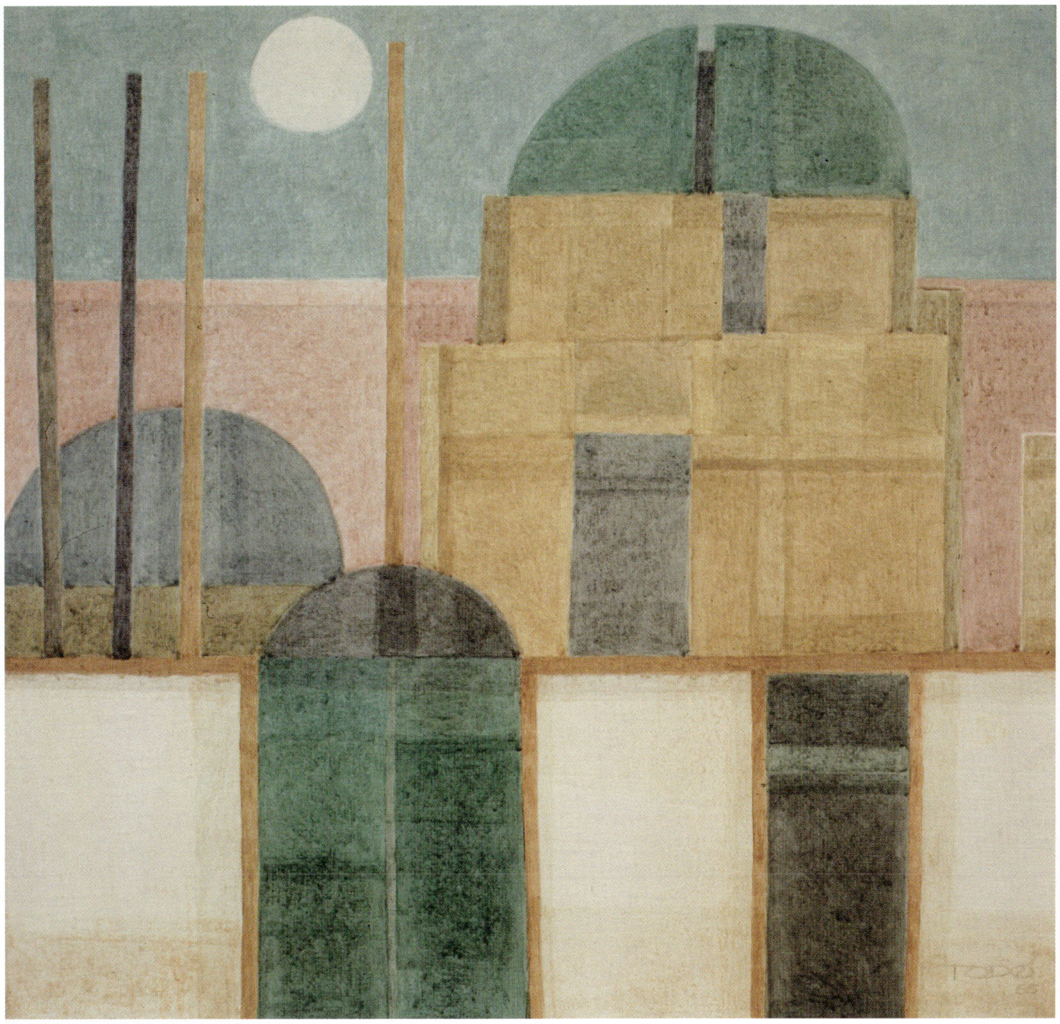

L'observatori, 1965.
Acrílic sobre tela, 60 x 60.

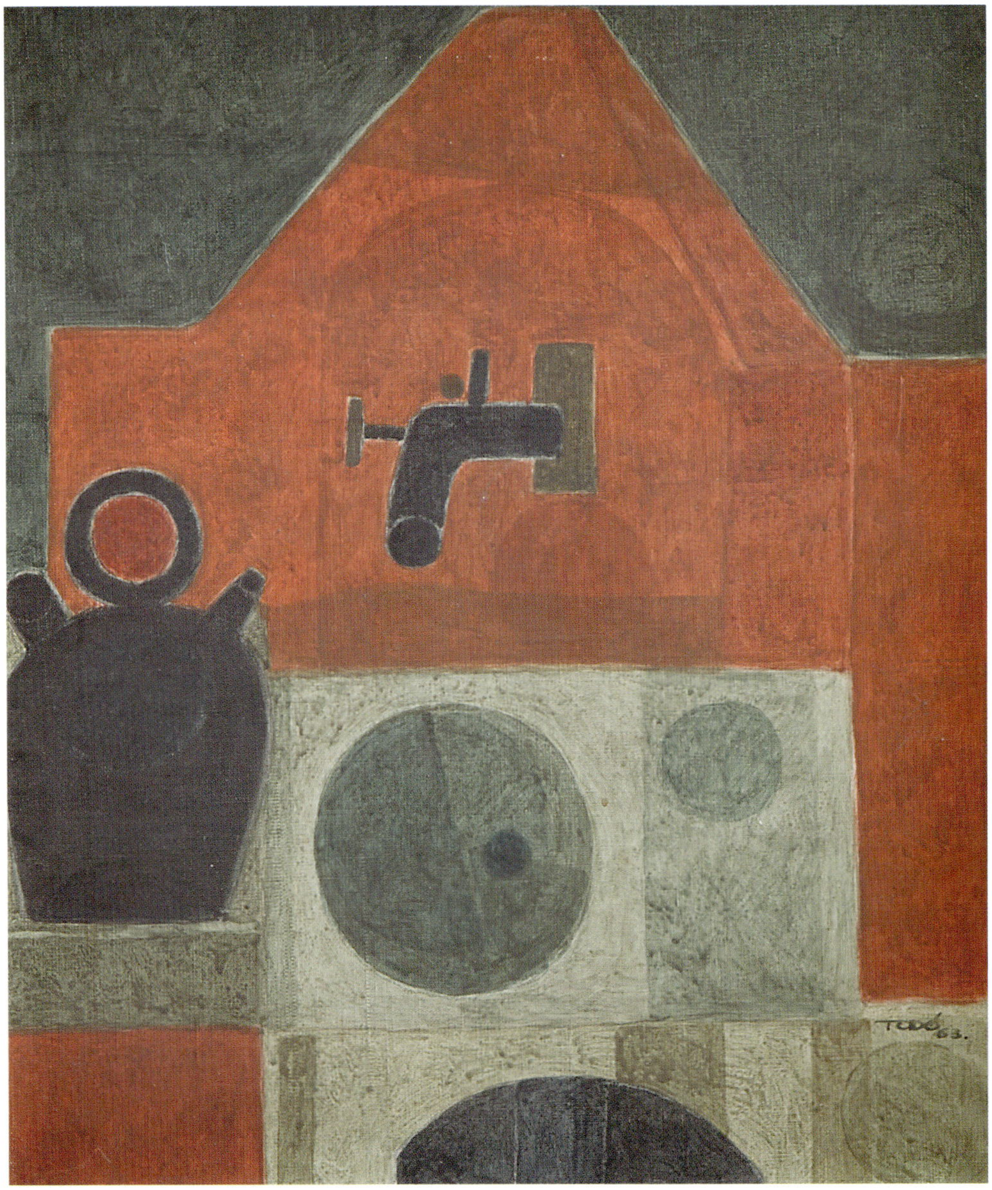

The Fountain, 1963.
Acrílic sobre tela, 65 x 54,5.

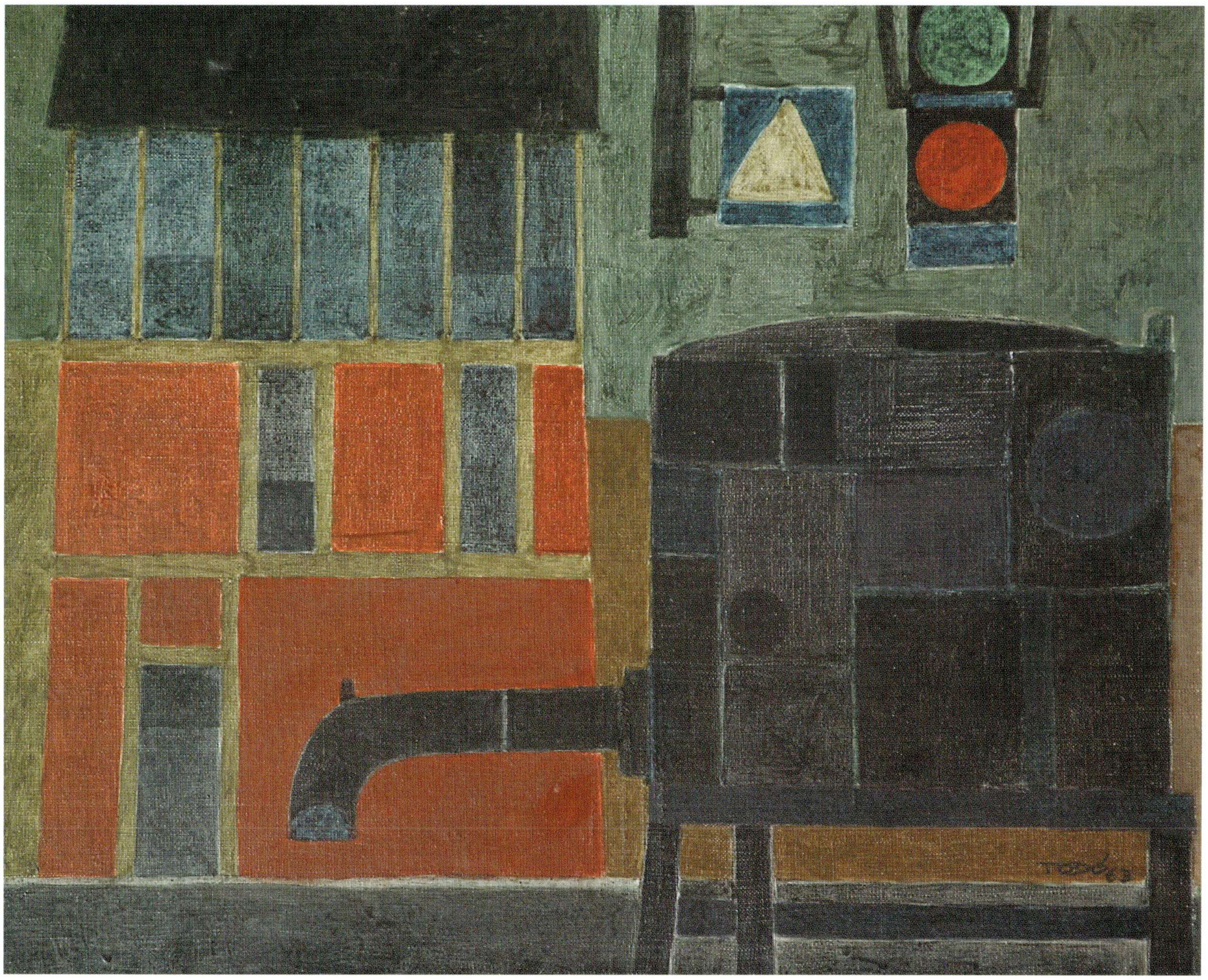

Estació ferroviària, 1963.
Acrílic sobre tela, 54 x 65.

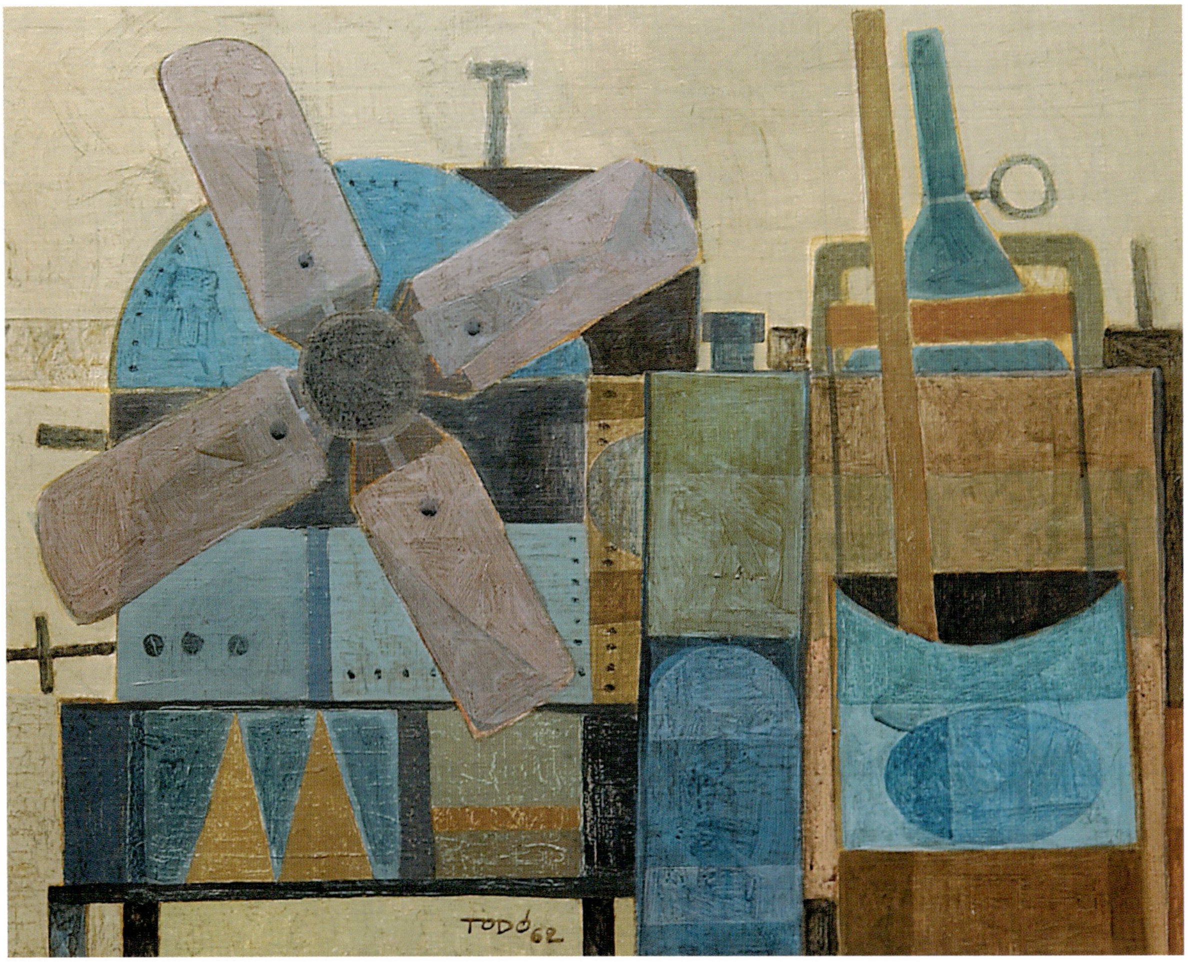

Motor d'explosió, 1962.
Acrílic sobre tela, 60 x 73.

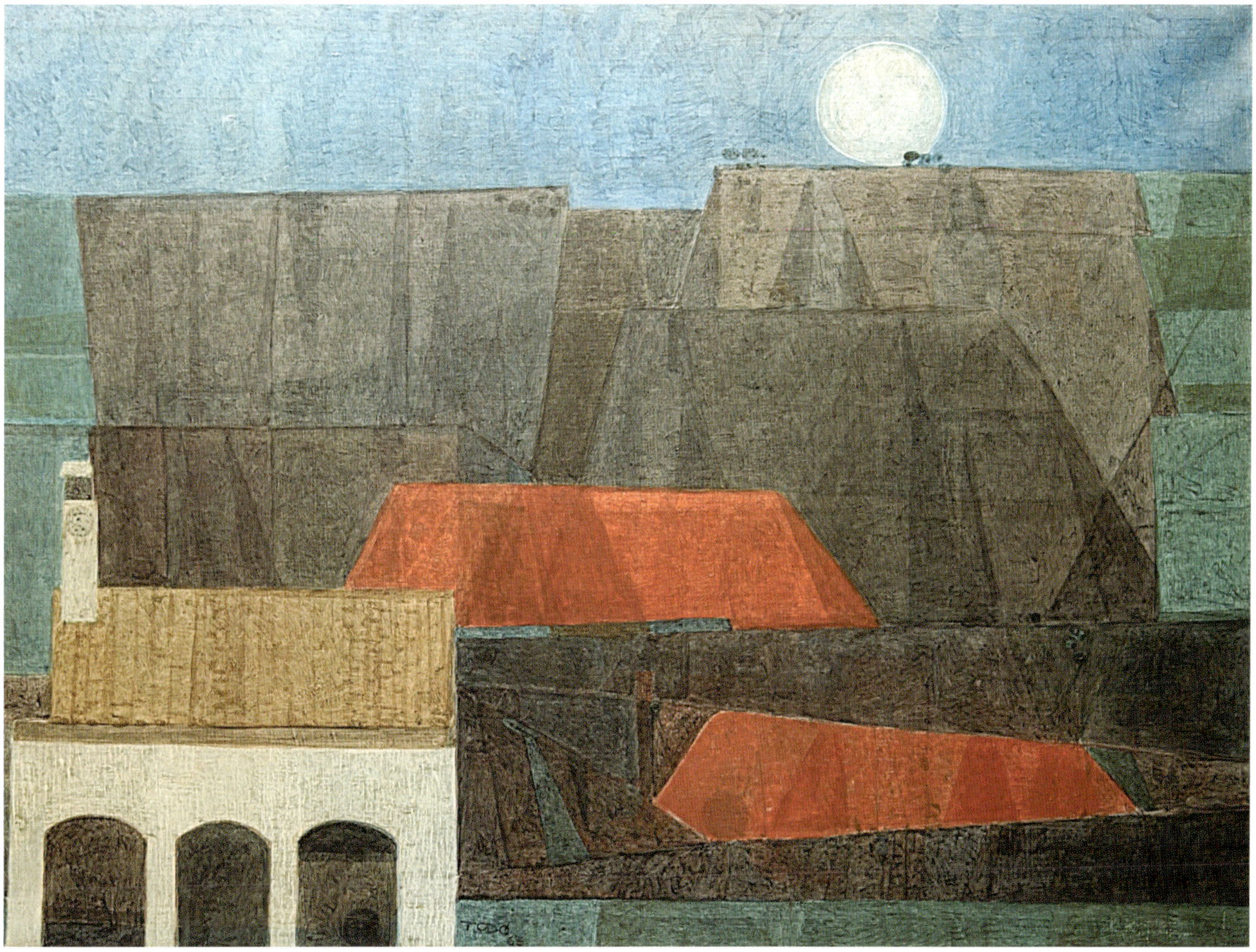

Gredera a Olot, 1963.
Acrílic sobre tela, 89 x 116.

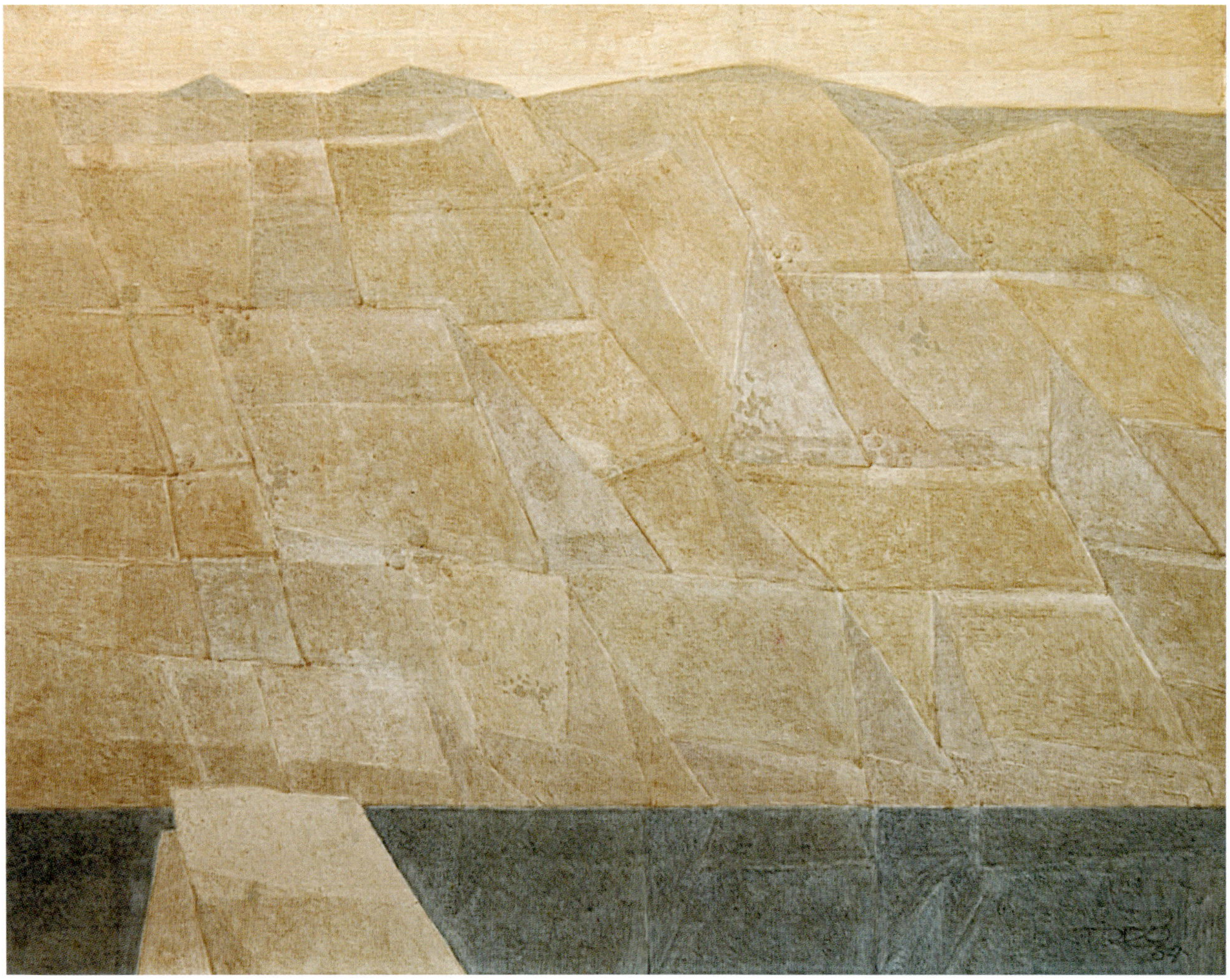

Les roques de Cadaqués, 1964.
Acrílic sobre tela, 81 x 100.

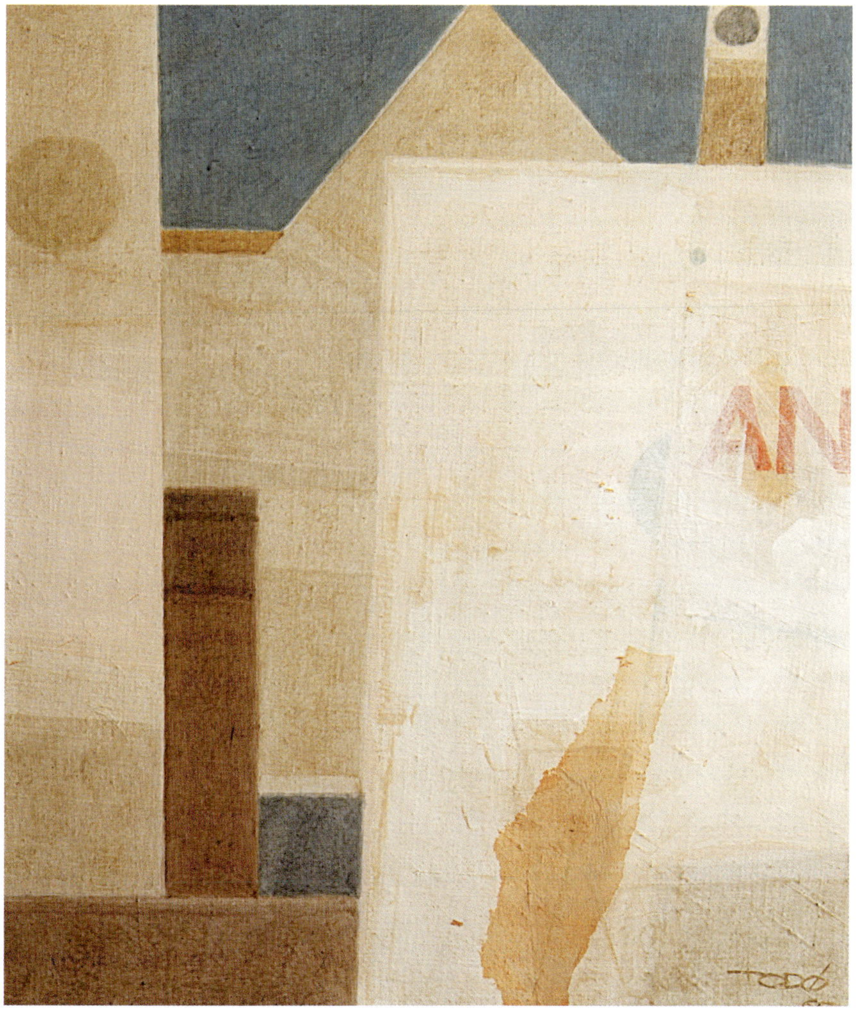

La paret blanca, 1965.
Mixta sobre tela, 55 x 46.

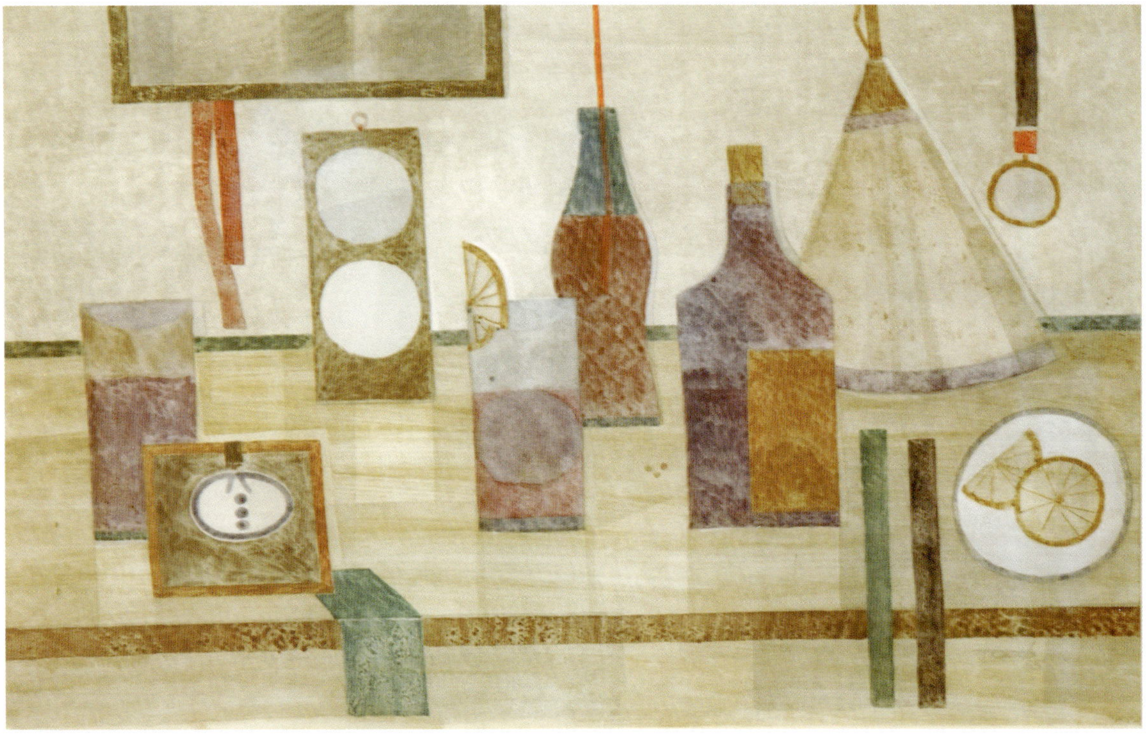

Objectes, 1965.
Monotip, 46 x 70.

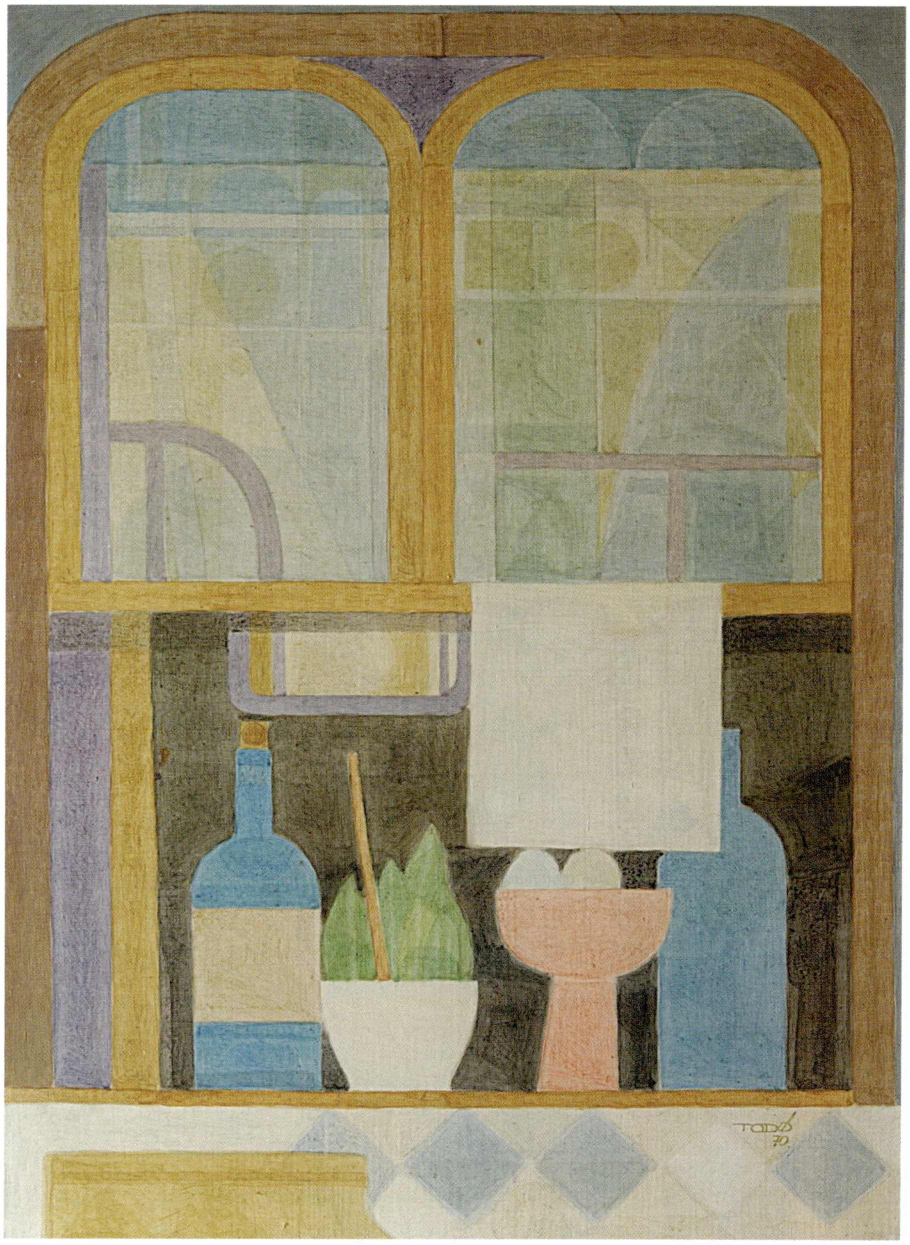

Finestra modernista, 1970.
Acrílic sobre tela, 92 x 73.

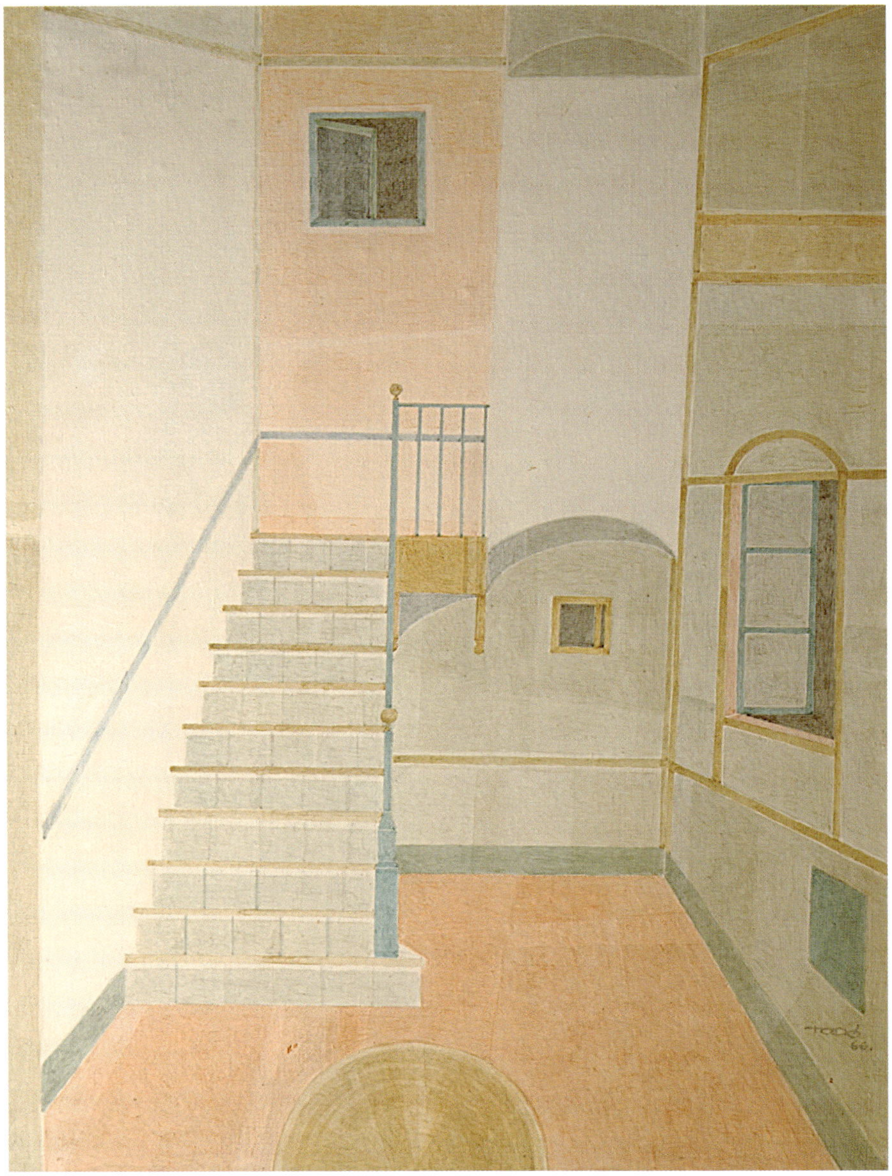

Homenatge al Renaixement, 1966.
Acrílic sobre tela, 116 x 89.

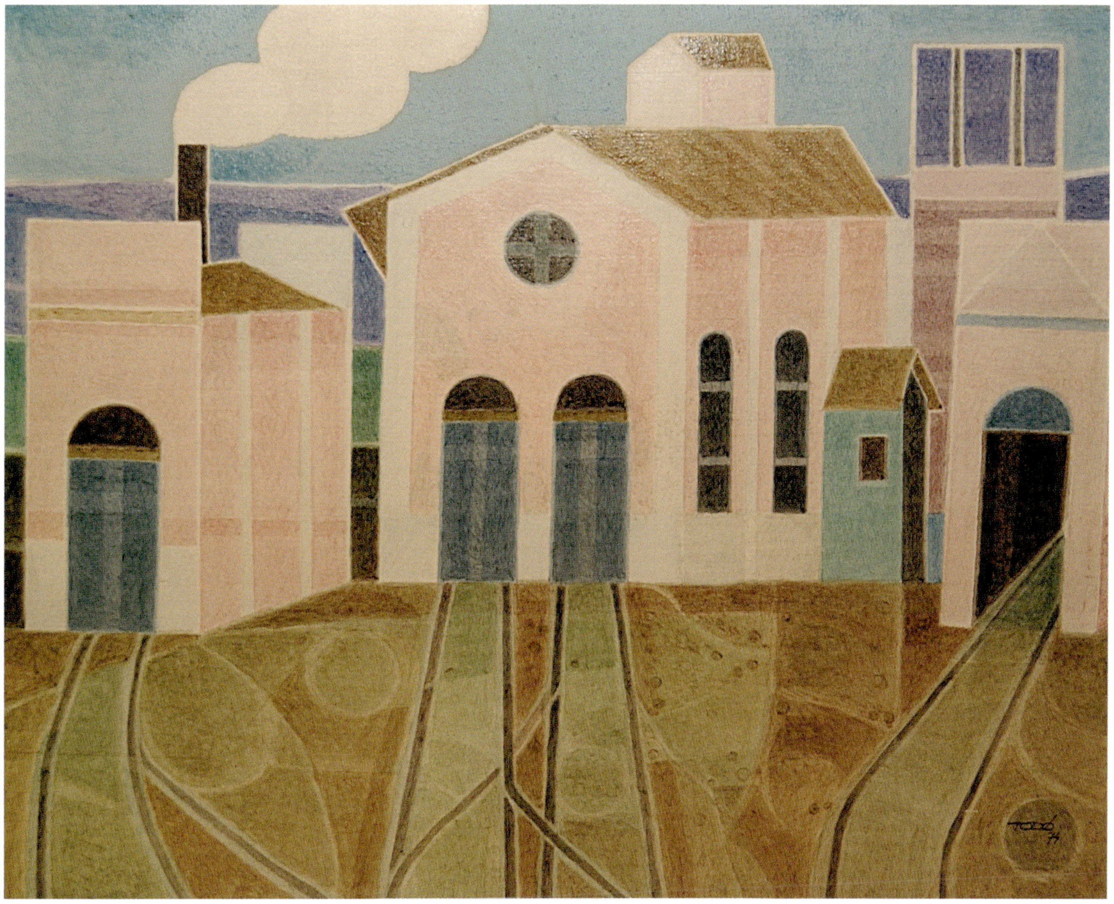

Estació abandonada, 1974.
Acrílic sobre tela, 60 x 73.

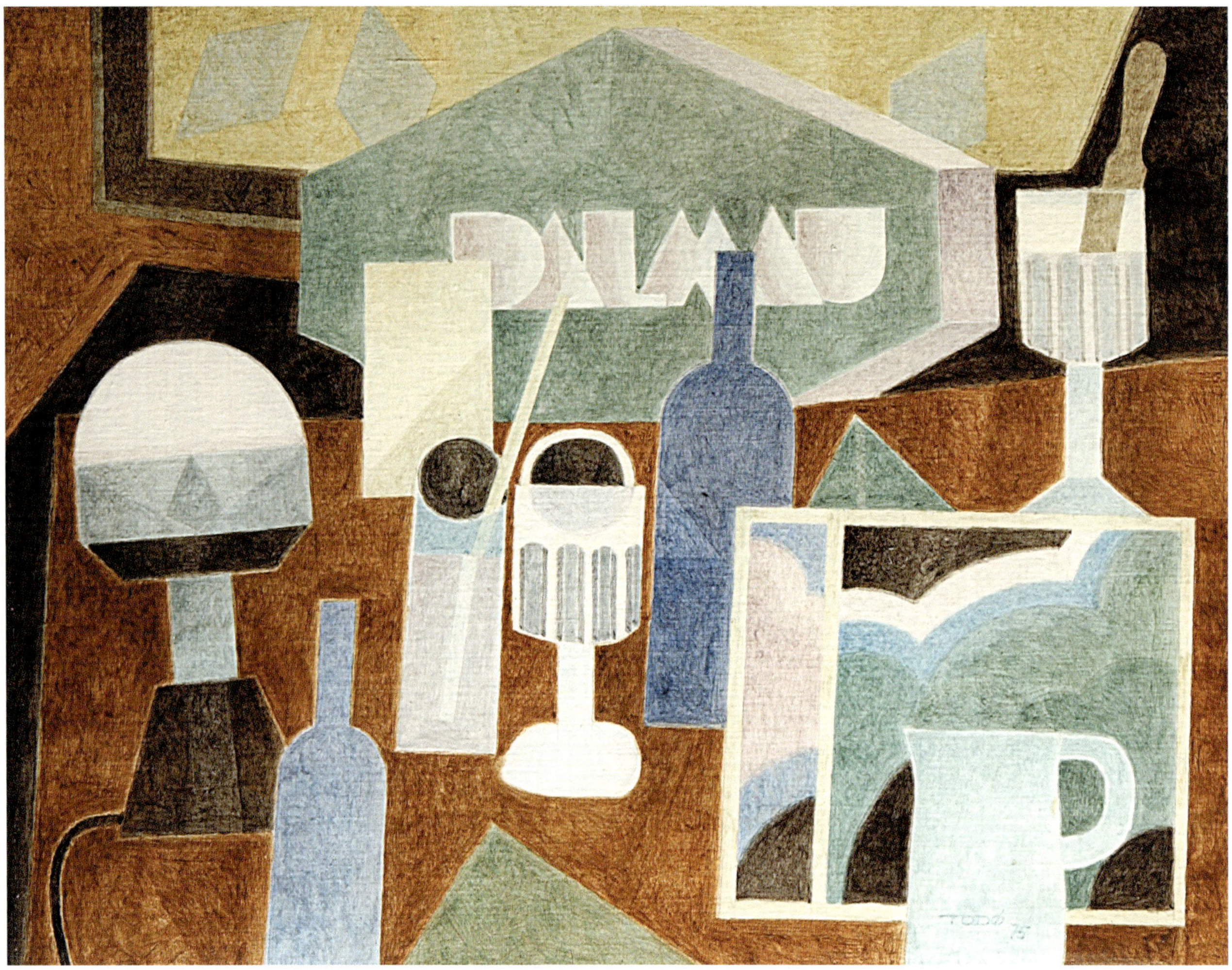

Homenatge a Josep Dalmau, 1975.
Acrílic sobre tela, 65 x 81.

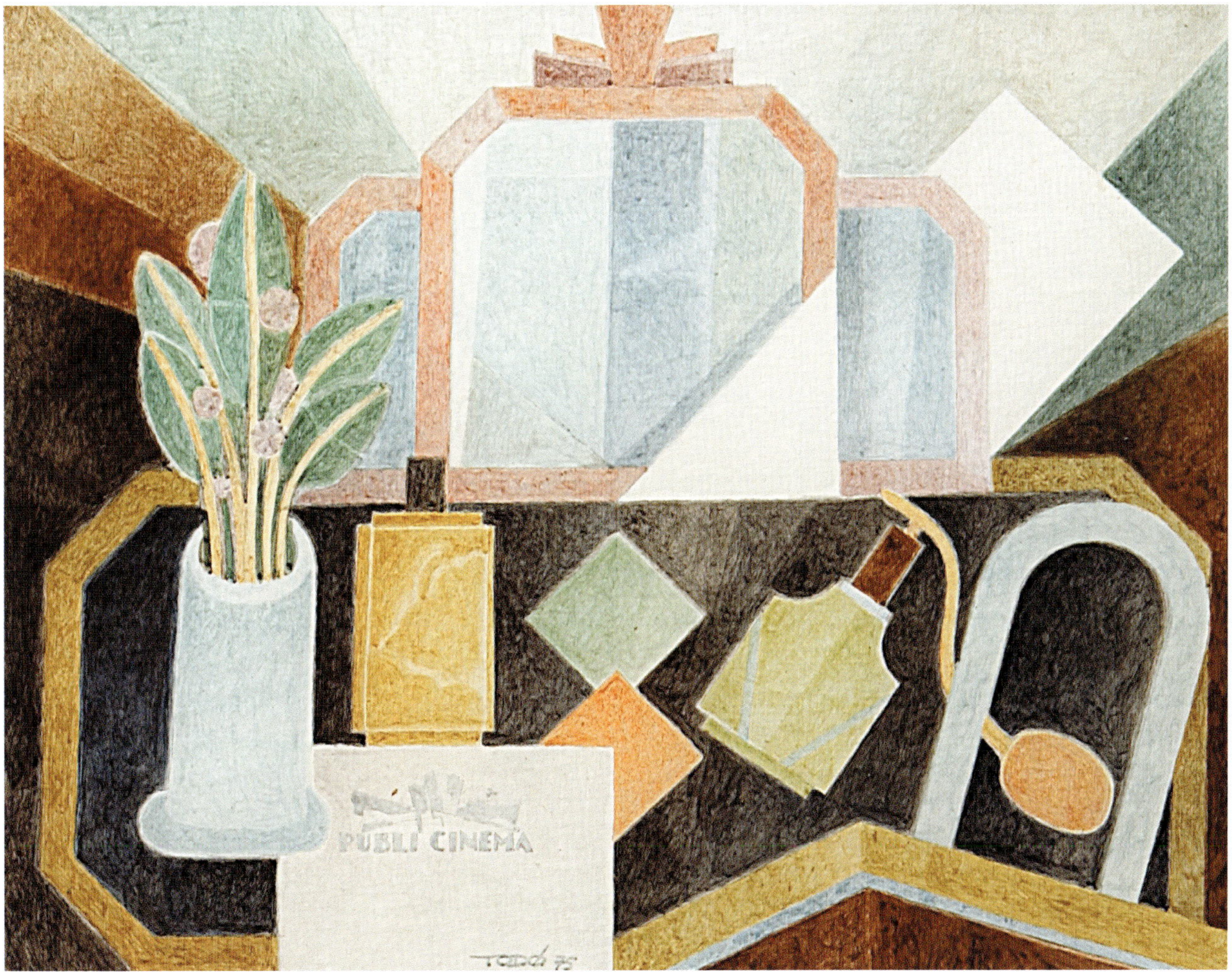

El programa del Publi, 1975.
Acrílic sobre tela, 54 x 65.

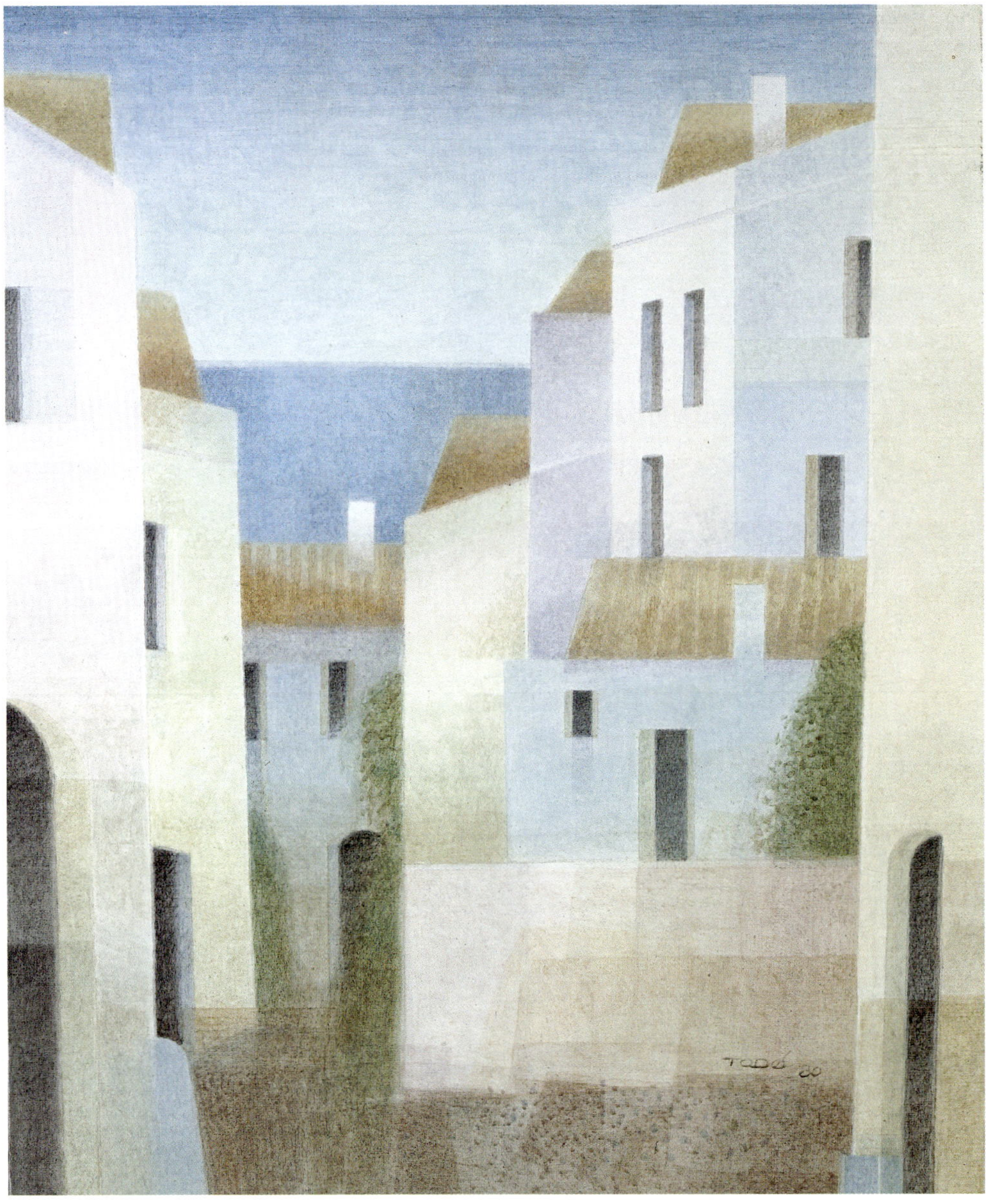

Es portal des món, 1980.
Acrílic sobre tela, 81 x 65.

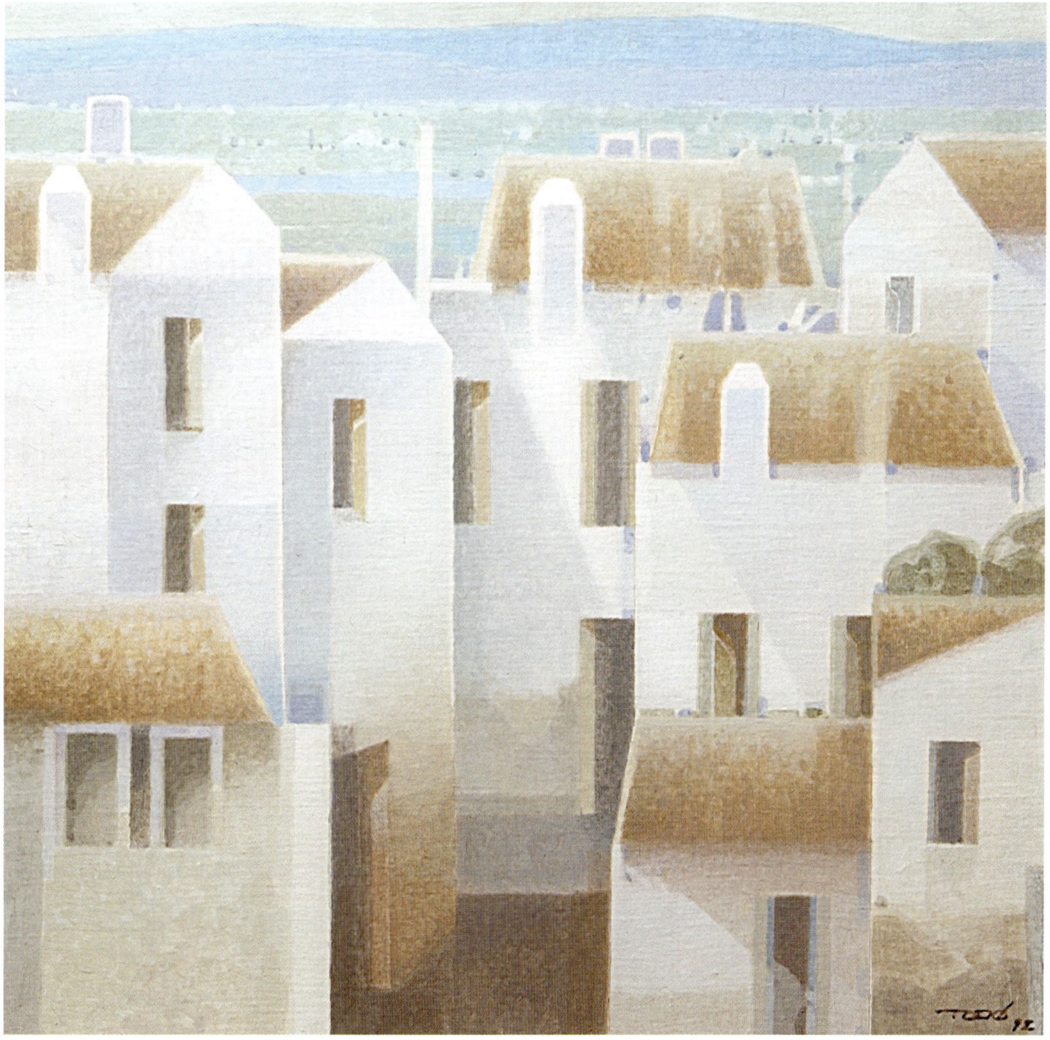

Cases i teulades a l'Empordà, 1992.
Acrílic sobre tela, 60 x 60.

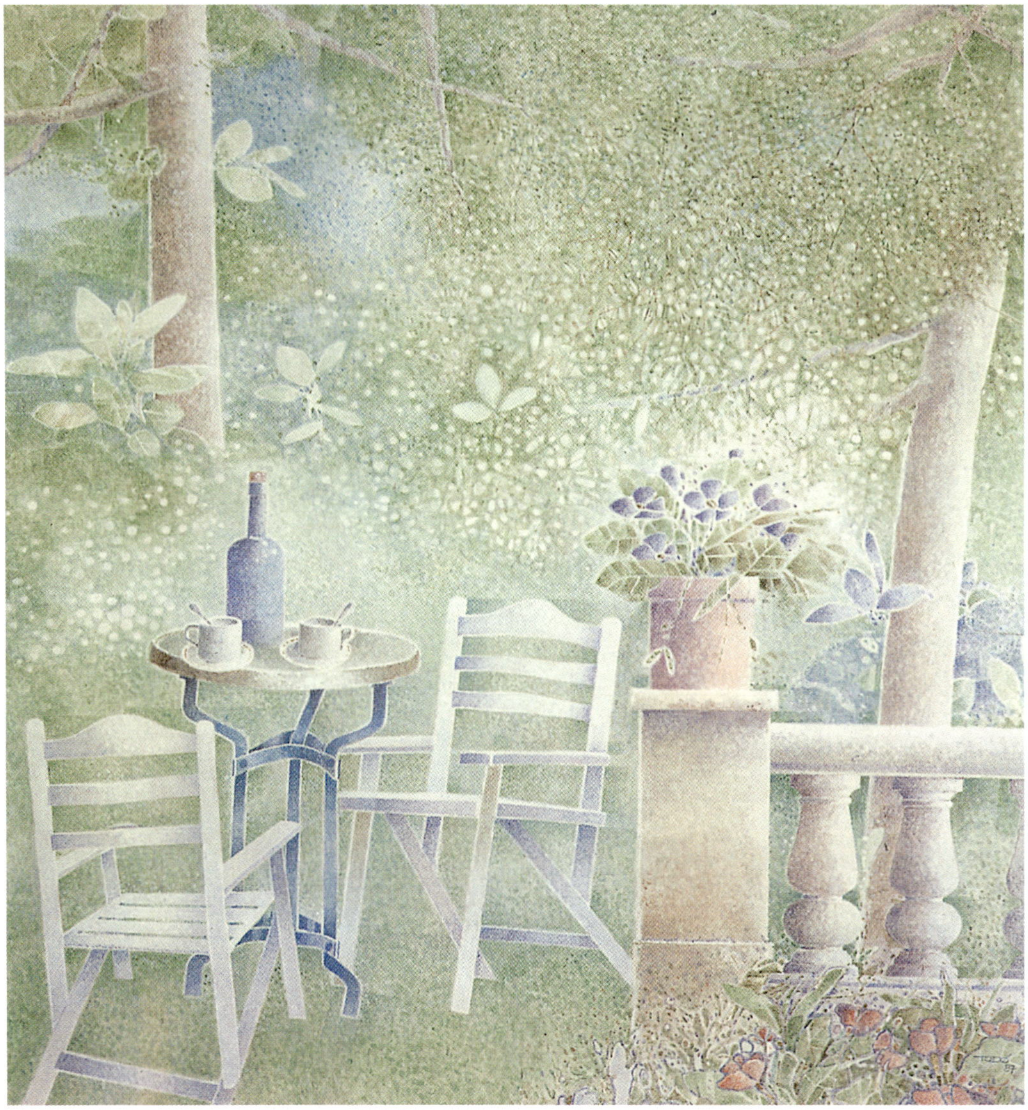

Jardí barceloní al mes de maig, 1987.
Acrílic sobre tela, 180 x 165.

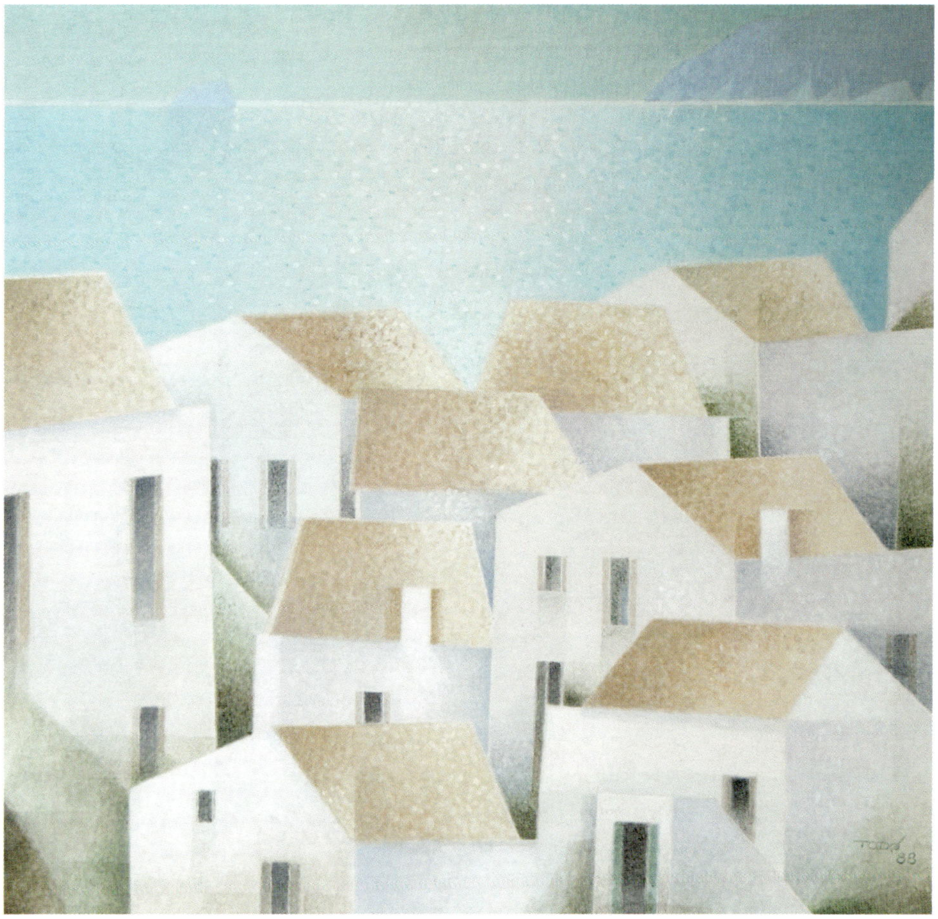

Els murs encalats de Cadaqués, 1988.
Acrílic sobre tela, 80 x 80.

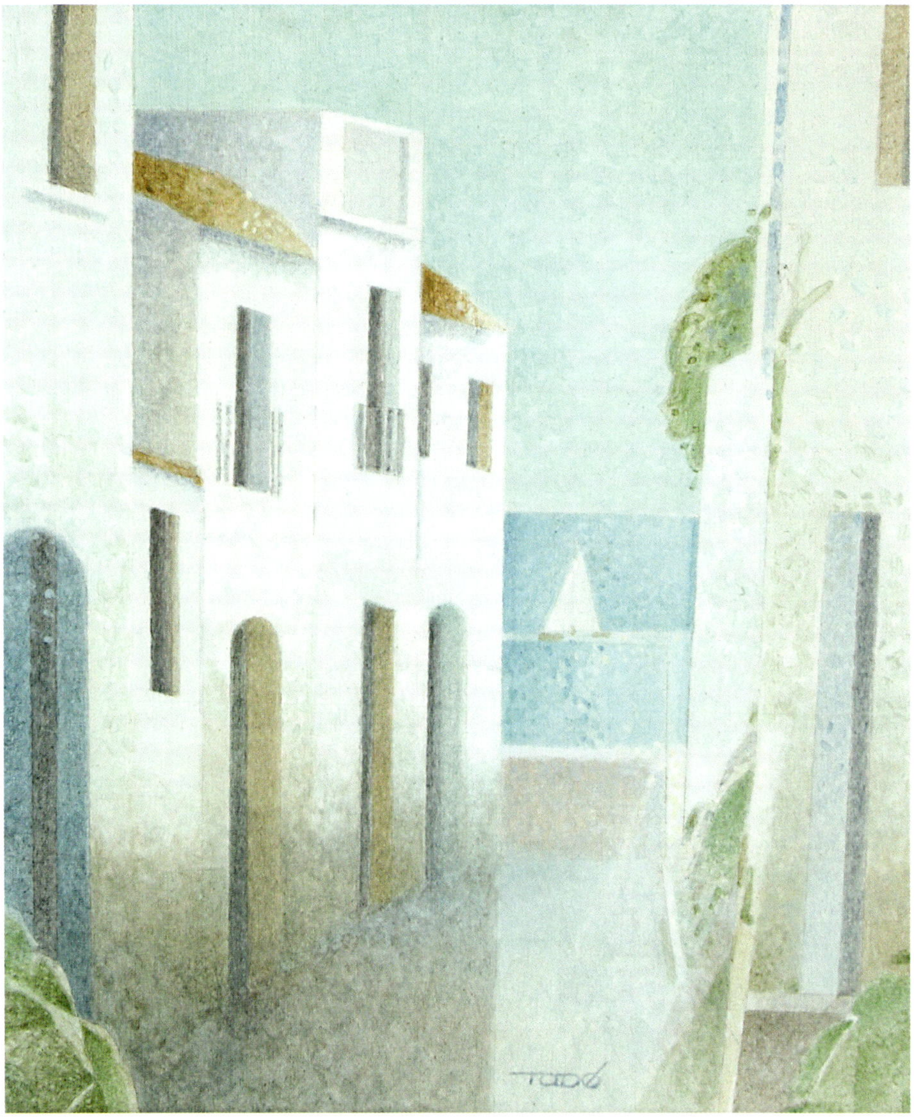

Vela al mar, 1983.
Acrílic sobre tela, 46 x 38.

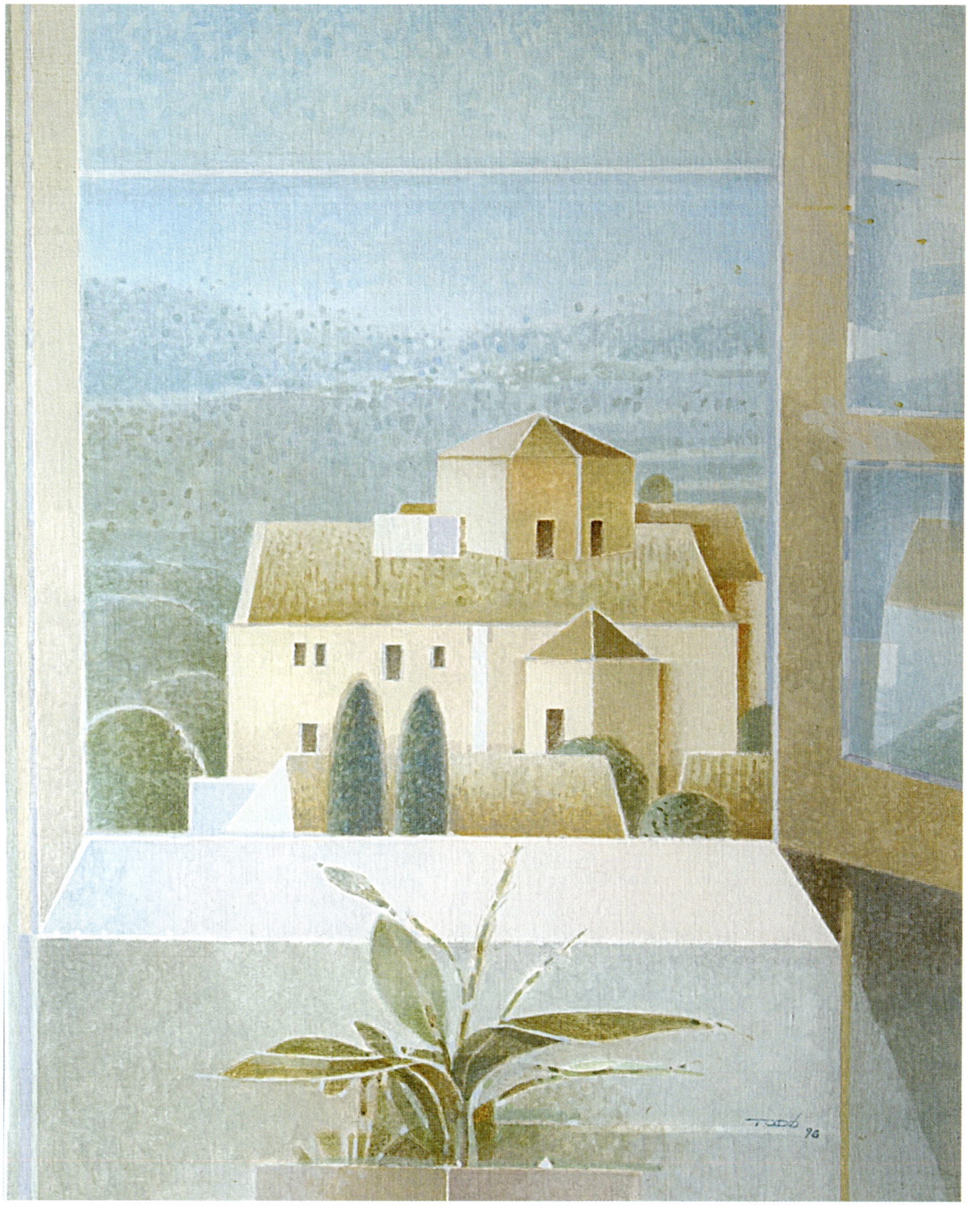

Com un monestir, 1996.
Acrílic sobre tela, 92 x 73.

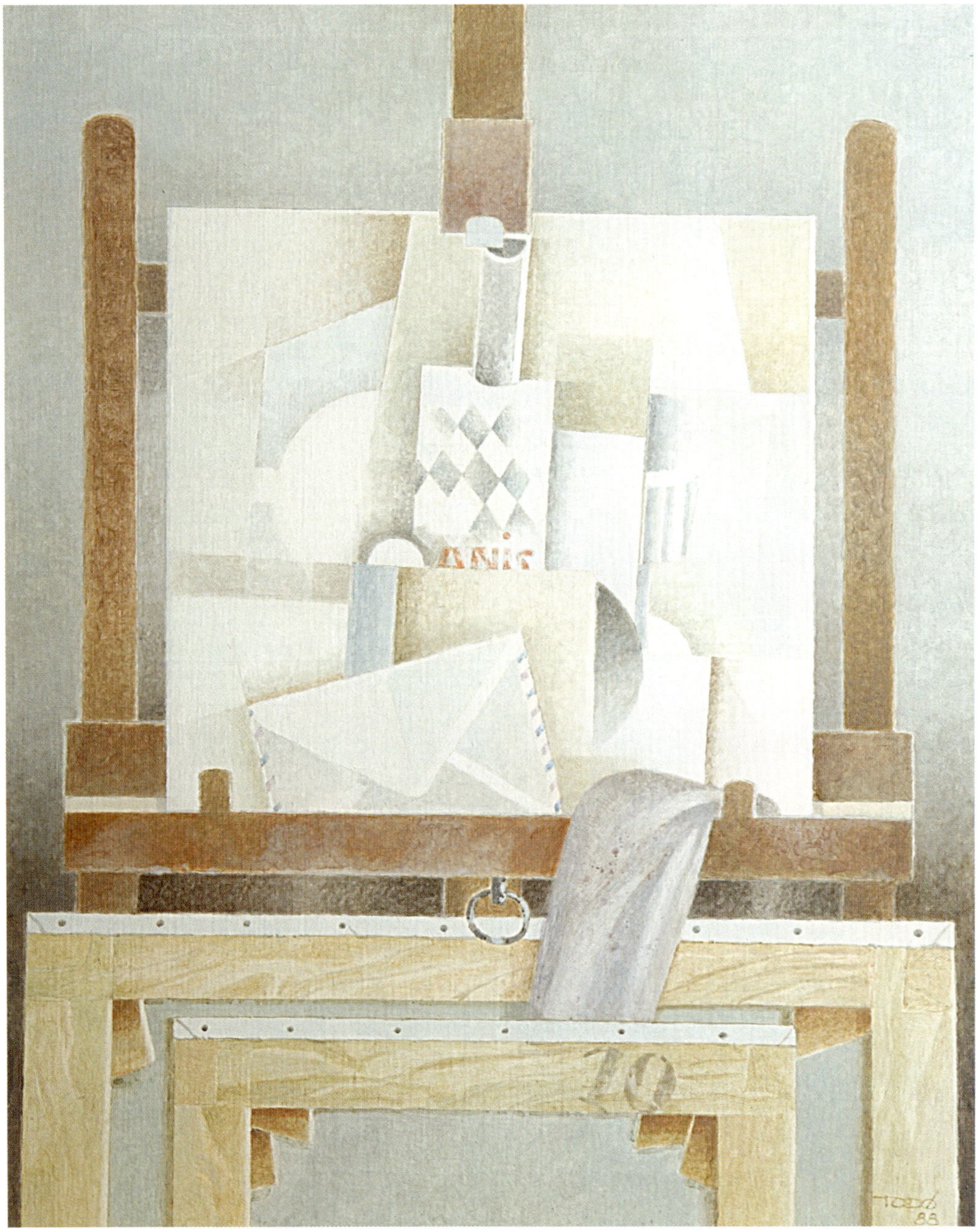

Quadre cubista al cavallet, 1988.
Acrílic sobre tela, 81 x 65.

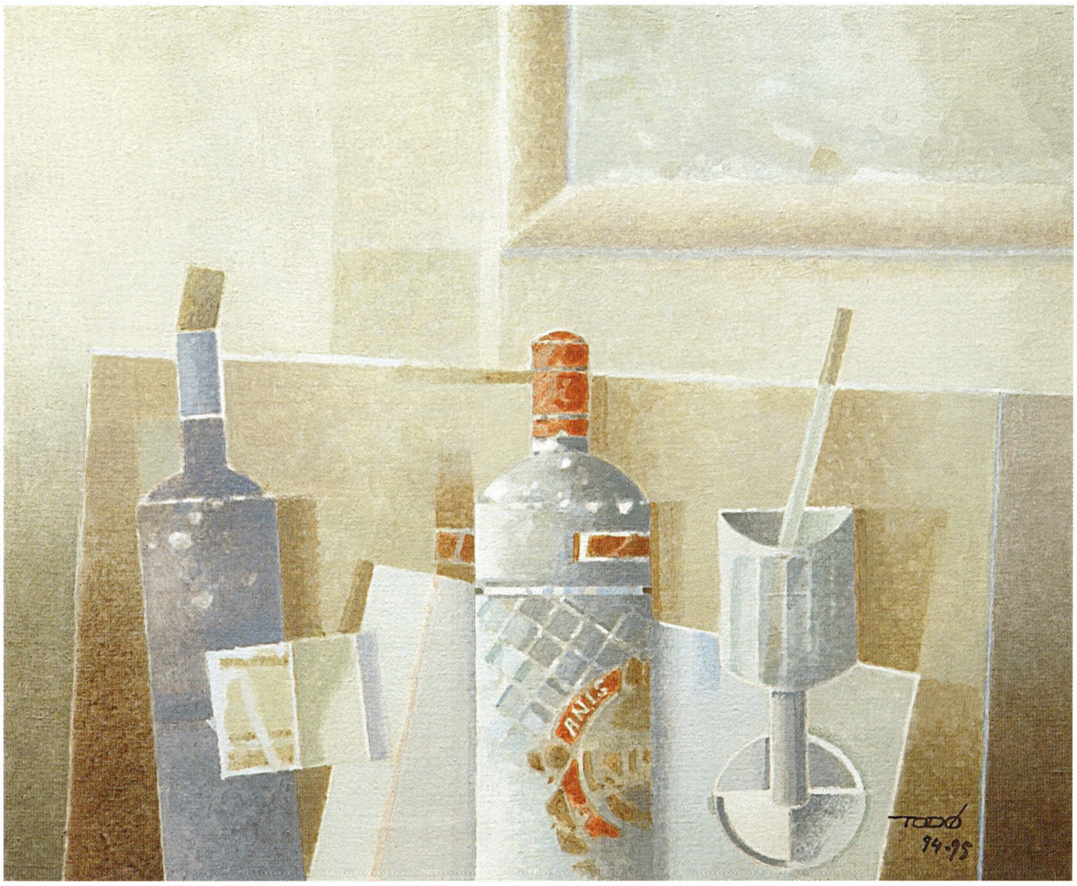

Copa i anís, 1994-1995.
Acrílic sobre tela, 46 x 55.

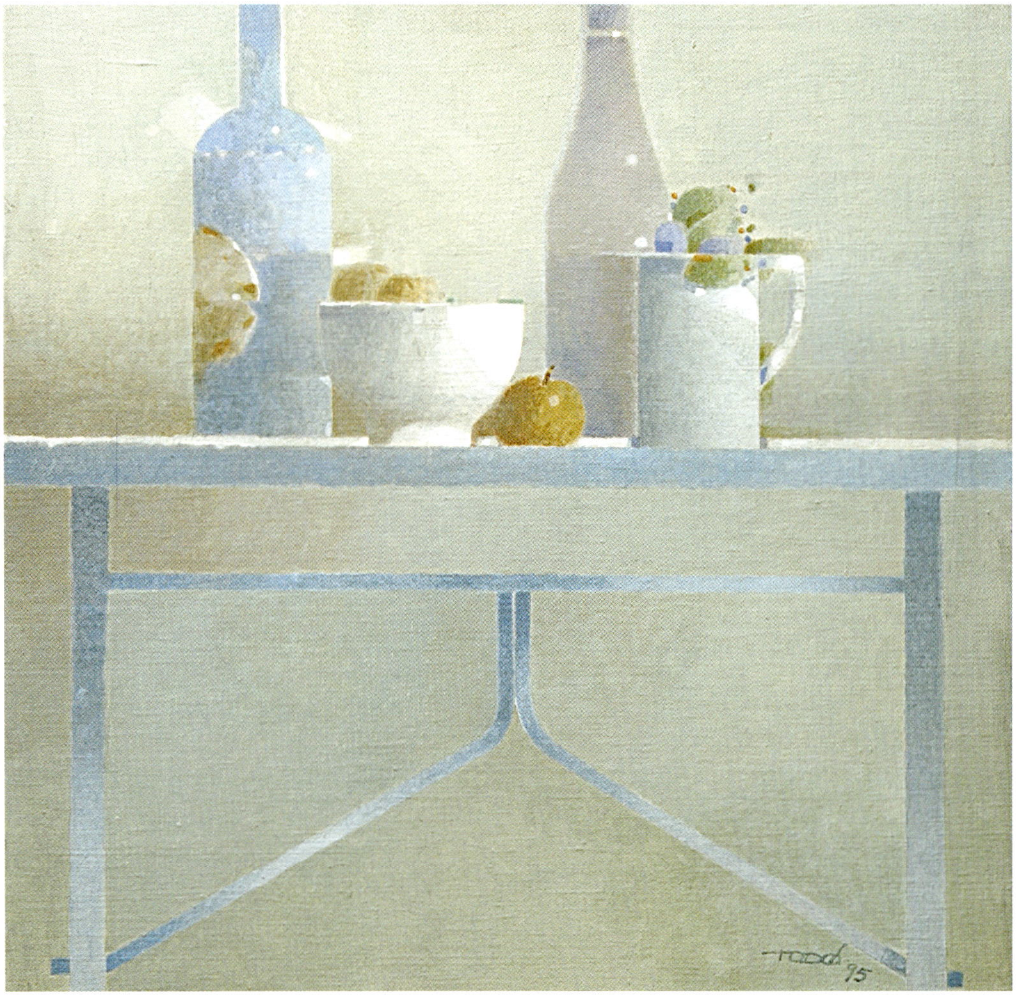

Taula de jardí, 1995.
Acrílic sobre tela, 60 X 60.

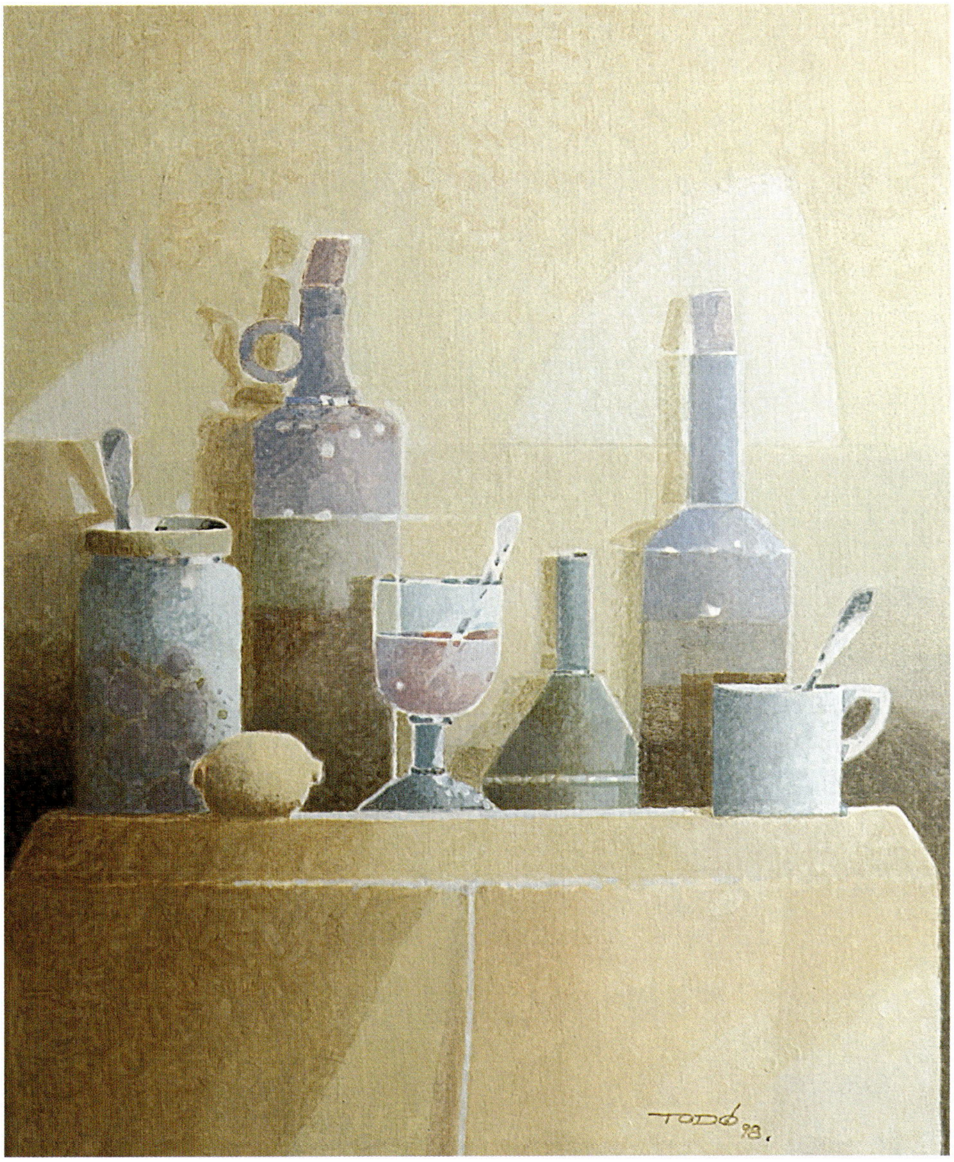

Copa de vi, 1998.
Acrílic sobre tela, 65 x 54.

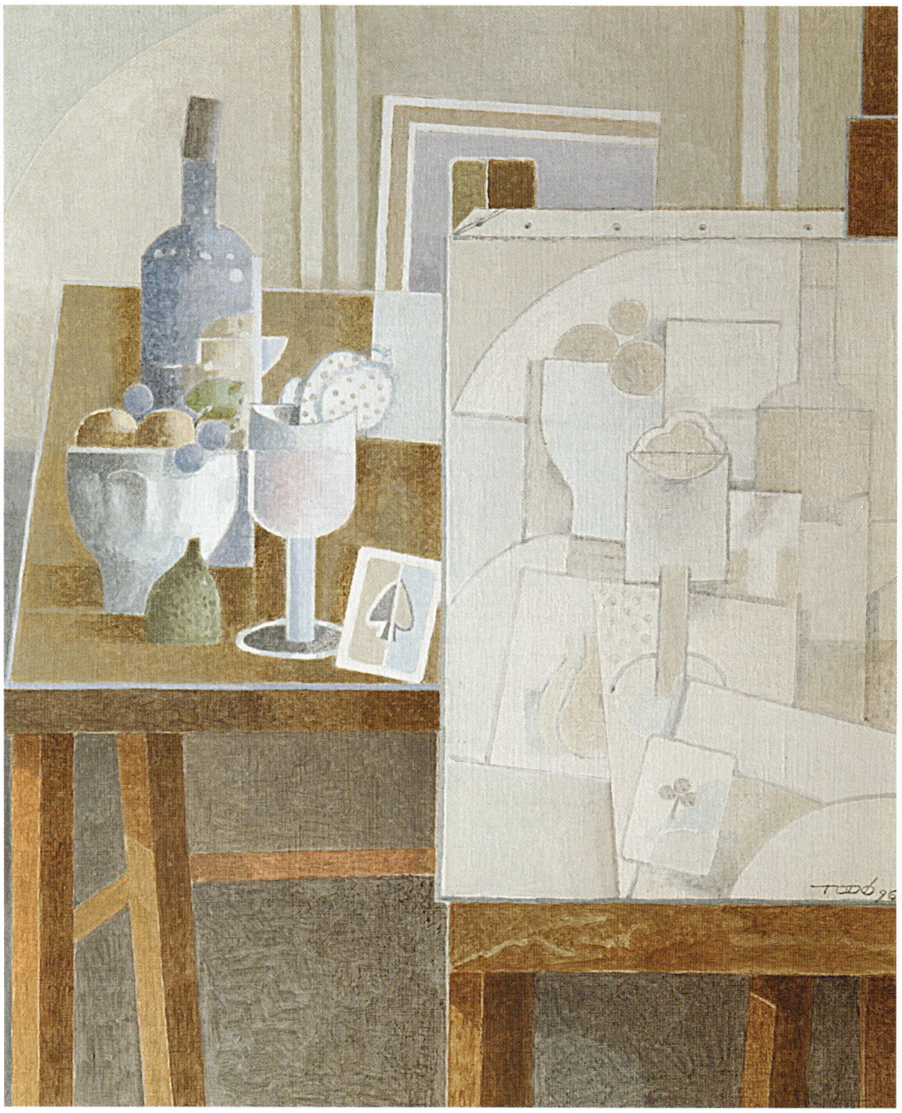

Pintura i dibuix del natural, 1996.
Acrílic sobre tela, 81 x 65.

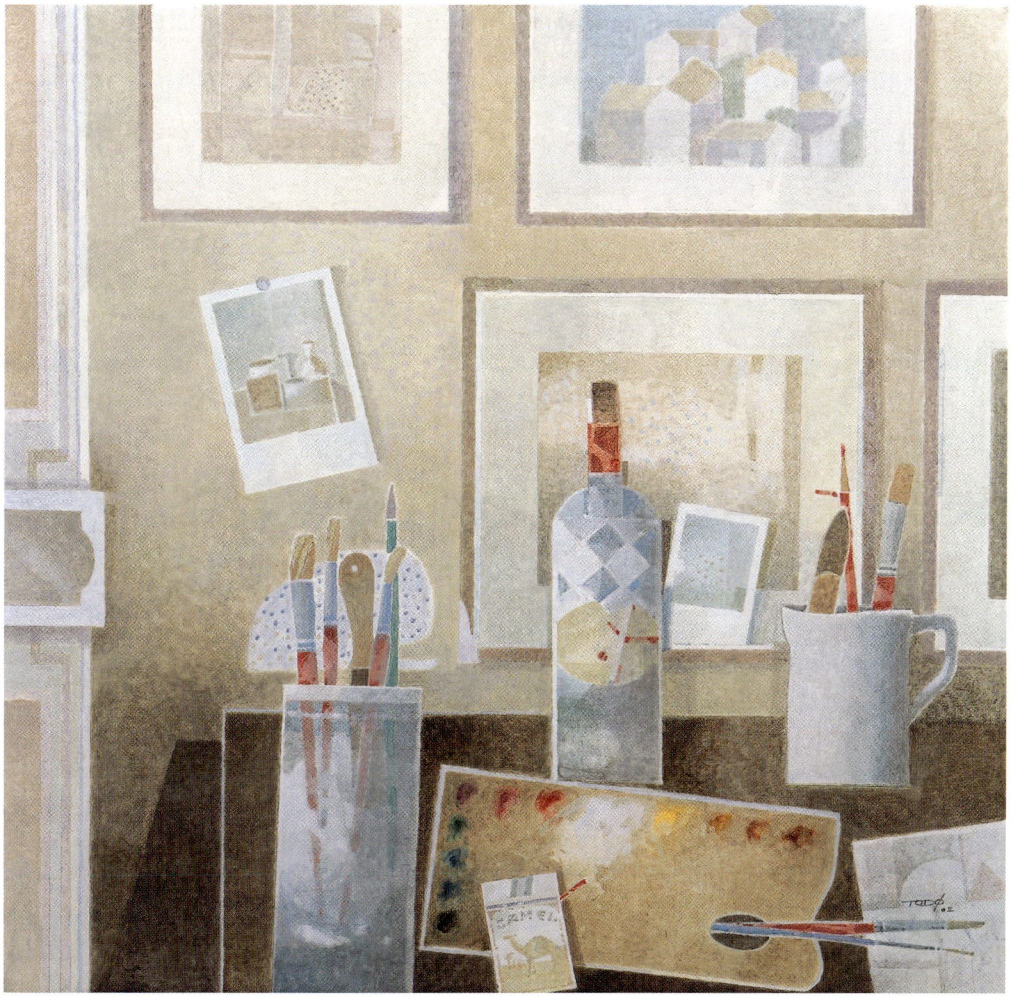

A la pintura, 2002.
Acrílic sobre tela, 73 x 73.

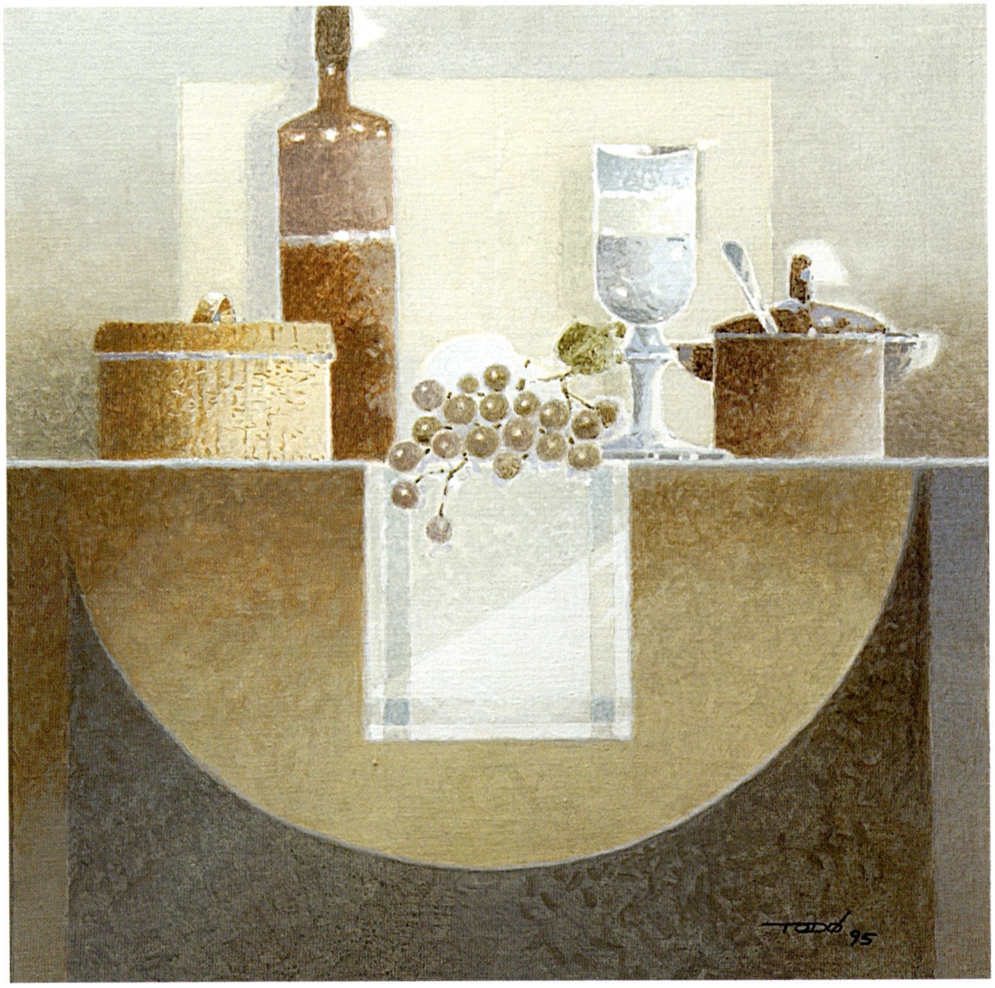

Taula plegable, 1995.
Acrílic sobre tela, 60 x 60.

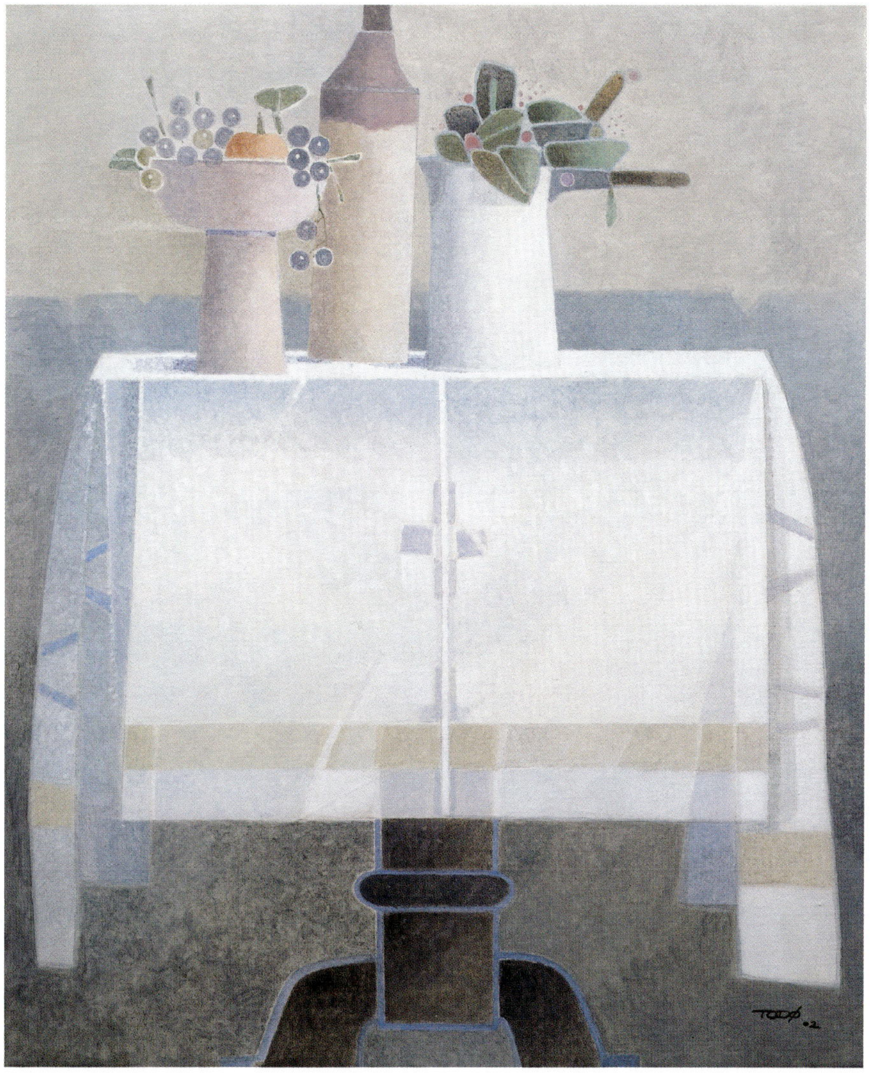

Peu de taula, 2002.
Acrílic sobre tela, 81 x 65.

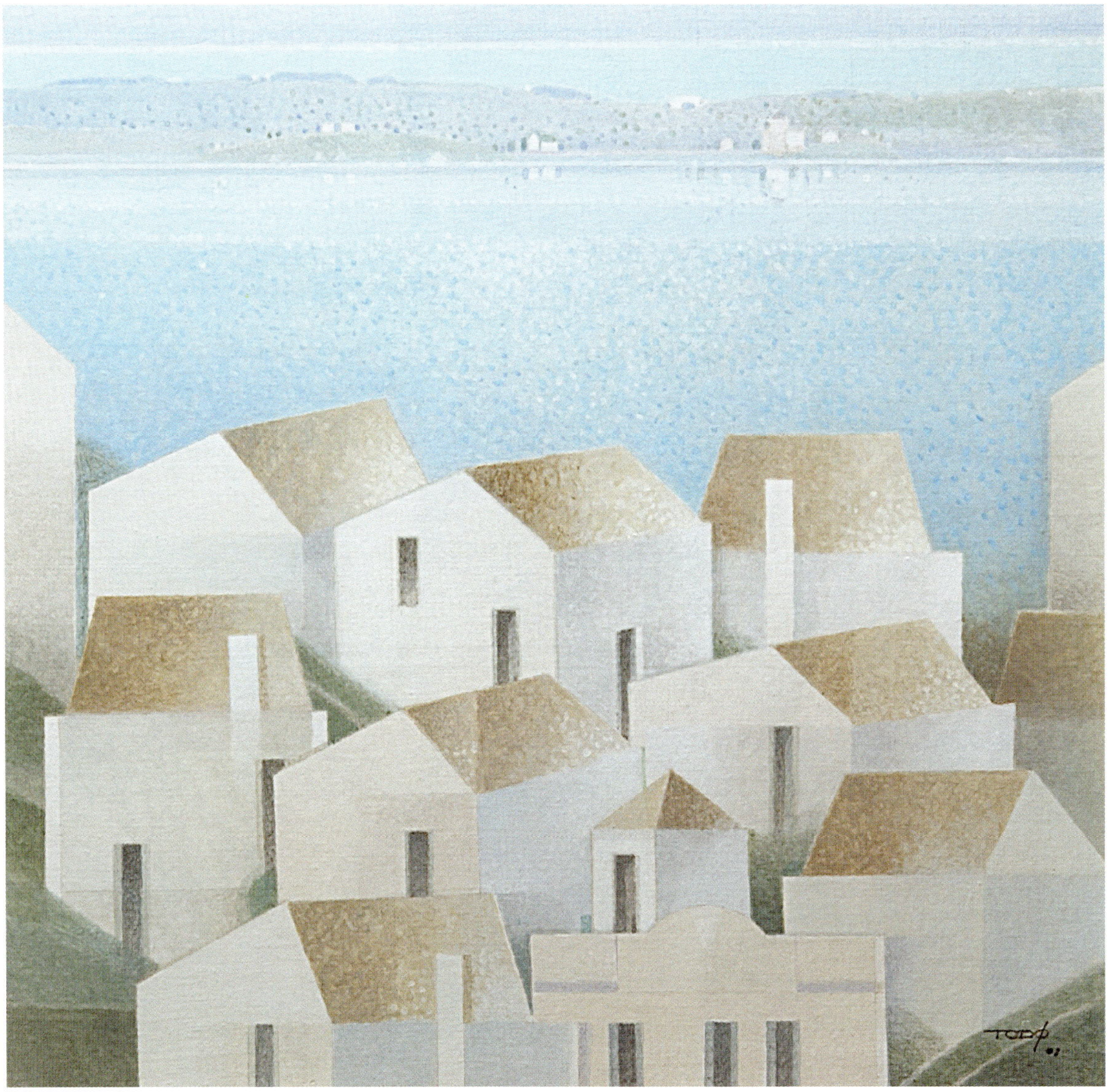

Cases del Mediterrani, 2001.
Acrílic sobre tela, 81 x 65.

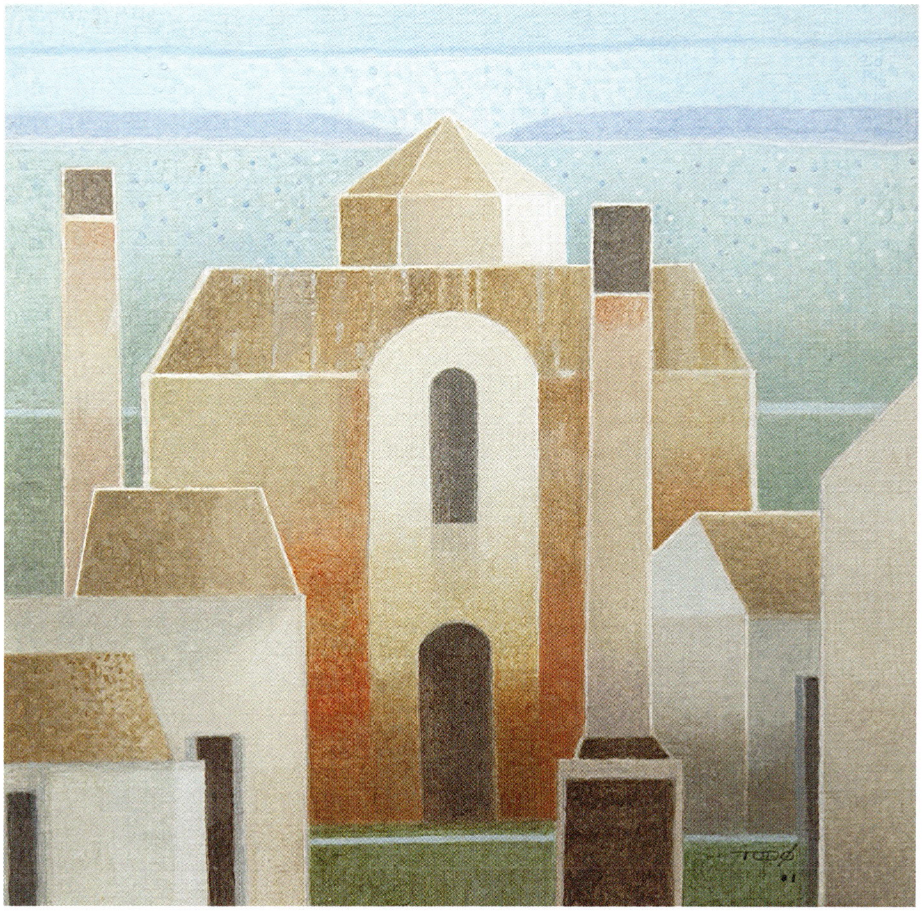

Fàbrica i dues xemeneies, 2001.
Acrílic sobre tela, 55 x 55.

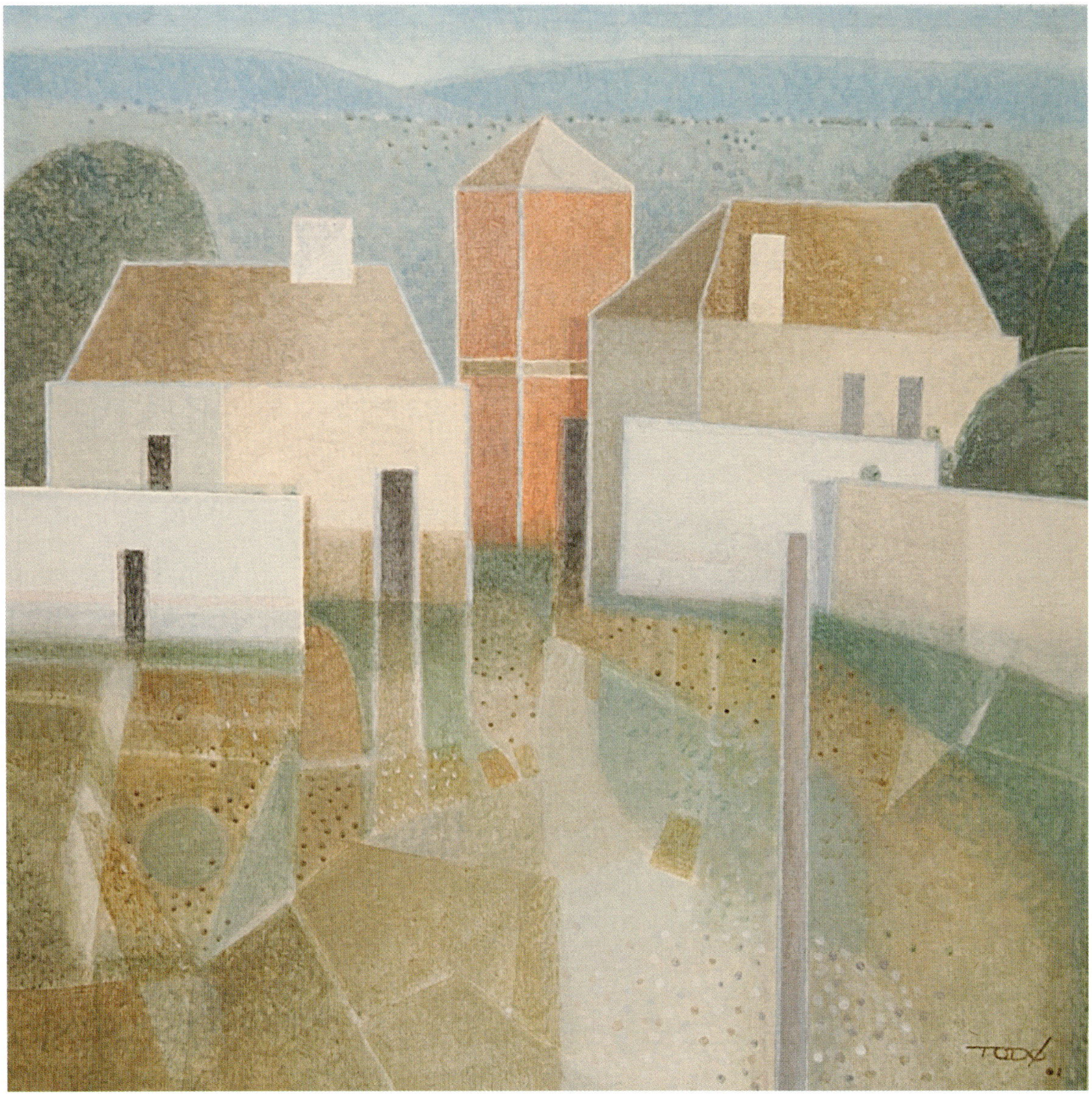

La vall dels murs, 2001.
Acrílic sobre tela, 65 x 65.

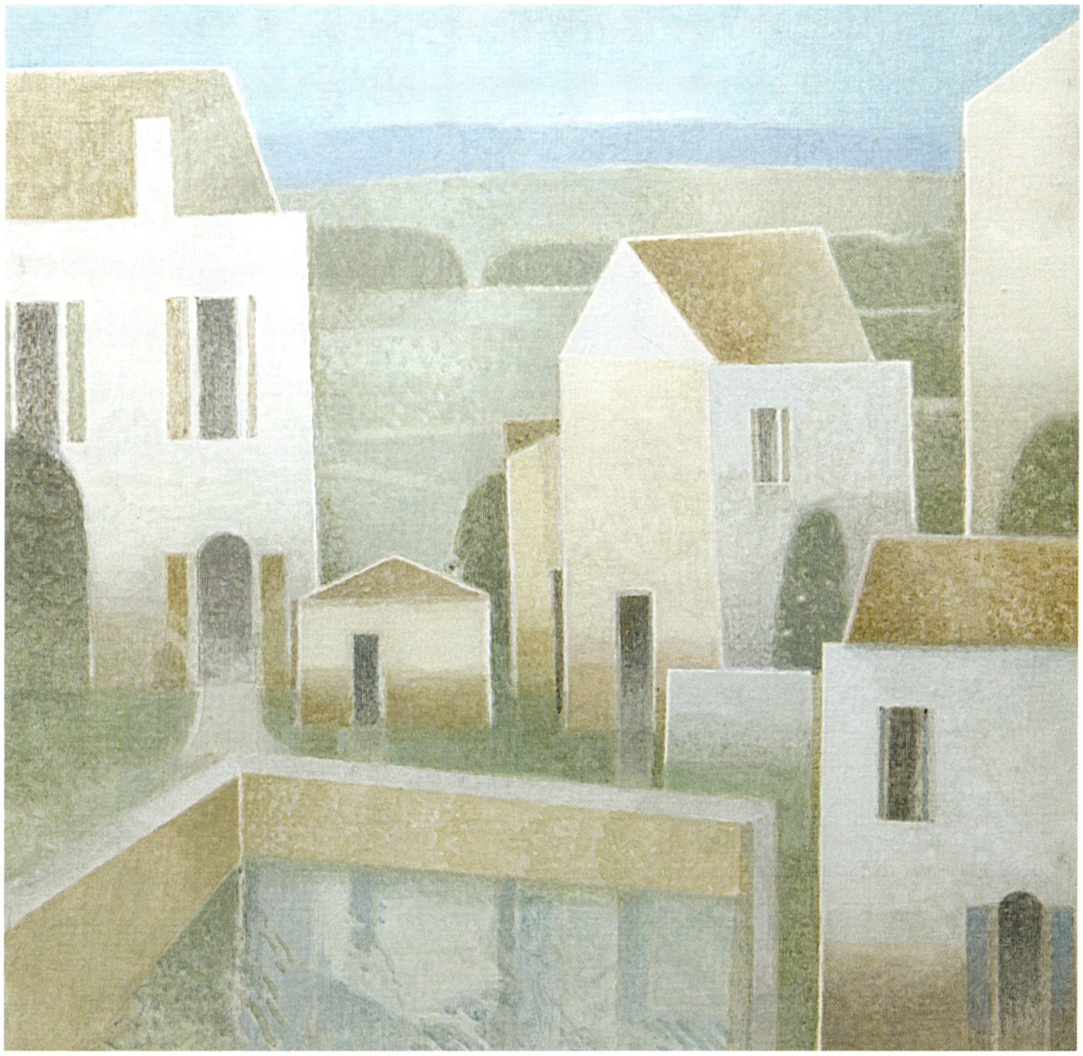

La bassa gran, 2000.
Acrílic sobre tela, 60 x 60.

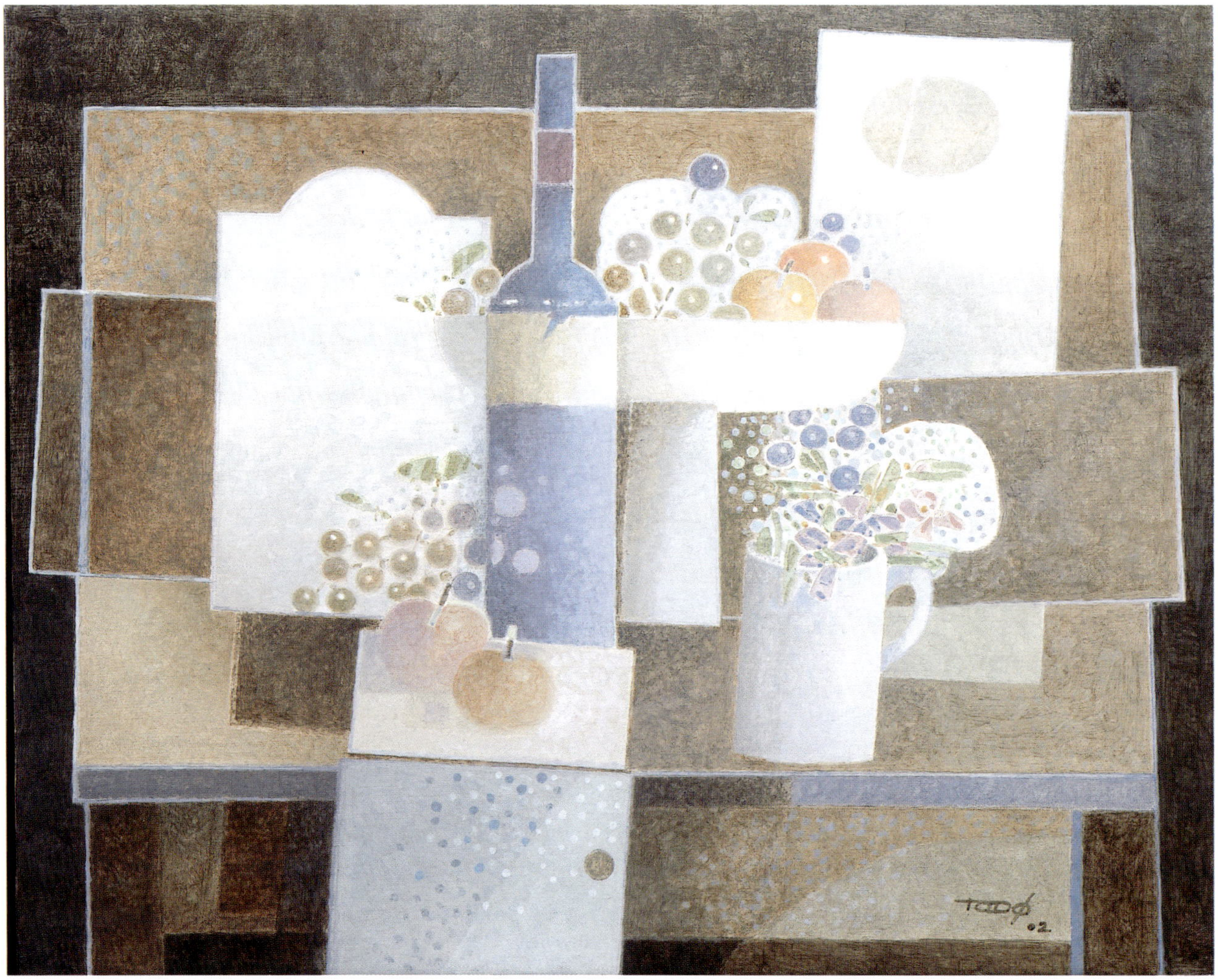

Els fruits de molts colors, 2002.
Acrílic sobre tela, 60 x 73.

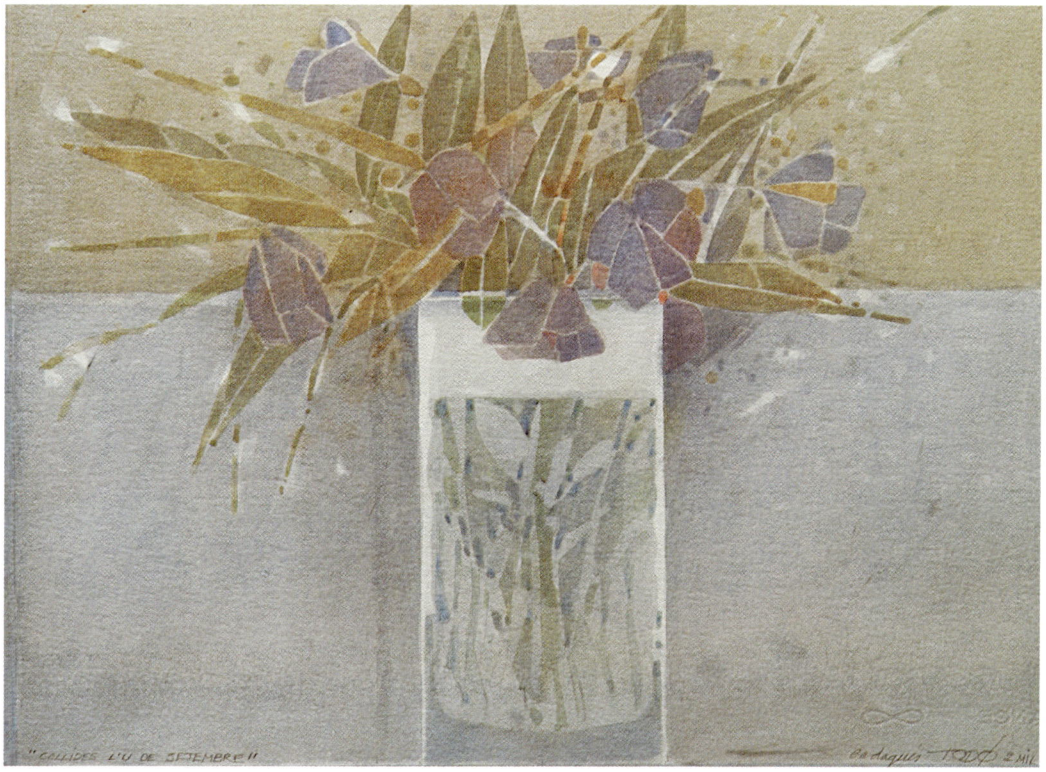

Collides l'u de setembre, 2001.
Aquarel·la, 30 x 40.

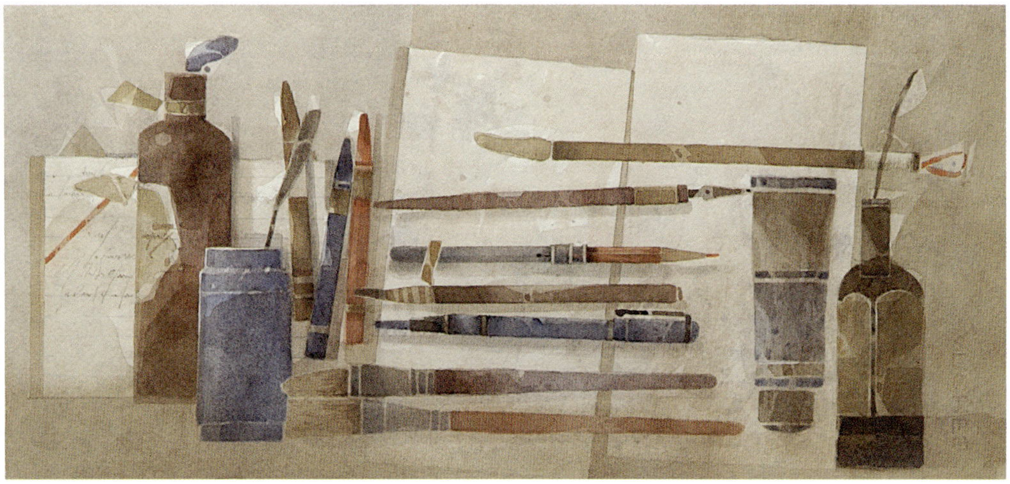

Fet a pinzell, 2001.
Aquarel·la, 25 x 50.

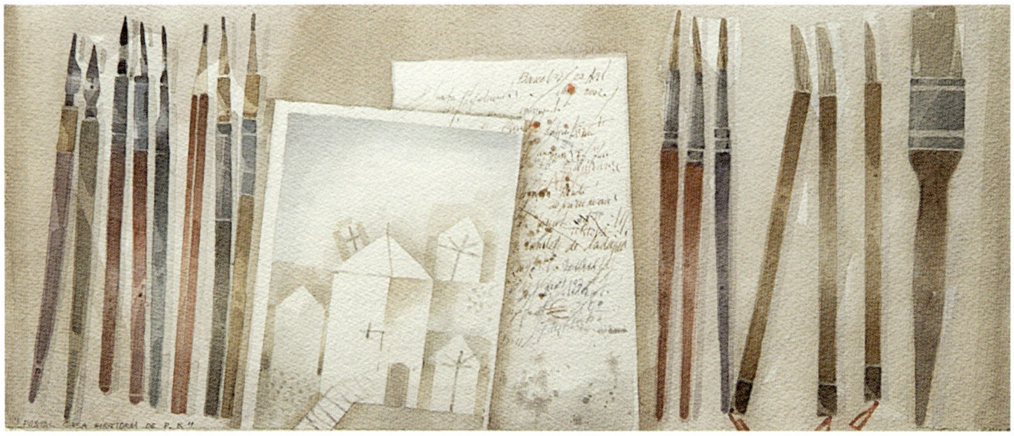

Postal amb casa giratòria de P.K., 2001.
Aquarel·la, 25 x 55.

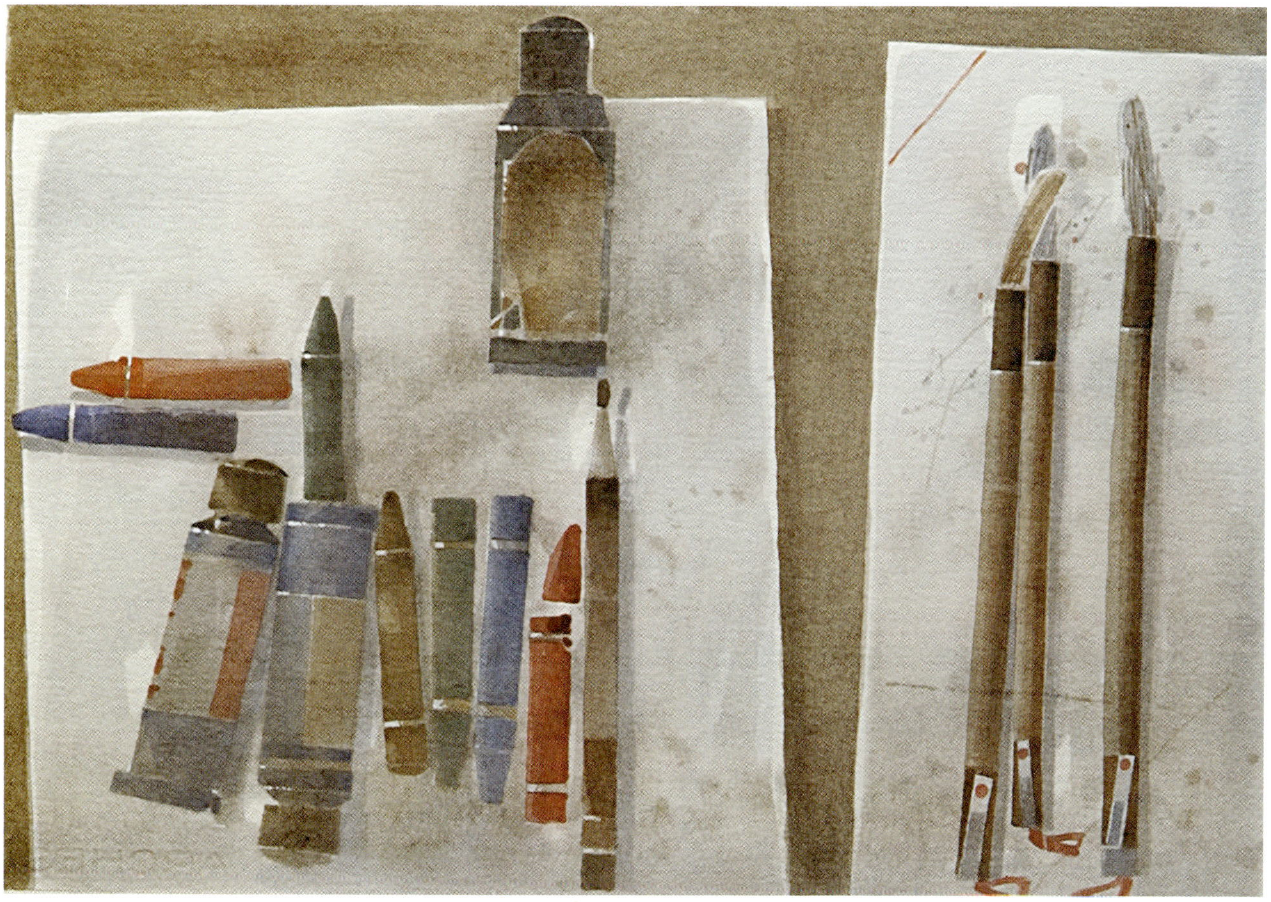

Tres pinzells xinesos, 2001.
Aquarel·la, 27 x 38.

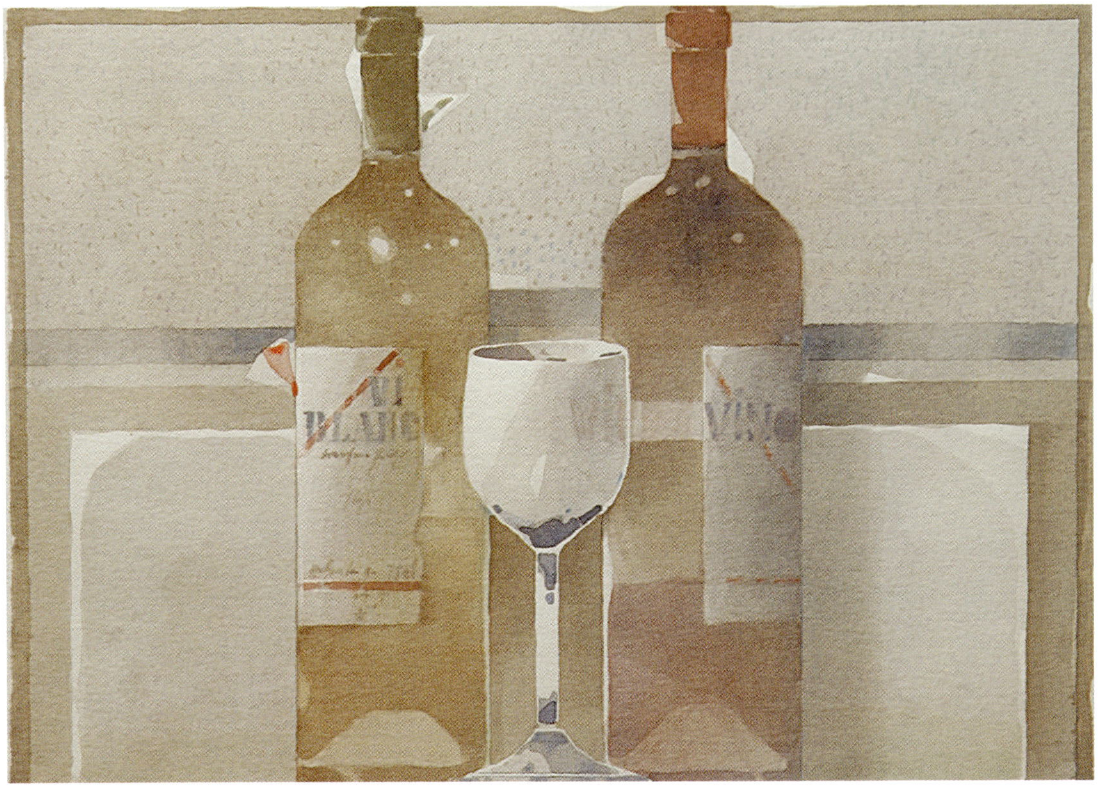

Vi blanc i vi negre, 2001.
Aquarel·la, 28 x 38.

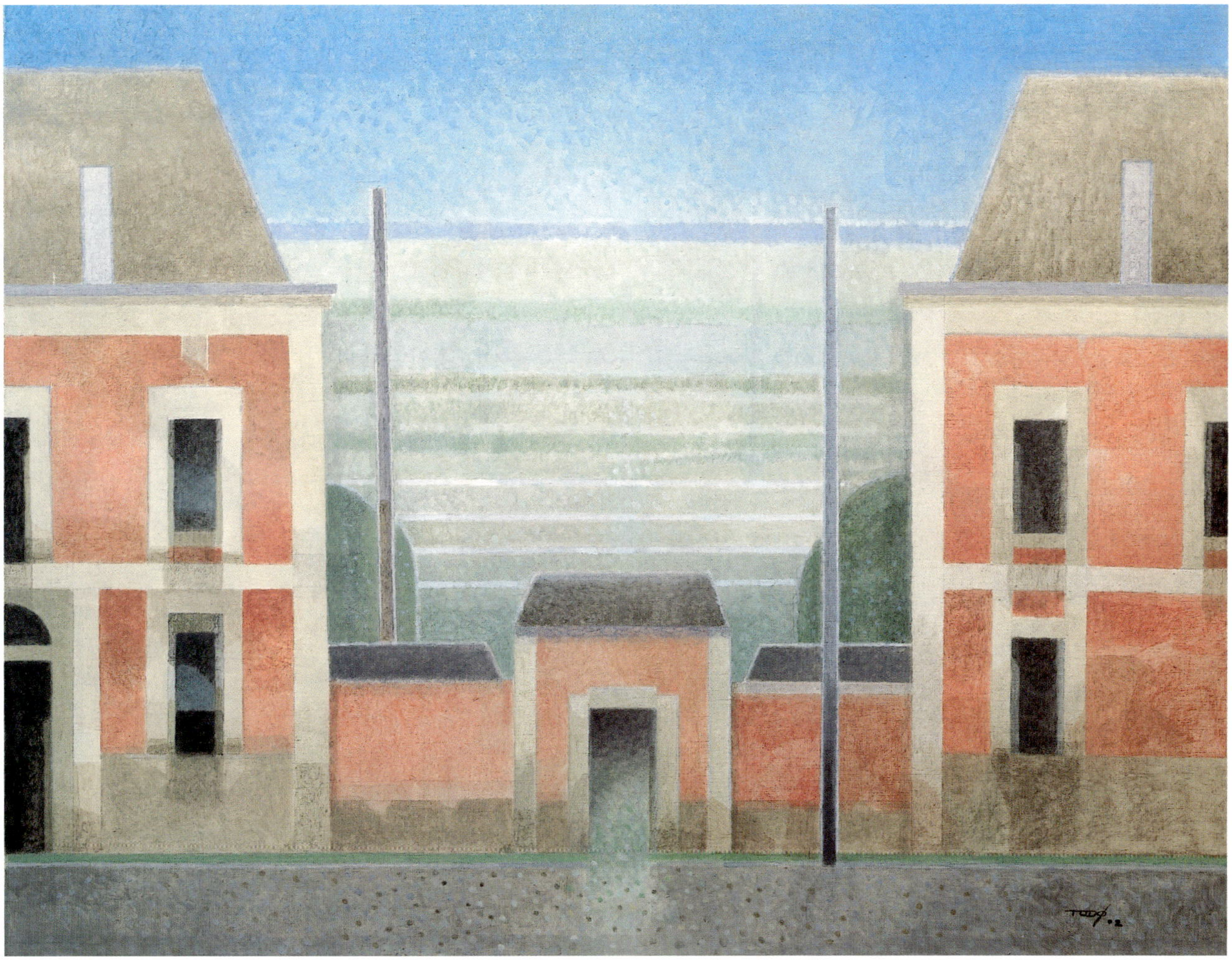

Des del tren, 2002.
Acrílic sobre tela, 73 x 92.

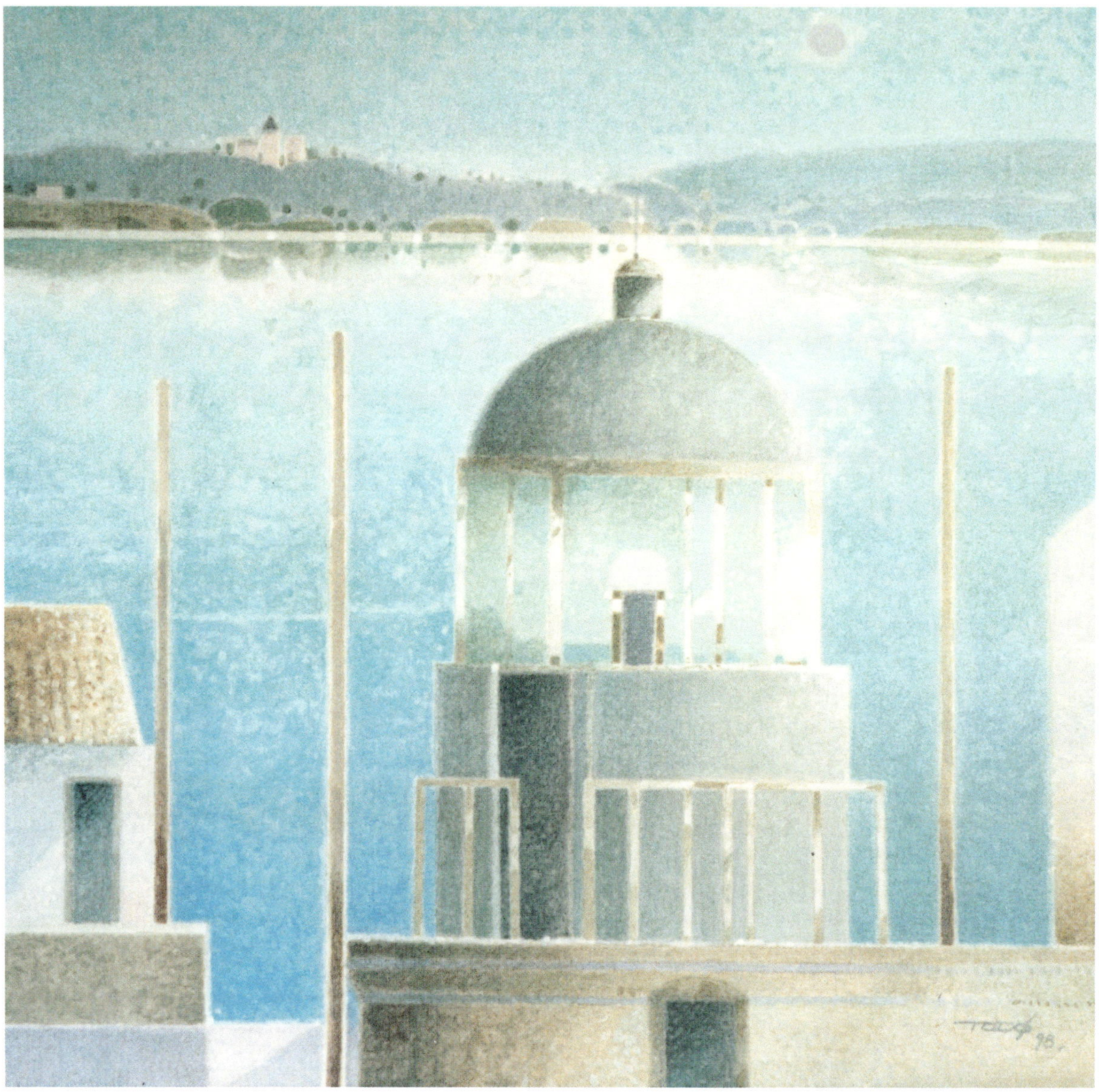

El far de l'any 1922, 1998.
Acrílic sobre tela, 65 x 65.

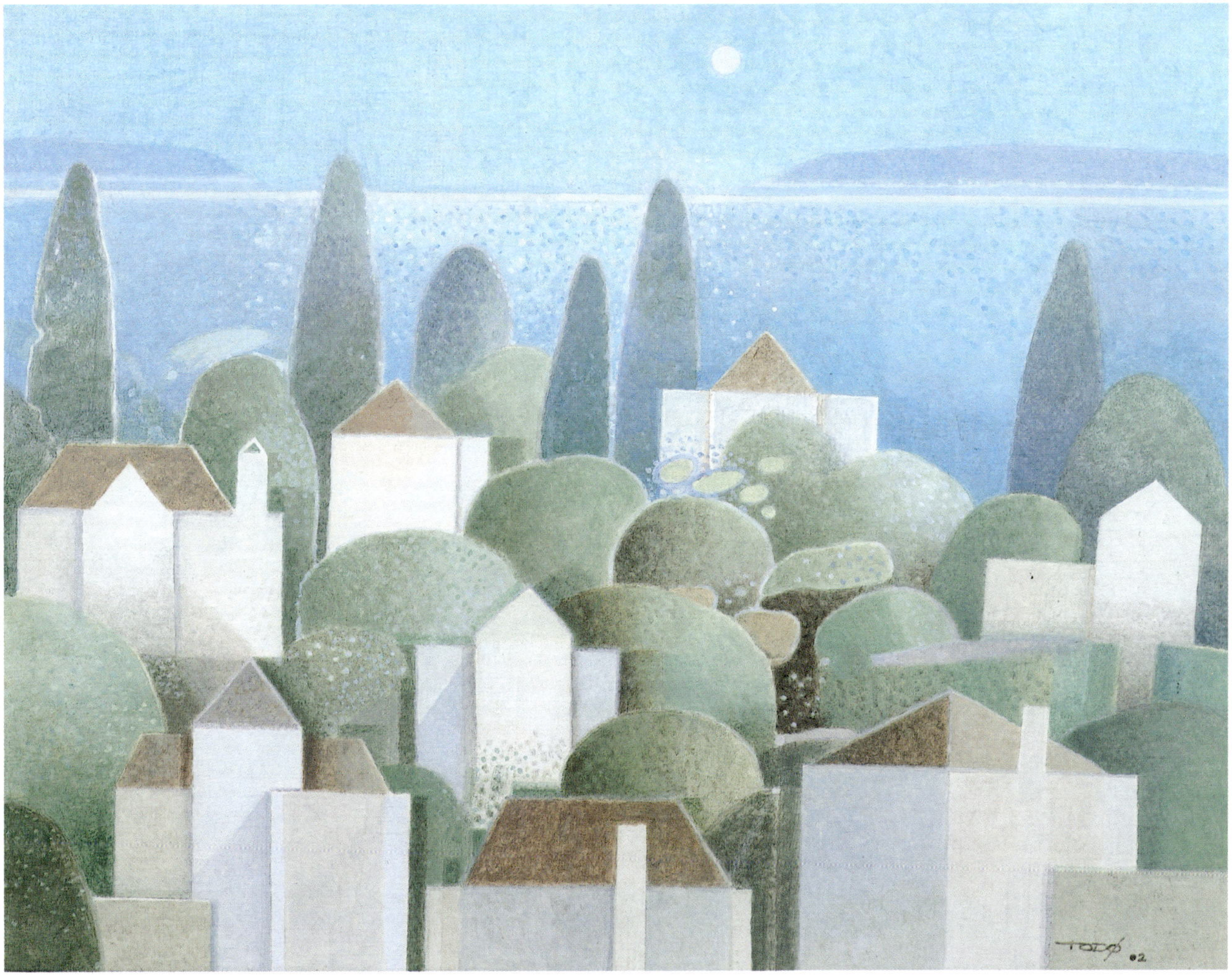

Un racó del Mediterrani, 2002.
Acrílic sobre tela, 65 x 81.

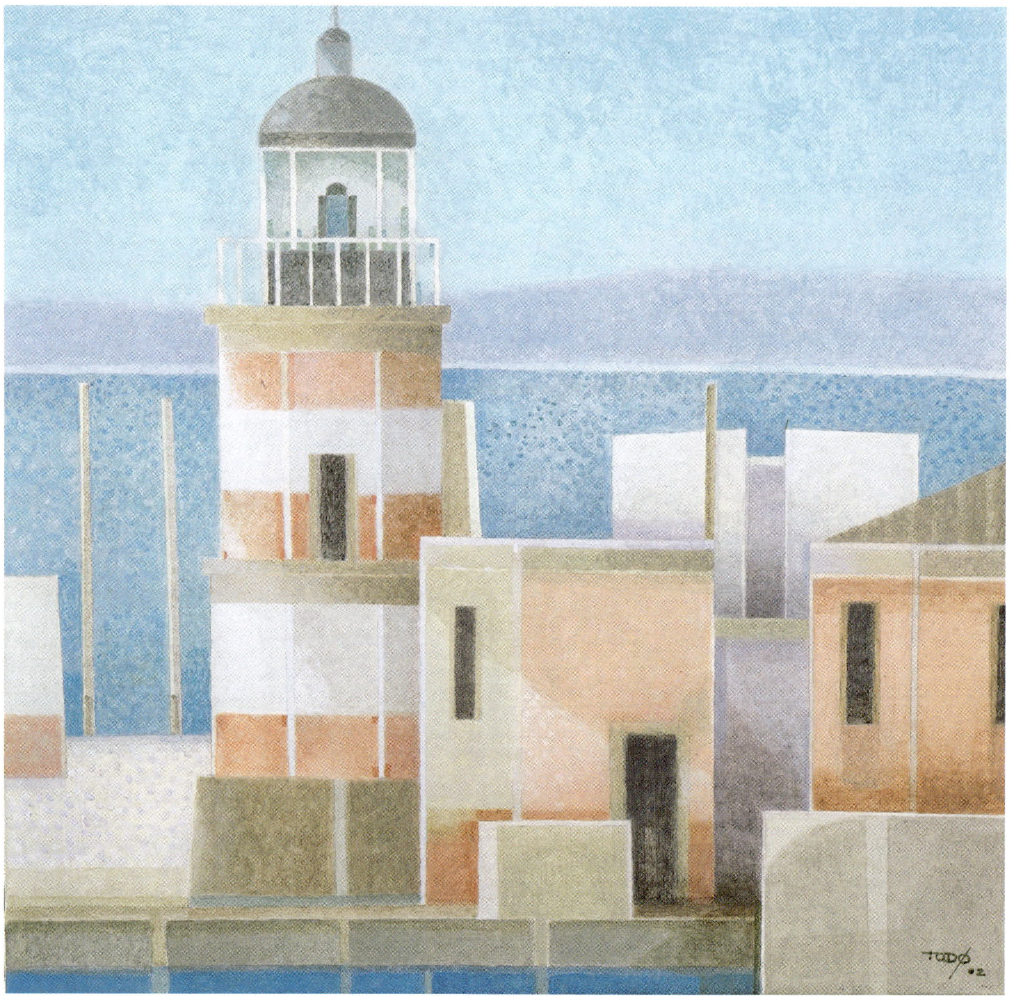

El far de la punta, 2002.
Acrílic sobre tela, 65 x 65.

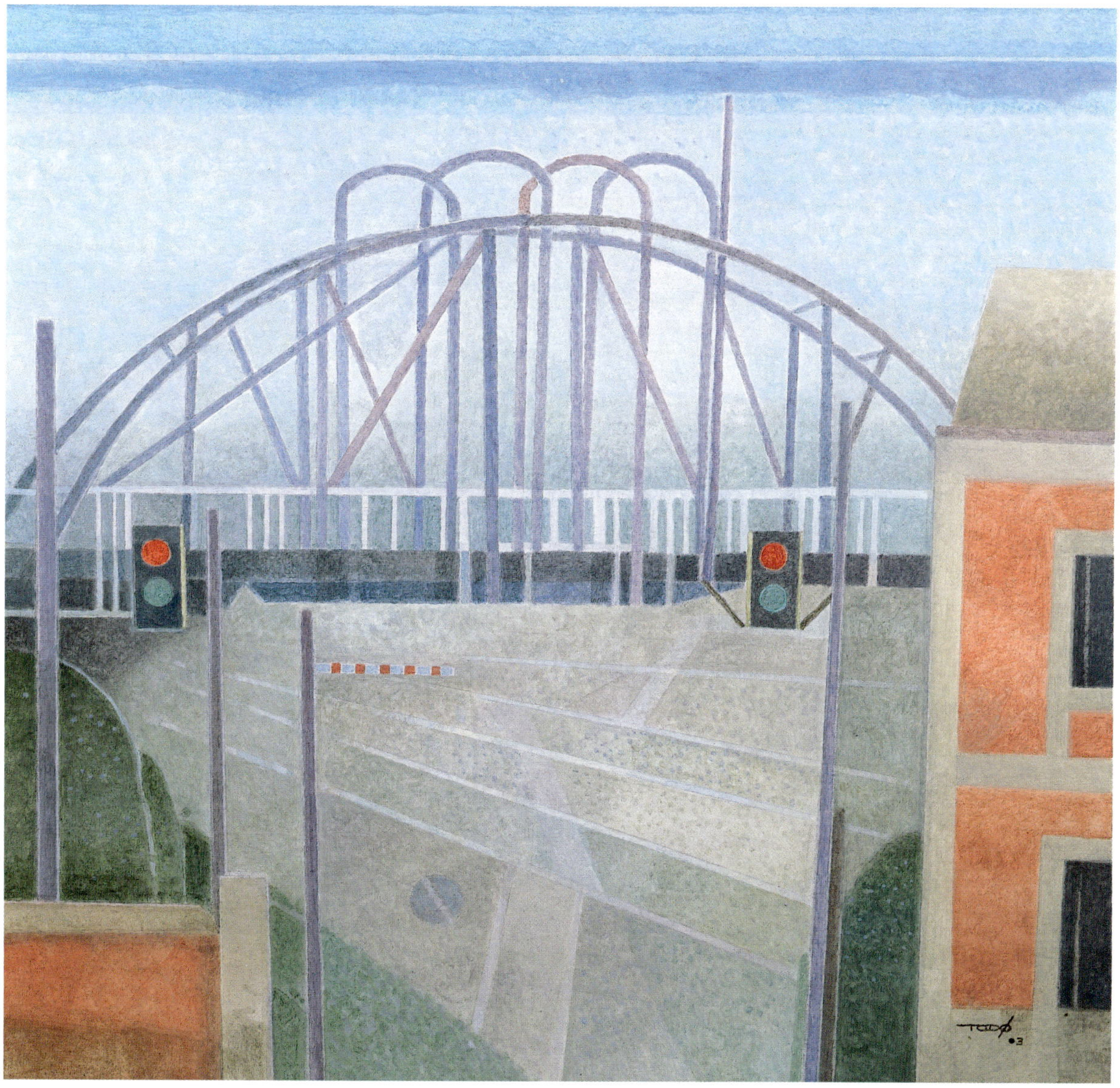

El pont de l'estació, 2003.
Acrílic sobre tela, 80 x 80.

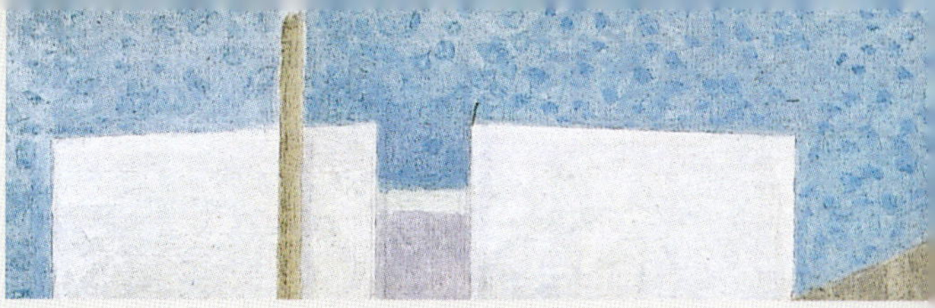

La realidad transfigurada

(Traducción castellana)

The transfigured reality

(English translation)

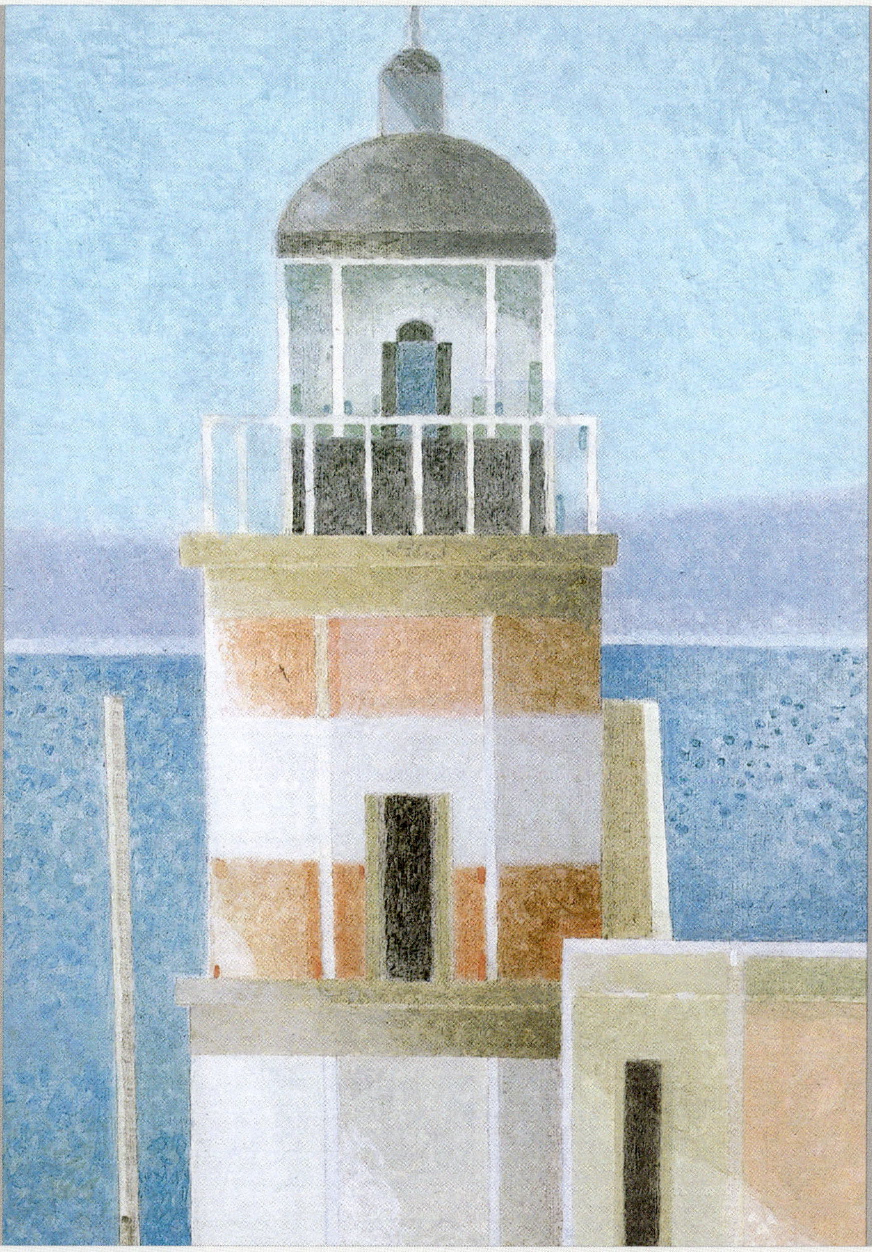

Francesc Todó

La realidad transfigurada

PRESENTACIÓN

Cuando nos referimos a un artista, conocer el grueso de su bibliografía puede llegar a ser una sólida garantía de calidad y prestigio, más aún cuando ésta lleva la firma de autores de renombre, buenos críticos o personas de cultura, quienes acaban siendo sus avaladores. Francesc Todó dispone de una buena crítica, con numerosas y variadas opiniones sobre su trabajo y su trayectoria firmadas, entre otros muchos, por Alexandre Cirici, Josep Corredor-Matheos y Àlex Susanna. Todos coinciden en que la obra de Todó está llena de vida y es creativa, original y armoniosa.

Con estas garantías, nos complace presentar, en la colección de arte Tamarit, a uno de los autores más conocidos de las tierras del Ebro, Francesc Todó, nacido en Tortosa en el año 1922. El libro escrito por Raquel Medina nos retrata al pintor con rigor y conocimientos técnicos, pero sin olvidarse del factor humano que tanto lo acerca al buen gusto popular.

Pese a que la comarca natal de Todó es el Baix Ebre, por su obra se diría que es una persona que arraiga rápidamente en cualquier lugar donde haya luz. Digo esto porque su producción es luminosa, llena de claridad y de tonos de pintura muy suaves, igual que los paisajes, objetos y figuras que representa en sus obras.

Los temas predilectos de los cuadros de Todó son los paisajes y los bodegones. En ambos casos, el artista consigue personalizarlos gracias a su dominio de la luz y el color, que ha logrado depurar con oficio durante su vida creativa: para constatarlo, sólo debe compararse la producción de sus primeras etapas con la actual. Todos los colores se han rebajado hasta convertirse en una carta de tonos suaves, dulces y agradables. Esta suavidad se percibe incluso cuando Todó pinta el mundo de las fábricas, el ámbito industrial, los trenes, los aeropuertos... Bajo su pincel, el mundo parece mucho más amable e íntimo. Pero el mayor interés de Todó, como ya escribió Fina Duran, es el mundo cotidiano de las cosas pequeñas e insignificantes a primera vista: «No hallaremos en la obra de este artista grandes temas, si por ello entendemos los elementos grandilocuentes que con frecuencia han inspirado a lo largo de la historia la obra de diversos artistas, sino viejos conocidos, como el mantel en la mesa, la silla, el balancín de mimbre, las botellas agrupadas adecuadamente o el viejo tintero que nos ha acompañado tantas veces, y cuando los vemos allá, en el cuadro, dibujados, aislados, podemos apreciarlos en toda su magnitud y belleza...». En cierto modo, Todó recupera la pequeña memoria de las cosas.

Celebramos la incorporación de Francesc Todó —de la mano de Raquel Medina— a esta galería de artistas que es la colección Tamarit, en la confianza de que el lector y todos aquellos que se interesan por el arte encontrarán el catálogo de sus mejores obras y un extracto biográfico y crítico digno de su calidad creativa.

JOAN AREGIO NAVARRO
Presidente de la Diputación de Tarragona

FRANCESC TODÓ LA REALIDAD TRANSFIGURADA, por Raquel Medina

1. Francesc Todó, una personalidad y una trayectoria

Para llegar a entender con cierta profundidad la obra de un autor como Francesc Todó, para quien sin duda el arte es fruto de una reflexión sobre la existencia, no es accesorio conocer de antemano que los inicios de su trayectoria vital fueron duros desde muy pronto, demasiado pronto. Huérfano de madre a los seis años, desde la adolescencia tuvo que enfrentarse a su padre, que no le permitía ser pintor; sufrió la muerte de un hermano y, no mucho después, cuando ya parecía que se había librado de la incomprensión paterna, se había independizado y vivía con su joven esposa Joana, quedó viudo con un bebé recién nacido.

Tal vez gracias al duro aprendizaje de los golpes sufridos en la vida, a las difíciles circunstancias que padeció, Todó consiguió la serenidad que suele asociarse a la madurez de los años y no tuvo que esperar a la vejez para conseguir la capacidad (que a muchos otros nunca les llega) de ver las cosas con distancia y saber medirlas; de saber distinguir lo que es importante de lo que no y que, por lo tanto, no merece ser motivo de impaciencia, Él mismo aseguró: «Por manera de ser soy tranquilo, jamás me exalto»; y, en efecto, nada parece que perturbe en realidad su ritmo interior, su cadencia vital, su capacidad para huir de la impaciencia, de los nervios, de las prisas, asociada a algo igualmente positivo: el goce de las pequeñas cosas, como leer poesía o teatro, pasear, escuchar música, deleitarse con una exposición... En fin, vivir plácidamente al lado de su segunda esposa, la también pintora Isabel Garriga, y estar cerca de sus hijos.

Desde que a los dieciséis años decidió que quería ser pintor pese a todas las dificultades, demostró tener ideas propias y supo actuar en consecuencia, con total coherencia y honestidad. Ha mantenido una actitud firme al rechazar retóricas grandilocuentes, lo que también implica un cierto escepticismo con respecto a algunas manifestaciones de la contemporaneidad, y poco a poco se ha labrado una reputación profesional que avalan sesenta años de trabajo lúcido a medio camino entre la tradición y la modernidad (como afirma Giralt Miracle: «Todó ha sabido establecer una síntesis entre las pautas de la sensibilidad nuevecentista y las corrientes modernas de las últimas décadas»),[1] con un toque de clasicismo y todo el peso que comporta asumir verdaderamente este concepto.

Es muy cierto que en algunos artistas, poetas, pintores, no existe una conexión aparente entre su personalidad y su producción creativa, que incluso a veces parecen contradictorias; en este caso, sin embargo, se produce una sintonía perfecta, una consonancia total entre el hombre y su obra: la misma placidez de su mirada azul y transparente, de su conversación pausada y jovial, la misma sonrisa con un punto de ironía y un fino sentido del humor, es lo que hallamos en sus obras. Y conviene recordar que nunca renunció a darle a su producción un toque lúdico, porque siempre ha pensado que la pintura también puede ser un juego. Y pese a que para él, y sin duda alguna, la pintura es una profesión (y duramente ha luchado para que esto fuera así), al tiempo no deja de ser una afición (puesto que la ama y es un placer que le alegra y le acompaña la existencia); consubstancial a su personalidad y a su obra es esa mirada limpia e ingenua sobre las cosas con una chispa de ilusión, de traviesa inocencia.

Es evidente que, para Todó, «ser pintor es un estilo de vida», como él mismo ha declarado, pero un estilo de vida que no es comparable con el de muchos otros compañeros de oficio. Su modestia y su carácter sobrio y sencillo, poco inclinado a las relaciones públicas, lo han mantenido al margen de obligaciones sociales, lo que tal vez ha impedido que llegara a ser más conocido como pintor. Preocupado por que su arte se aproximara a la gente, siempre ha evitado trabajar sólo para los círculos más acomodados (y por ello fue uno de los fundadores de Estampa Popular en Cataluña). Ha cultivado mucho el grabado y la litografía para estar al alcance de cualquier persona, y su discurso es comprensible para todo el mundo, en distintos niveles de profundidad, y abierto a un amplio espectro de gustos y sensibilidades, sin que ello implique concesiones a la banalidad.

En este punto es conveniente decir que, en un pintor que ha adquirido tanta facilidad a través de los años de experiencia de un trabajo muy sistemático, la contención es una autoexigencia y un reto constante para evitar caer en lo artesanal y en el refinamiento. Algunas veces se acerca peligrosamente a un esteticismo gratuito, sobre todo en el caso de las frutas, de los granos de uva que asemejan perlas artificiales. Es generalmente cuando pinta frutas o flores (aunque sólo algunas veces) cuando se aproxima más al riesgo decorativista: un riesgo que, sin embargo, casi siempre consigue evitar y del que se aleja mediante una falsa perspectiva u otro recurso que rompa con la excesiva blandura; tal vez porque cae en la tentación sensual de estos elementos o más bien porque siempre ha sido él mismo y sabe obtener el máximo provecho de su creatividad cuando representa cosas hechas por el hombre, las que siempre han suscitado fundamentalmente su interés.

Hasta llegar a encontrar su lenguaje definitivo y definitorio, la obra de Todó ha pasado por diversas etapas, en una apasionante evolución.

Curiosamente, en sus inicios no hallamos tanteos, ni los naturales desaciertos de la falta de madurez. Las primeras obras son paisajes de su entorno realizados con una pincelada muy ágil (*Plaza Joanic*, 1945) que crece en densidad y riqueza de color (*Paisaje con barcas*, 1949); también figuras como la espléndida *Maternidad* (1949), que manifiesta una extrema libertad en su factura, de pincelada amplia y muy vivaz, con un dominio extraordinario de los recursos pictóricos y los resortes expresivos.

Pronto el joven Todó, no lo bastante satisfecho con los primeros éxitos que le reporta su natural y extraordinaria habilidad, demuestra tener nuevas inquietudes. Su obra manifiesta una necesidad estructural. Las composiciones se simplifican, tanto por lo que respecta al color como a la forma, al tiempo que ganan espacio y equilibrio (*Barrio de los periodistas*, *Calle Valseca*) y evolucionan hacia la geometrización cada vez más patente en detrimento de la sensación de realidad (*Serrallo*, *Tossa*); los lazos con la realidad se pierden progresivamente en pro de un ingenuismo que aparece a principios de la década de los cincuenta, cuando introduce en el paisaje temas urbanos como de postal naif (*La Garriga*, *Hotel Doré*, *Notre Dame*). Durante estos años, becas y bolsas de viaje concedidas por diversas instituciones (Ministerio de Educación, Círculo Maillol) le permiten viajar por diversos países y entrar en contacto con el arte internacional. Composiciones como *Barco de noche* (1954) adquieren un peculiar equilibrio entre la geometrización de las formas y los perfiles y esa especie de ingenuismo lírico de resonancias chagallianas.

A partir de 1957, de la temática urbana deriva hacia la máquina y las herramientas de trabajo; es el inicio de la etapa que más fama habrá de reportarle. Es también un momento de experimentación técnica: trabaja algunas obras con pintura al temple en busca de una técnica que le permita mayor rapidez en el secado de los cuadros que cuando pinta al óleo, procedimiento que no tardará mucho en cambiar por el acrílico. Una simple bicicleta emplazada en una de aquellas composiciones ingenuistas le induce a convertir en protagonista cualquier artefacto mecánico, y evoluciona hacia una progresiva complejidad en el tratamiento de las máquinas de todo tipo, basada en el grafismo que conforma una intricada red lineal. Elabora laberínticas obras llenas de mecanismos, grúas, torres eléctricas, complejos fabriles e industriales, centros de comunicación y transmisiones (*Estación de radar*, 1959), medios de locomoción o transporte. No es el único artista que reflejó en su obra la enorme repercusión social y popular de los avances tecnológicos y científicos (satélites como el célebre *Sputnik*, submarinos atómicos como el *Nautilus*, primeras centrales nucleares, telecomunicaciones...) que proliferaron en los años cincuenta.

Le fascinaba la capacidad inventiva del hombre, lo que era capaz de imaginar y construir; el progreso y la transformación de la existencia humana que implicaban las nuevas tecnologías, los cambios que comportaba en la vida cotidiana, el modo de dinamizarla, de modificar su ritmo... A partir de esta fascinación, elaboró un sistema de representación subjetivo, ilusorio, totalmente ficticio, del mundo de la técnica, de la mecánica, de la misma manera que con posterioridad desarrolló una ficción de los objetos y los paisajes.

Cuando el tema empezó a agotarse, perdió la concreción que explicitaba cada detalle (imaginario) de la máquina, el aparato se integró en un entorno y se acercó a la naturaleza; en consecuencia, abandona el predominio absoluto del grafismo y el cuadro se plantea como un juego de planos y zonas de color. Los resultados de esta nueva etapa son muy interesantes y originales. *Estación de Llavaneres* (1957) es un singular precedente en el predominio absoluto de la estructuración según una geometrización planimétrica; *Astronauta* y *Buzo*, obras del conjunto que presentó en el año 1966 en la Sala Gaspar, son como robots, hombres-máquina en los que la línea convive con un cromatismo ambiental, translúcido, como de vitral, con predominio de un azul turquesa muy característico, especialmente en las obras submarinas (*Batiscafo*, *Buzo sumergido*), pero extensivo a otras como *Motor de explosión* (1962): el color, estructurado en zonas como en una vidriera, y las transparencias van superando el grafismo y la máquina acaba por perder entidad hasta que prácticamente desaparece en favor de la referencia a un entorno más o menos natural de paisajes y edificios. Aparecen con frecuencia estaciones ferroviarias, pero también campos de deporte con una curiosa vista aérea que se contrapone a las casas y otros elementos de vista frontal, todo muy bien estructurado geométricamente. La ambientación es ahora mucho más colorista (*Gravera en Olot*) y con una capacidad de síntesis que se acerca mucho a la abstracción, sobre todo en *Las rocas de Cadaqués* y *Pintura* (1965) y en el monotipo *Caminos de la libertad*, donde las alusiones al paisaje casi desaparecen diluidas en una síntesis geométrica con renovada tendencia a la bidimensionalidad, en una exhibición de capacidad de innovación, fantasía y sensibilidad.

Mediada la década de los sesenta finaliza definitivamente el ciclo de las máquinas coincidiendo con las nuevas corrientes neofigurativas surgidas de la crisis del informalismo. Todó, una vez cumplida y —según su propio criterio— agotada su aventura plástica, su gran reto artístico, inicia un ejercicio de introspección. De este modo, renuncia a buscar nuevos temas puesto que los halla a su alrededor y en su propia memoria personal. Empieza una etapa de transición en la que recupera plásticamente el ambiente de su infancia, los muebles y objetos de la casa de sus padres: consolas, veladores, tocadores con espejos, perfumes y flores, cómodas, sillones, jofainas y aguamaniles, aparadores, vitrinas y todo el ajuar: vajilla de porcelana, copas, licoreras, jarros, toallas... Objetos que reflejan una vida confortable, aunque decadente y anacrónica, fragmentos de ambientes de casas acomodadas, de clase media que aspira a integrarse socialmente en la burguesía, homenaje a unos recuerdos de infancia que, lejos de ser nostálgicos, se insieren en una fina ironía un poco burlona, que presentó en la Sala Gaspar en el año 1968, poco después de haber expuesto en Estados Unidos, con unos marcos en sintonía con los temas representados, completamente antitéticos de aquellos submarinos, satélites y astronautas de la exposición de 1966. Sin embargo, no se producía una ruptura drástica: la exposición de 1966 ya contenía algunos cuadros que eran simples agrupaciones de objetos heterogéneos distribuidos de modo aleatorio por la tela en una visión frontal (botellas de Coca-Cola, tazas, pinceles, un reloj antiguo), claros precedentes de su etapa definitiva. Además, el cambio sólo afectaba al aspecto temático; se mantenían una factura y un cromatismo contrastado (amarillos, naranjas y azules turquesa frente a marrones y negros) similares y también la capacidad para estructurar y sintetizar la composición, siempre eludiendo el detalle y la imitación del natural pese a ser un tema tan propicio al tratamiento realista —de hecho, prácticamente no apreciamos diferencias formales entre las curvas de los muebles y las de los tubos y cañerías. En 1969 es nombrado catedrático de la Universidad de Los Andes en Bogotá, donde se instala con su familia, en el marco de una experiencia positiva que recuerda con agrado y que le permite exponer en Colombia y México y viajar por países de América Central. En una entrevista que concede en México en 1970 con motivo de la exposición, muestra que tiene las ideas muy claras: «He rehuido siempre los elementos de la naturaleza, prefiero utilizar aquello que el hombre ha creado... Es una especie de entusiasmo casi infantil por todos los avances de la técnica pero quedándome con sus aspectos intimistas y cotidianos..., con lo emocional y más cercano al hombre. [...] Me mantengo fuera de todo movimiento y me considero un pintor figurativo y tradicional».[2]

Aunque sería conveniente matizar estas palabras con otras declaraciones en las que manifiesta su afán innovador, nos permiten ilustrar su cambio de actitud. Dejan claro que, de manera progresiva e intencionada, su pintura se ha desmarcado del vanguardismo, sus intereses han derivado hacia otros caminos e inicia la que será su etapa definitiva, centrada en la hegemonía de los objetos, ya no del pasado sino del presente: ello conllevará un evidente cambio cromático hacia tonalidades frías y suaves disueltas en una luminosidad blanca. Descubre también la acuarela, que a partir de 1973 alternará con el acrílico sobre tela y grabado. Se produce un notorio cambio en sus prioridades: su interés sobrepasará los temas que representa para centrarse en los aspectos estructurales y constructivos del cuadro. A partir de los nuevos planteamientos podrá establecer una nueva relación con la realidad, descubrirá nuevas maneras de aproximarse a ella y desarrollará una inusitada poética del objeto.

2. Proceso y método: el cuadro como construcción mental

Tal vez como si pretendiera contradecir y refutar categóricamente la opinión de su padre, quien consideraba que el oficio de pintor estaba ligado a una vida bohemia y anárquica (razón por la que se opuso a su vocación hasta el punto de desheredarlo), Todó ha llevado siempre una vida extraordinariamente ordenada, metódica, de costumbres regulares. Este carácter se refleja en su actividad pictórica, que sigue siempre las mismas pautas, el mismo ceremonial.

Su estudio, situado en el mismo rellano del piso donde vive desde hace ya casi medio siglo, sólo separado por una puerta de éste, representa la continuación de su intimidad casera y es al mismo tiempo reducto de intimidad creativa; las cuatro paredes donde se enfrenta al blanco de telas y papeles, un ambiente perpetuamente inalterado (que sólo durante los meses de verano sustituye por el de Cadaqués, año tras año desde hace ya más de cuarenta); un entorno imprescindible que le proporciona el necesario clima de tranquilidad y seguridad, donde se halla a sus anchas, rodeado por todo aquello (fotos, cuadros, objetos, recuerdos...) que lo acompaña desde siempre, y junto a las amadas herramientas de su oficio.

Cumple con un «horario laboral» que respeta al máximo como cualquier trabajador y que, actualmente, es de siete horas al día. No cree en arrebatos ni en inspiraciones. Sin embargo, la contemplación de la naturaleza y del entorno, y la lectura del teatro y la poesía de un amplio abanico de autores (Espriu, Riba, Foix, Blas de Otero, Miguel Hernández...) inspiran su trabajo. Con su natural modestia asegura que no es especialmente hábil y reconoce que, pese a que no sufre cuando pinta, tampoco le resulta fácil. Le gustar escuchar música de cámara o jazz cuando trabaja..., no sólo por afición ni por sentirse acompañado, sino porque le ayuda a concentrarse en lo que está haciendo, a liberar su mente, a «desbloquearla», la estimula y, en definitiva, contribuye a proporcionarle la necesaria fluidez creativa. Una condición ineludible para trabajar es la luz diurna (una exigencia que le obliga a trabajar sólo por las mañanas durante buena parte del año); pero al ser demasiado intensa la luz del sol que penetra a raudales por los ventanales de su estudio barcelonés, necesita tamizarla, por lo que debe colocar en los cristales unos paneles de papel translúcido, vegetal.

Cuando se sitúa ante la tela blanca (antes lo hacía de pie, pero ya hace unos cuantos años que pinta sentado), se inicia un curioso y nada común proceso. Paradójicamente, puesto que se trata de una persona tan metódica que no deja nada al azar, no realiza ningún boceto previo sobre papel. Construye la composición —con frecuencia bastante compleja— mentalmente, mediante una estructuración geométrica de la superficie del cuadro —básicamente planimétrica— y ataca el soporte directamente, sea tela o papel, sin basarse en ningún modelo; es decir, en lugar de preparar (como todos los pintores de bodegones) unos objetos en una posición determinada como modelo para «copiar», se limita a realizar un croquis para equilibrar el futuro cuadro agrupando mentalmente objetos dispersos por la habitación y que en ningún momento cambia de ubicación. Es un proceso contemplativo, de aprehensión de su entorno íntimo, que consiste simplemente en recorrer con la mirada la estancia para recrearse en los objetos más familiares; dialoga con ellos y escoge éste o aquél, considerando diversas posibilidades de establecer una relación entre objetos que sólo existirá en el cuadro, una sintaxis virtual que pasa directamente de la imaginación al soporte.

Una vez satisfecho con la distribución, comienza la ejecución, meticulosa, lenta y pausada. Con el pincel en la mano, si todo sigue el curso normal, se olvida incluso de sí mismo, su pensamiento flota a la deriva y se sumerge en una especie de estado de tránsito mientras su mano parece adquirir plena autonomía.

Elaborar la obra le lleva unos ocho o diez días, lo que se corresponde con una producción aproximada de dos o tres cuadros al mes. Las acuarelas, pese a que parecen más espontáneas, también requieren de varias sesiones.

Nunca altera esta especie de ritual que, sin excepción, no le permite llevar a cabo más de una obra a la vez. No empieza una nueva pieza hasta que ha terminado y firmado la anterior. Firma la obra en cuanto la da por buena; a partir de entonces, no la tocará más. Es el adiós definitivo al proceso de elaboración, constituye el certificado de lo que ya ha finalizado. Esto significa que cada obra requiere su propia y exclusiva parcela de tiempo, sin mezclarla jamás con las otras. El tiempo, en realidad, es un factor fundamental en este proceso de trabajo lento; es un tiempo que el artista comparte con la obra que queda atrapada en el cuadro, el tiempo pasado de los objetos que representa y el tiempo presente de la acción del artista conjugados simultáneamente.

Este proceso de ejecución de la obra y la construcción mental del cuadro (que se corresponde con lo que los renacentistas denominaban *disegno*) manifiesta que Todó es un artista reflexivo, racional. En este aspecto, podemos considerarlo heredero de los artistas del Renacimiento, defensores de la racionalidad del arte y de la actividad intelectual como base de toda experimentación estética, un pensamiento racionalista y empírico, pero que también comprende una cierta especulación metafísica y, evidentemente, idealista. Alberti fue el primero que retomó la teoría de las proporciones del mundo antiguo, junto con el legado pitagórico y platónico, para reivindicar una pintura intelectual, posición que compartió Leonardo, quien reitera en sus escritos la obligación de saber geometría para leerlos: «Nadie que no sea matemático debe leer los principios de mi obra», advierte, haciendo una paráfrasis de una máxima de la Academia de Atenas. Sin embargo, como han demostrado estudios recientes, la geometría se entendía básicamente como un arte liberal o teórico (que en la tradición escolástica formaba parte, junto con la música, la aritmética y la astronomía, del *quadrivium*) y se mantenía en un plano filosófico desde el que se influía más en la teoría del arte que en su praxis artística. Era más un estado mental, un anhelo de equilibrio y perfección que un instrumento técnico, y es precisamente así cómo la hallamos en la obra de Todó, transcendiendo aspectos meramente formales o técnicos.

La aproximación al espíritu renacentista que se hace evidente en muchas de las obras de Todó (véase *Homenaje al Renacimiento*) no se refiere tanto a la etapa de apoteosis de las grandes figuras como Miguel Ángel, Rafael o Leonardo como al renacimiento inicial («siempre he preferido Donatello a Miguel Ángel», afirma); el de las primeras etapas, aquel momento de búsqueda, de descubierta aún dubitativa, ingenua, llena de imperfecciones y, sin embargo, pura, despojada de posteriores manierismos y barroquismos, el primitivismo de finales del Trecento y los hallazgos del Quattrocento: Giotto, Piero della Francesca, Masaccio, Mantegna..., autores que muestran cierta candidez en el estudio analítico de las leyes de la naturaleza y su representación: la perspectiva, las proporciones, la anatomía..., con el entusiasmo de descubrir una nueva concepción humanista del mundo y del arte, y cuyos resultados plásticos evidencian la rigidez arcaizante propia del tanteo, al tiempo que están dotados de una rotunda y extraña solemnidad.

El otro punto de contacto entre Todó y la geometría, como ya se ha dicho muchas veces, parte de Cézanne y del cubismo. Todó también rinde un homenaje constante al cubismo en sus obras (*Cuadro cubista en el caballete*, 1988). La estructuración planimétrica de superficies y objetos, la inexistencia o deformación de los conceptos de volumen, profundidad o perspectiva los toma directamente del movimiento protagonizado por Braque, Picasso y Juan Gris, especialmente de este último, pero siempre de manera libre y a veces con un tono jocoso.

El cubismo, fascinado por la geometría cezanniana, es uno de los principales movimientos del siglo XX que se interesaron por la geometría. Consiguió un impulso extraordinario y una trascendencia inusitada y se convirtió en el baluarte estético de una revolución industrial y social que tuvo múltiples derivaciones (purismo, futurismo...), algunas tan radicales en el aspecto geométrico como el suprematismo, el constructivismo y el neoplasticismo; incluso está en el origen del racionalismo arquitectónico a través de Le Corbusier.

Precisamente, la aproximación más científica —al tiempo que pragmática— a la geometría se produce en artistas como Kandinsky, Klee y Le Corbusier, que formaron parte de la mítica Bauhaus, escuela que preconizaba la cooperación transversal entre las diferentes disciplinas artísticas y la industria. Le Corbusier consideraba las formas primarias de la geometría como la esencia de las artes plásticas, la arquitectura y el diseño; se convierten, de hecho, en el símbolo de la racionalidad y de una actitud analítica para una importante generación de artistas de enorme influencia que ultrapasa los límites de las artes plásticas (y ello incluye la poesía, la música, las artes escénicas...) y llega hasta la ingeniería y el urbanismo. En aquella revolución, truncada por el nazismo y que tal vez esté aún pendiente, se constataba un cierto clima de rechazo a todo lo que no fuera funcional y a la banal subjetividad estilística en aras de un arte idealista de vocación profundamente social.

Estos antecedentes explican las circunstancias (cronológicamente posteriores pero con claros paralelismos con las citadas) que configuran el contexto en el que se produjo la significativa colaboración del artista con la arquitectura y otras disciplinas artísticas; esta colaboración se inició mediante un encargo de Oriol Bohigas para la Mutua Metalúrgica en 1959 y continuó en el año siguiente con cuatro encargos más para industrias importantes. Paralelamente se estableció una excepcional vinculación entre los poetas contemporáneos y la pintura de Todó, en el marco de amistad y colaboración que se forjó durante aquellos años entre poetas y pintores. Los poetas se mostraron sensibles a la pintura del momento, y muchos de ellos, como Cirlot, Perucho y Santos Torroella, fueron también críticos muy destacados. Sin embargo, es singular que catorce de los poetas más reconocidos del siglo XX catalanes y castellanos le dedicaran un libro de poemas, *Homenatge a Todó* [Homenaje a Todó], en el que cada autor contempla, interpreta y elogia desde su sensibilidad diversos aspectos de la pintura del artista. A este lazo de fraternidad entre las artes en torno a la obra de Todó se añade la música. Compositores como Xavier Valls, quien le dedicó la obra *Los artefactos de Todó*, estrenada en el Palau de la Música en 1962, se inspiran igualmente en su aportación plástica. Todó, por su parte, fue muy activo en este intercambio interdisciplinario puesto que ilustró libros de poesía de grandes autores contemporáneos, editó colecciones de litografías que acompañaban libros de poemas, ejerció como profesor de dibujo en la escuela Elisava, disponiendo escenografías teatrales, etc., además de los citados murales.

La confluencia de una serie de circunstancias determinó esta efervescencia en el entorno de Todó y su obra. Desde principios de la década de los sesenta todos los pintores del informalismo abstracto tenían una obra madura y definida, habían superado la fase de ruptura y búsqueda para tratar de perfeccionar su lenguaje. Todó se adelanta con sus máquinas a un período de crisis del informalismo. En efecto, un significativo número de artistas de este movimiento entendieron que ya no era válido como lenguaje de protesta puesto que había sido asimilado por el poder, incluso por una parte del mercado, y optaron por abandonarlo y evolucionar hacia otras tendencias. Por otra parte, desde los años cincuenta se producía una revolución tecnológica que comenzaba a repercutir en el pensamiento y la vida cotidiana. Empezó a extenderse la opinión de que el informalismo era un arte subjetivo, caprichoso y escasamente racional.

En parte influidos por la ideología marxista, los artistas reclamaban un arte políticamente comprometido en un momento de abierta lucha social de las clases trabajadoras. Inmersa en esta crisis se perfilaba la figura de Todó —con una obra que de algún modo estaba ligada al mundo del trabajo, de la industria—, quien ya se consideraba un simple trabajador de la pintura mucho antes de que cuajaran movimientos como Estampa Popular (del que fue miembro fundador en la zona catalana en el año 1965). Por otra parte, la repercusión del *new dada*, del *nouveau realisme* y del pop americano en España dio paso a nuevas figuraciones radicales con una fuerte carga emocional: es entonces cuando surgieron los famosos Equipo Realidad y Equipo Crónica. Las discusiones éticas y estéticas en torno a estos temas provocaron incluso la defenestración de algunos artistas por parte de los críticos que, desde posiciones un tanto dogmáticas, tanto a favor del informalismo como del realismo comprometido, no aceptaron que tan importante como la coyuntura sociopolítica es la libertad del artista y de su respuesta ante este entorno.

Todo ello implicó un paréntesis, un paréntesis transcendente y significativo en el conjunto de la obra de Todó que, sin embargo, no perjudicó ni determinó su evolución posterior, que siguió rigiéndose por los mismos principios de racionalidad, estructuración geométrica, ironía y libertad.

3. Las claves de un lenguaje

Al margen de los aspectos conceptuales y de contenido de la obra de Todó, su lenguaje se sustenta en unas claves formales, en una serie de recursos del oficio que ha ido desarrollando y que configuran su sello personal, que identifica su manera de pintar y la hacen inconfundible.

En primer lugar, debe destacarse la enorme variedad de soluciones compositivas que se aprecian en el conjunto de su obra, jamás repetitiva, lo que nos demuestra que, manteniéndose fiel a determinadas coordenadas estilísticas, está permanentemente abierto al cambio. Le gusta sorprender de vez en cuando con alguna innovación, necesita el estímulo de enriquecer constantemente su sintaxis con aspectos temáticos, como esa bombilla luminosa presentada en un jarrón entre hojas como si fuera una flor; también en su factura, pero sobre todo en el aspecto estructural. «Hace ya muchos años que Francesc Todó se esfuerza por hallar nuevos ritmos estructurales», confirma Francesc Miralles.[3]

En efecto, el planteamiento general de la composición es muy abierto y diverso: desde el más sencillo, que ya hemos comentando, consistente en alinear los objetos en primer plano hasta las ordenaciones más complejas, pasando por una simetría estricta, sin disimulos, que prevalece en buena parte de sus obras. El formato, que no suele ser muy grande, tiende al cuadrado. Siempre existe una estructura interna derivada de unas líneas de fuerza que definen las pautas del cuadro y que se corresponden con unos esquemas mentales predominantes, generalmente con un sentido matemático de la composición de raíces cubistas. A veces impera un «caos» milimétricamente controlado, un desorden sólo aparente, como cuando llena con utensilios toda la superficie. Con mayor frecuencia, por el contrario, establece zonas vacías que permiten que la composición flote o respire. En el caso de las mesas, este efecto se acentúa mucho más, de modo que los objetos dispuestos por encima tocan el límite superior del bastidor mientras que la mitad inferior queda prácticamente vacía (*Mesa plegable*, 1995; *Pie de mesa*, 2003).

Son frecuentes las composiciones de homenaje al cubismo (*Copa y anís*, 1994-1995) con elementos tan típicos de las composiciones de Braque, Gris o Picasso como la botella de anís o el naipe, resueltas técnicamente respetando casi estrictamente las directrices de aquel estilo, en el que los objetos aparecen acoplados o yuxtapuestos y se sostienen milagrosamente, sin caerse, sobre superficies verticales suspendidas en la irrealidad más absoluta. Sin mantener necesariamente el mismo rigor, las claves cubistas están también presentes en el caso de las arquitecturas en las que se eligen uno o más puntos de vista imposibles y completamente ficticios, como el de sus campos de deporte de los sesenta.

Resultan especialmente interesantes algunas de estas composiciones en las que el autor acentúa su expresividad en la verticalidad de los elementos arquitectónicos (*Fábrica y dos chimeneas*, 2001). Este impulso vertical, que se acentúa artificiosamente añadiendo o destacando elementos finos y verticales como cipreses y palos (*Faro del año 1922*) y alargando hasta límites inverosímiles muros, chimeneas, puertas y ventanas, como tratando de comprimir la composición por los lados, confiere a algunas piezas de formato lo bastante grande (sin renunciar al cuadrado imperante del bastidor) una extraña y espléndida monumentalidad (*El portal del mundo*, 1980; *La calle de la villa*, 2000) que, en este sentido «manierista» de alargamiento artificioso de los volúmenes buscando la majestuosidad de la escena nos evoca, en cierto sentido, al Greco.

Otra fórmula a destacar es la que aparece en algunos paisajes de formato totalmente cuadrado como *La balsa grande* o *El valle de los muros*, en los que las casas aparecen envolviendo un espacio vacío que ocupa el centro de la composición, donde se desarrolla un mágico y evanescente juego de reflejos; en parte reales en el caso de la balsa y completamente imaginarios en el otro, aspectos que nos llevan a hablar del espacio y la luz.

Pese a que fue el cubismo el movimiento que rompió el modelo de espacio renacentista quebrando la perspectiva y la profundidad y multiplicando los puntos de vista, no sólo de la composición general sino de cada objeto, Todó no los considera excluyentes y conjuga ambos modelos en sus cuadros. Esta hibridación o convergencia de sistemas opuestos es posible porque la concepción del espacio en Todó está al servicio de la pintura entendida como un juego de sensaciones visuales inintencionadamente ambiguas y contradictorias. Partiendo de su atracción por la geometrización de Cézanne y el cubismo sintético de Braque, Gris y Picasso, su planteamiento espacial es esencialmente planimétrico. En primer lugar, apenas muestra interés por los volúmenes; la escasa sensación de tridimensionalidad es exclusivamente visual e inducida por un juego de luces y sombras que nada tienen que ver con el modelado tradicional; casi nunca está presente la intención de crear cuerpos que llenen el espacio ni de provocar un efecto de cosas tangibles; por ello, todo parece ingrávido, desmaterializado y por la misma razón la composición mantiene su ligereza pese a que esté «llena» de objetos.

Sin embargo, sí se manifiesta un interés por la perspectiva, siempre en el marco de este planteamiento visual. Muy probablemente podemos inscribir este interés en su atracción intelectual por la pintura del Quattrocento. Todó parece rendir homenaje a aquellas tentativas de perspectiva geométrica en obras como *Homenaje al Renacimiento*, de título evidentemente significativo, jugando con múltiples puntos de fuga. Sin embargo, tal vez sus obras más significativas en este aspecto son los cuadros de ventanas o balcones abiertos a un paisaje. Un caso paradigmático es la obra titulada *Como en un monasterio*, en la que la multiplicidad de planos de profundidad casi parece una lección académica: un primerísimo plano con la planta; la mesa de atrás se convierte casi en el antepecho de la ventana abierta, que muestra el supuesto monasterio rodeado de vegetación; finalmente, el fondo de colinas y planicies hasta el mar, horizonte y cielo. Todo, mesa, ventana, edificio, dibujado con perspectiva con respecto a un punto de fuga que, pese a que no pueda ubicarse con precisión, transmite la mencionada sensación académica.

Aunque evita los contrastes (recordemos que coloca papel vegetal en los cristales para tamizar la luz del sol), suelen apreciarse en sus obras luces y sombras. Prueba de ello es que se distingue la dirección de la luz, e incluso nos ha comentado que es un detalle que le permite saber dónde ha pintado el cuadro: si la luz viene de la derecha, lo ha realizado en el estudio de Barcelona; si procede de la izquierda, lo elaboró en Cadaqués. Otro aspecto relacionado con el espacio que debe tenerse en cuenta —aunque es cierto que depende más directamente de otros factores, como la pincelada y, más concretamente, la luz— es la peculiar ambientación atmosférica, tanto en interiores como en exteriores. A partir de los años noventa se advierte una vibración especial consubstancial al tipo de pincelada ligera, tenue, breve y atomizada, casi puntillista, que parece evocar la teoría corpuscular de la luz preconizada por Newton que influyó en la concepción lumínica de maestros como Vermeer (con sus típicos coágulos de luz en los primeros planos) y Velázquez en las experimentaciones preimpresionistas de los paisajes de Villa Médicis.[4] En cuanto a los interiores, una obra especialmente interesante es *Copa de vino* (1998), un especial ejemplo de la luz al servicio de la fantasía para crear y dotar de magia un pequeño fragmento de realidad. Se trata de una simple composición de objetos heterogéneos desordenados sobre una mesa, que esta vez está junto a la pared; sobre esta pared, situada inmediatamente detrás de los objetos, éstos proyectan sus sombras, superpuestas a reflejos de caprichosas formas geométricas, quizá procedentes de un espejo o una ventana. Tras la mesa, un sutil oscurecimiento la separa del fondo y destaca levemente el conjunto de objetos, pero lo más interesante es que éstos ceden la supremacía a otros elementos físicos pero inmateriales: las sombras y los reflejos, que, junto con los brillos del cristal, conforman un prodigioso conjunto que anima la composición —desarrollada en un único plano y matizada con tonos crema suaves y cálidos— y que, a pesar de su evanescente y efímera presencia, asumen el protagonismo y configuran una ambientación singular.

Brillos, transparencias y reflejos que, junto con puntos de luz estratégicamente ubicados que pueden aparecer en cualquier objeto (no solamente en los de vidrio o porcelana), sin que sea necesaria ninguna explicación basada en la realidad, se añaden a otro recurso totalmente personal y definitorio. Se trata del contorno blanco que recorre las formas para destacar su estructura interior o perimetral; estas siluetas mágicas se utilizan como un recurso que contribuye de modo fundamental a la desvinculación intencionada de la realidad.

Finalmente, por lo que respecta al color, la calidez de los temas tratados contrasta con una gama cromática predominantemente fría. Los azules dominan ampliamente en el conjunto de su obra y ello, junto con la luz blanca, produce una sensación de frescor antitética a la amarillenta pátina del tiempo que buscan otros realistas que preparan las telas con un fondo cálido que proporcione a sus obras un hálito romántico. Todó no utiliza este artificio, prefiere la luz de la mañana, fresca como el rocío, limpia y transparente, y atempera el exceso de frialdad que se deriva de azules y blancos mediante el contrapunto perfectamente dosificado de ocres, beiges, cremas y vainillas.

En los exteriores, el tectónico pierde definición en favor del efecto ambiental de la luz disuelta, repartida de modo homogéneo, casi sin contrastes, como si se filtrara a través de un velo de finas nubes. También el color pierde intensidad cuando se disuelve en este baño de luz difusa, que es el responsable de la pérdida de volumen y pesantez.

El blanco extraño de esta luz parece expresar el propio anhelo de pureza consubstancial al blanco de que hicieron bandera los neoplasticistas, quienes lo consideraban el color espiritual por excelencia, y también los racionalistas, encabezados por Le Corbusier, que lo convirtieron en símbolo de certeza, claridad de conceptos, equilibrio y austeridad ante el primitivismo irracional, subjetivo, vulgar o superficial de los colores vivos. Pero la simbología de la luz se remonta a muy atrás: la luz asociada al conocimiento y la razón de los ilustrados ante el oscurantismo de la ignorancia, y también la luz como metáfora de la verdad y del bien en el evangelio.

4. Los temas: del objeto al paisaje

Los interiores y especialmente los objetos cotidianos constituyen, junto con el paisaje, la temática preferida por Todó. El objeto concreto, sin embargo, no tiene trascendencia por sí mismo; es una elección circunstancial, casual, siempre puede sustituirse por otro. Tampoco ha sido escogido por su estética, aunque no todos los objetos son válidos: no le interesan, por ejemplo, los utensilios que proceden de anticuario, al margen de su aspecto o utilidad; prefiere objetos extraídos de un ambiente conocido, largamente vivido, puesto que, según el pintor, ello les confiere una cierta impregnación humana, una auténtica carga de intimidad. Por lo tanto, son objetos que se justifican en relación con el sujeto (en este caso, el artista) mediante una relación de convivencia y servicio, puesto que son herramientas, instrumentos que permiten que el sujeto se exprese y ejerza su trabajo. De este modo, su presencia en el cuadro adquiere la categoría de símbolo o de icono, ya que son las huellas de una manera de vivir, los testigos de la presencia humana. El hombre se halla ausente del perímetro del cuadro, pero, en cambio, está presente a través de los objetos de uso personal por el entorno vivencial que evocan.

En efecto, los objetos que pinta Todó son todo tipo de utensilios, utensilios de uso cotidiano, ornamentos y recuerdos de una vida, que pertenecen al entorno íntimo del artista y revelan fragmentos biográficos. Son, en cierta manera, autorretratos que evocan una concepción de la vida mediante detalles anecdóticos, a veces irónicos, que guiñan el ojo al espectador y llegan a reflejarse en el título; una corriente de simpatía, de conexión, que expresa claramente su carácter sencillo, afable y comunicativo.

La colocación de los objetos, a veces perfectamente alineados sobre una mesa, en su frontalidad arcaizante, la pulcritud de la ejecución, la serenidad que emana de ellos, recuerdan el ascetismo de los bodegones de Zurbarán y de Sánchez Cotán. La estricta simetría de algunas obras —los pliegues planchados de las toallas, tapetes o cobertores que ocupan más de la mitad del cuadro, temas preferidos desde los inicios de los ochenta— acentúan la sensación litúrgica que transciende lo meramente físico. Por ello, pese a ser sencillas metáforas de la vida cotidiana, objetos humildes, sin jerarquías ni pretensiones, sin pomposas cargas alegóricas, sin ninguna intención metafísica, hallamos en muchas obras una cierta sublimación poética que las abstrae de la realidad y confiere un aura «sobrenatural» a las cosas más nimias.

Es un elogio de la vida sencilla reflejada en las cosas fungibles —tazas, cucharillas, bebidas, papeles, servilletas...—, que comparten un espíritu similar al de las naturalezas muertas de la Holanda protestante que —recuperando la tradición estoica— exaltaban la ética del hogar y del trabajo, e infundían un valor espiritual a la vida cotidiana y a la privacidad del entorno familiar.

No siempre los objetos ocupan un primer plano. A veces, el enfoque está más alejado y el radio se amplía, los objetos aparecen encima de un mueble, generalmente una mesa, o ante una ventana, de modo que se vislumbra un fragmento de un interior, incluso una mesa y algunas sillas. El siguiente paso enlaza con el paisaje exterior. La inclinación temática de Todó se ha dirigido siempre hacia el entorno del hombre, desde un encuadre cercano, restringido, hasta el más amplio del paisaje, pero es siempre un paisaje humano, determinado, transformado, sometido por la mano del hombre y a su servicio, una preferencia que ya se mostraba claramente en su época naif: casas, jardines y fuentes, árboles, pajarillos, personajes..., un mundo de casa de muñecas con todos sus detalles.

El paisaje es igualmente una invención, una sintaxis virtual, de fragmentos que están allí o que el pintor se inventa directamente. De hecho, aparece el Todó más abstracto en sus dos vertientes: por una parte, la pérdida de contacto con referentes visuales que se hace evidente en obras que se inmergen en la abstracción lírica (*Las rocas de Cadaqués*, 1964; *Los caminos de la libertad*, 1965) y/o geométrica (*Estación de Llavaneres*, *Gravera en Olot*, *La pared blanca*). En todas ellas, el paisaje es sólo una excusa en la que el referente real, cuando aparece —como en las dos últimas obras citadas—, es de un simbolismo ingenuista.

El otro aspecto de esta abstracción del paisaje corresponde a las composiciones de arquitecturas, que asemejan maquetas desplegables de papel que se derrumbarían con un soplido. Casas completamente ajenas a la realidad, inverosímiles, en un juego de planos y ángulos: fachadas, chimeneas, ventanas, puertas, tejados que no llegan a los muros, con los cantos por cubrir, muros rectos o inclinados que prolonga a su capricho... Todo ello, tratado siempre con una pureza y limpieza extremas que enfatizan el blanco de la cal y la estilización geometrizante (*Los muros encalados de Cadaqués*, 1988; *Casas del Mediterráneo*, 2001).

Si consideramos en conjunto la evolución temática del artista, constatamos su preocupación constante por el entorno del hombre; sin embargo, se produce un cambio substancial en la madurez con respecto a la etapa juvenil de vanguardia, cuando le preocupaba reflejar la modernidad, ser testigo de su tiempo, del progreso, de la tecnología, del ritmo vertiginoso de los cambios. La actividad y el dinamismo se reflejan en las obras de esta etapa, en la que el autor adopta una posición que oscila entre el papel de protagonista activo y comprometido, influido por sus amigos poetas Jaime Gil de Biedma, José Agustín Goytisolo y Blas de Otero; y el de testigo ingenuo, atónito y deslumbrado que se permite la contemplación desde la perspectiva de un niño que juega con trenes y mecanos sin preocuparse mucho de su funcionamiento ni de su utilidad; también en esta etapa se percibe una cierta ironía, y un distanciamiento posterior cuando deja de creer en el progreso y la tecnología como herramientas de mejora social. Esta especie de desengaño, de despertar del sueño o del espejismo, le lleva a dar la espalda a toda la temática que anteriormente lo fascinó. En consecuencia, se producen una serie de cambios: en primer lugar, el entorno laboral, dinámico, social y colectivo de la fábrica es sustituido por el íntimo y sosegado del hogar; al mismo tiempo, el ritmo frenético que imponía la máquina a la existencia humana es reemplazado por la cadencia vital y serena del tiempo cotidiano, y el dinamismo ruidoso de las máquinas, por la quietud y el silencio. Al final, todo lo que supuso modernidad muta en intemporalidad.

A pesar de estas dicotomías, de modificaciones tan significativas, algunas cosas se mantienen: así, conviene recordar que Todó no descuida jamás el factor lúdico. Por ello, superada la pasión por los artefactos, su «juego» predilecto ya no es un Mecano; ahora tal vez se parezca más a una casa de muñecas, a un juego de construcción, o a un rompecabezas, una maqueta de papel o un desplegable. Pero siempre, al margen de otros aspectos más rigurosos de su obra, persiste el espíritu juguetón.

Las herramientas del oficio tienen una especial importancia como tema de sus cuadros. El caballete, las telas, el cuadro que está pintando, todo refleja su propio trabajo. De la misma manera que años atrás representaba las herramientas del carpintero, del albañil, del jardinero, en definitiva, el trabajo de los otros, con efusiva y afectuosa ingenuidad pero desde fuera, más por afición, ahora, en cambio, refleja un mundo laboral propio e íntimo, con el que rinde homenaje a la pintura y el pintor (*Cuadro cubista en el caballete, Pintura y dibujo del natural, A la Pintura*), al representar el cuadro dentro del cuadro, retomando una larga tradición en la historia de la pintura.

Aún se muestra más intimista en las acuarelas, especialmente en las de objetos de escritorio: los lápices, los pinceles chinos, que suele representar frontalmente y situados verticalmente siguiendo un orden ritual, como soldaditos de plomo, como un poema visual o las notas de un pentagrama. Estos objetos —tinteros, plumas, sobres, cartas, sellos, tarjetas—, que también aparecen en las más heterogéneas y aparentemente casuales agrupaciones, mezclados con todo tipo de utensilios, son también testimonio de un modo de vida anclado en el pasado, vencidos por un progreso que el autor exaltó con el ímpetu de la juventud, pero que ya le es ajeno; y por eso los reivindica ahora, los enaltece con el aura de su anacronismo, de su obsolescencia. Quizá por ello percibimos en estas acuarelas una lírica y amorosa nostalgia revestida de sentido del humor y de esa complicidad con el espectador que tanto le agrada suscitar. A él, al espectador potencial, se dirigen los títulos incluidos en la parte baja de la obra, de la que forman parte inseparable. Manuscritos a lápiz con delicada caligrafía expresan y explican, con amistosa confianza, como una divertida dedicatoria, el contenido, la intención, la anécdota vivencial que le ha llevado a pintar ese cuadro.

5. La realidad, contemplación y transfiguración

El criterio de representación realista proviene de la filosofía griega, que entiende la representación plástica como mimesis o imitación, copia de la realidad; sin embargo, y puesto que Platón admite la existencia de un modelo ideal que supera la propia realidad, el papel del artista ha podido ir mucho más allá del de un simple imitador pasivo más o menos virtuoso. Este concepto lo recuperan los neoplatónicos en el Renacimiento, cuando aseguran que, más importante que intentar reproducir objetivamente la realidad según la reglamentación expresada en valores matemáticos (divina proporción, etc.), es tener en cuenta la recreación del objeto en la conciencia sensible del artista, de acuerdo con un *disegno* interno. Por lo tanto, antes que en la tela, el artista tiene que aprender a reproducir el objeto en su imaginación, una teoría que se adecua al cuadro como construcción mental a partir de una realidad exterior, tal como la entiende Todó, sin perder de vista las connotaciones sentimentales y vivenciales que intervienen en ella.

A primera vista, la pintura de Francesc Todó produce una sensación de realidad, pero sólo en apariencia, ya que prácticamente no existe conexión con la realidad tangible. Desde las primeras etapas de su pintura (*El Serrallo*, 1949), ya contrastaba la perspectiva de fondo con un primer plano abstracto y planimétrico. No consigue —en ningún momento lo pretende— engañar ni hacernos creer en lo que no es; tan sólo juega con la ambigüedad de unas sensaciones visuales contradictorias. La realidad es para él una referencia inicial, un punto de partida, jamás un modelo que limite o determine su creación. Más bien sería un esquema a manipular, un patrón flexible y susceptible de ser deformado por la voluntad subjetiva del artista.

Su arte surge de un coloquio con la realidad, de la síntesis dialéctica entre la experiencia visual y la intelectual o cognoscitiva, con la intervención fundamental de la imaginación, que el propio Einstein consideró superior al conocimiento en una de sus célebres disquisiciones. Mediante el proceso de trabajo captura mentalmente una serie de objetos para reagruparlos y alterarlos a su antojo, con lo que abstrae los objetos reales y los conduce a una dimensión irreal.

En palabras de Arnau Puig, «la creación es una acción organizadora según un sistema perceptivo individual [...] en función de una situación o un contexto social y personal. No se trata de reproducir un mundo formado y acabado desde siempre, sino de elaborar un mundo mientras lo vivimos».[5]

Es el caso de Todó, que ha elaborado un mundo mientras iba viviéndolo; por ello existe esta consonancia afectiva entre él y el entorno (objetos, paisajes) que lo acompaña en su existencia, una proximidad que (como se ha visto al hablar de los temas) podría calificarse de sentimental y biográfica.

La pintura de Todó, desde que en los años setenta orientó su temática hacia el entorno cotidiano, se nutre de la exploración del mundo más próximo, de la contemplación vivencial de la realidad. Como dijo Corredor-Matheos: «Todo es fruto, en Todó, de una visión contemplativa. Lo que ve, lo ve interiormente. [...] podemos hablar de pintura metafísica. La física no se niega ni se elude: se trasciende».[6]

Como si la percepción fuera sólo una referencia engañosa que nos impidiera la percepción más allá de la superficialidad, a Todó no le basta con ver o mirar, ni tan sólo con observar, sino que es imprescindible la contemplación. La actitud contemplativa, en su caso, implica un proceso de análisis y reflexión, de aprehensión de la realidad cercana para interiorizarla y, a partir de aquí, reinterpretarla.

Por todo esto, en su obra no es en absoluto real aquello que lo parece. Todo el proceso de transformación al que somete la realidad mediante los citados recursos de alteración de las leyes físicas de perspectiva, volumen, espacio, etc., el tratamiento de los contornos, del color, del juego de transparencias, las soluciones atmosféricas... no son meros recursos estéticos, puesto que forman parte de un sistema de idealización, de sublimación, a través del que consigue filtrar la realidad para extraer sus impurezas banales.

La reinterpretación de la realidad que propone Todó alude a la esencia poética de las cosas más allá y con independencia de su realidad tangible y visual; es una evocación, casi podríamos decir que una suerte de invocación, de conjuro o hechizo, en el sentido de llegar a extraer, a percibir el pequeño misterio de las cosas, su alma por encima de la apariencia.

Esta especia de neblina sutil que parece cubrir los cuadros es como un velo que separa la realidad de la ilusión. Todó criba la realidad prosaica y trivial, de modo que el resultado nunca es una imitación; es otra cosa, un espejismo, una ilusión de realidad, frágil y evanescente como los sueños.

En este mundo de ensueño, el ser humano es una presencia ausente, un espíritu que todo lo impregna. Y es el espíritu de Francesc Todó el que absorbe su obra y configura otra realidad fascinante y mágica, una realidad transfigurada en la que reinan la quietud y el silencio, símbolo de su equilibrio interior y espejo de su sensibilidad.

Notas

1. Catálogo de la exposición itinerante *Francesc Todó*, organizada por el Departament de Cultura de la Generalitat de Catalunya en 1984.

2. Archivo Todó, recorte de prensa sin referencia de publicación ni fecha.

3. «Lirismo y paradojas de Francesc Todó», *La Vanguardia*, 16.05.97, pág. 52.

4. Para ampliar estos aspectos, véase el libro de R. Medina *La luz en la pintura*, un factor plástico, PPU, Barcelona, 1988.

5. A. Puig, *Escrits d'estètica*, Laertes, Barcelona, pág. 70.

6. J. Corredor, «Todó, física y metafísica de la pintura», *Dossier Guadalimar*, 1980, pág. 29.

TODÓ 1956-1964: IRONÍA Y POESÍA DE LA PEQUEÑA UTOPÍA DE LAS MÁQUINAS, por Àlex Mitrani

La idea renacentista de *disegno* fue esencial porque revolucionó la consideración de las artes plásticas. Para los renacentistas, el dibujo era ciencia y pensamiento. La representación pictórica quería ser un medio para conocer la realidad que combinaba el empirismo y la experiencia sensorial con un sistema abstracto, geométrico y artificial, de construcción de las imágenes. Esta actitud implicaba tomar una nueva conciencia de la práctica pictórica. En la obra del maestro paradigmático del Renacimiento, Leonardo da Vinci, se aprecia claramente el nuevo estatuto del arte: al margen de los antiguos lazos con la trascendencia propia de un arte religioso, Leonardo liga y dignifica el conocimiento sensible e intuitivo —la luz, la vida en una sonrisa— con el conocimiento práctico y científico —el dibujo aplicado a la ingeniería, a la invención. Con el tiempo, el sentido antiguo del *disegno* se ha disociado y se habla de diseño al referirse a la ideación en el campo industrial o decorativo, mientras reservamos el concepto 'dibujo' para las bellas artes. Esta distinción nos explica una cierta evolución del arte, pero no debe engañarnos sobre la naturaleza profunda del dibujo.

El dibujo es, efectivamente, pensamiento que se crea en su propia práctica. Es uno de los medios más adecuados para describir las cosas, aunque también es distante y artificial. El mismo discurrir del dibujo traza el pensamiento, a veces hasta conseguir que perdamos de vista lo que con él tratábamos de hacer visible. Existe un placer que se deriva del simple juego lineal caprichoso, rítmico o lógico y justificado por un objetivo concreto. Las obras del período 'maquinista' de Francesc Todó desarrollan estas cualidades. A la manera de Duchamp y, sobre todo, de Picabia, las máquinas de Todó se presentan como diagramas que contienen una lógica tan sólo aparente. Sus máquinas son irónicas, ya que la aparente precisión no conduce a la eficacia ni al movimiento, y su carácter tecnológico, sofisticado, contrasta con frecuencia con un claro arcaísmo. En algunos casos, debería hablarse más bien de cachivaches, entrañables y festivos, que de máquinas. Pero ello no siempre sucede: la poética del Todó de esta época es susceptible de múltiples lecturas.

Pese a ser muy específica de su momento, la estética de Todó presenta ciertas conexiones con la tradición cultural que lo precede, en la que se entrelazaban de modo complejo distintas maneras de concebir la modernidad. Me refiero a las características peculiares del ámbito catalán, donde se estableció una dialéctica de oposiciones y concomitancias entre el novecentismo y las vanguardias.

Eugeni d'Ors dedicó su glosa «*Sensibilitat nova*» [Sensibilidad nueva, 14-III-1908] a hacerse eco de una conferencia del arquitecto e ingeniero Fèlix Cardellach, especialista en dibujo técnico, con el todoniano título de «El sentimiento mecánico en las construcciones metálicas». Ors convierte el término 'sentimiento mecánico' en paradigma de una estética y una política de la vida civilizada, tecnificada, racional y dinámica. En este sentido, el novecentismo demostraba su inicial vocación de modernidad con un discurso paralelo al de sus contemporáneos futuristas italianos. Este discurso novecentista parte incluso de fundamentos más modernos que los del propio futurismo, ya que se articula como una alternativa al romanticismo, mientras que los italianos siguieron una retórica excesiva y eufórica, directamente vinculada a raíces finiseculares. Es una explicación simplista atribuir la evolución de Joaquim Torres García —desde una mediterraneidad arcádica hasta la ruidosa y fragmentada vanguardia— a la mera influencia de corrientes exteriores por influencia de su amigo Rafael Barradas. Al margen de la conocida deriva conservadora de los círculos culturales y políticos novecentistas, debe remarcarse una pasión compartida por la ciudad. Además, puede establecerse un nexo entre el robusto sentido del equilibrio del clasicismo novecentista y la estricta ordenación lineal de elementos simbólicos, una vez tamizados, es cierto, por el filtro neoplasticista, del famoso universalismo constructivo del pintor uruguayo. Torres Garcia será una de las referencias principales para Todó: puede decirse que sigue su estela, aunque aplicada al contexto cultural catalán, ajeno al mesianismo americano de un Torres Garcia que pertenecía generacionalmente a la época de las grandes utopías y los proyectos ideológicos. Veremos que la poética de Todó supone una utopía muy especial.

En Todó, el paso del ingenuismo al mundo adulto —la crítica anglosajona contemporánea lo denominaría también masculino— de las máquinas no debe entenderse como una ruptura. Para empezar, la supuesta ingenuidad de su pintura a principios de los cincuenta no era tal. Su amigo, el exigente escritor y pintor Josep Maria de Martín, hablaba de «ingenuismo intelectual» en un artículo de 1955. Aunque, entre 1952 y 1957, aproximadamente, la pintura de Todó se acerca las formas clásicas del ingenuismo, lo hace desde las preocupaciones compartidas por la vanguardia. En realidad, y en paralelo, artistas extranjeros como Roger Bissiére, Massimo Campigli o Ben Shan, sin olvidar a Dubuffet, muestran una clara atracción por las expresiones primitivas o elementales. Y no debe olvidarse que Miró y Klee eran por entonces extremadamente influyentes y se los consideraba los pioneros de una vía artística que buscaba sus fuentes en la espontaneidad infantil. En cualquier caso, un cierto ingenuismo —y debe utilizarse el término con precaución, ya que ha sido objeto de muchos prejuicios, algunos dudosos, otros justificados— es característico del arte catalán, aunque se ha manifestado también en el ámbito internacional. Aquí no podemos extendernos más sobre el tema. Anotamos que intuimos en esta tendencia, aparentemente inocente pero muy sofisticada, una necesidad por parte de los artistas de responder al marasmo aniquilador de la guerra con la búsqueda de una pureza no exenta de sentido crítico ni de ternura. Nuestra exposición *La vanguardia nostálgica* (Sala Verdaguer, Barcelona) quiere ser un primer paso para profundizar en este fenómeno. Para entender el carácter exigente y moderno de la obra de Todó, es significativo recordar que Todó ilustró la primera edición de *Diana y el mar muerto* (1953), de Joan Perucho. Tal como señala Assumpció Bernal en el prólogo de la reciente reedición, esta obra de Perucho plasma la añoranza de la infancia mediante una expresión contenida y elegante, adoptando las formas de un objetivismo narrativo avanzado para su época. Las composiciones de Perucho se sitúan entre el poema y la prosa, entre la crónica y la evocación. Su tono, al tiempo lírico y prosaico, alejado de la hipérbole, sutil, fresco y moderno, conjuga muy bien con el espíritu de la obra de Todó.

Durante esta etapa, caracterizada por tan peculiar ingenuismo, Todó ya anuncia las temáticas de la época de las máquinas. De hecho, el motivo predominante de ésta serán los medios de transporte y, por extensión, un interés por todo lo que tenga movimiento. Sin embargo, este dinamismo se presenta, de modo paradójico e irónico, detenido. El filósofo Henri Bergson, tal que preparara las obras de Picabia, en su ensayo sobre la risa vinculaba directamente la comicidad con lo mecánico, con el contraste entre el automatismo y la vida. Plásticamente, en su obra, Todó no evoca la velocidad. En sus máquinas, el movimiento se halla en la propia estructura lineal que las dibuja, que articula su funcionamiento. En la obra de Todó de mediados de los cincuenta ya podía apreciarse un creciente interés por las vías de comunicación, las calles, los puentes. En las pequeñas plazas de los pueblos, evitando cualquier ruralismo rancio, sitúa un automóvil; en las playas, un barco de vapor. Me parece reveladora la aparición de los barcos de vapor, de los paquebotes. Su presencia detenida en el horizonte puede ser el equivalente de las locomotoras estáticas de Giorgio de Chirico. También Le Corbusier havia explicitado con frecuencia su admiración por estos barcos rutilantes y arquitectónicos. Existe, por lo tanto, misterio, afectuoso anecdotismo, elogio de la modernidad e ironía en estas máquinas que se convertirán en el motivo obsesivo de la pintura de Todó en los siguientes años.

Pero más que en clave irónica o poética, las obras del período maquinista de Todó fueron acogidas, interpretadas y defendidas con un discurso fuertemente ideologizado que, en aras a la posterior fortuna crítica, tal vez fuera contraproducente para el pintor. Se vertieron en ellas muchas expectativas. Se trata de un episodio importante y significativo en la historia reciente del arte catalán. Casi podría hablarse de una «operación Todó» en torno al año 1960, en la que se oponía la necesidad de una nueva figuración popular al estancamiento esteticista de la abstracción informalista. En 1961 aparecen dos libros importantes, ambos editados por Joaquim Horta: *Tres ensayos polémicos sobre la pintura de Todó* de Oriol Bohigas, Josep Maria Castellet y Cesáreo Rodríguez-Aguilera, con prólogo de Fernando Chueca, por entonces director del Museo de Arte Contemporáneo, y *Homenatge a Todó* [Homenaje a Todó], en el que los principales poetas catalanes, tanto en lengua catalana como castellana, además del compositor Manuel Valls, le dedicaron cada uno un poema. Por estos años realiza varios murales que aparecen como las obras más directamente vinculadas al discurso de Bohigas, un aspecto que desarrolla un reciente artículo publicado en la revista *Serra d'Or* (octubre 2002). Bohigas destaca su opción como un camino para resolver un problema que se le antojaba central: la integración del arte, la arquitectura y el diseño desde una perspectiva social y, en la estela del pensamiento de Walter Benjamin, contrario a toda mistificación aristocrática. Castellet, por su parte, lo presenta como el paradigma de una nueva figuración, de un realismo humanista que reconcilia al hombre con la máquina y el trabajo. En un análisis más detallado se aprecian claramente las vinculaciones de la poética de Todó con el realismo arquitectónico propugnado por Bohigas (la modernidad pragmática de las viviendas para obreros metalúrgicos del 1959). El realismo en poesía no obtuvo el mismo éxito ni la misma eficacia que la Escuela de Barcelona. Probablemente, el exceso de ideologización y politización, tal vez pertinentes en su contexto, acabó por cansar a sus propios creadores. El discurso crítico asociado a la obra de Todó se reveló en cierto modo inadecuado; la evolución de las vanguardias se llevó a cabo en función de la difusión del *nouveau realisme* nacido en Francia, que se percibía como un pop crítico y más objetual que pictórico. Los pintores de la generación de posguerra hicieron alguna aproximación en este sentido, en especial Tàpies y Guinovart. Una manifestación anecdótica pero reveladora fue su intervención en los escaparates de El Corte Inglés, en el año 1965: Todó realizó la que puede considerarse su única instalación, que evocaba un rincón de unas obras de construcción inmobiliaria. Su carácter ideológico era evidente. Incluso, en la caseta de los obreros, aparecía el libro de Francesc Candel *Els altres catalans* [Los otros catalanes]. No era esta vía tan explícita y antipictórica la apropiada para Todó. El artículo de Alexandre Cirici en *Serra d'Or* en marzo de 1966 mostraba una gran lucidez en cuanto a esta cuestión, al subrayar la específica poética todoniana como una visión tierna e irónica de una cultura, la barcelonesa y catalana, marcada por la domesticidad. Más allá del papel que se le atribuyó como paladín de una nueva figuración crítica opuesta al informalismo, con el tiempo parece evidente que Todó, con su inteligente relectura del novecentismo y las vanguardias, representa un *pop art* autóctono.

He tenido el privilegio indiscreto de poder ver las obras en proceso en el estudio del artista. Sorprende su concepción abstracta ligada a objetos concretos, que son elementos más sígnicos y simbólicos que pesados y corpóreos. Lo que fundamenta su obra es la red de relaciones compositivas, el entramado o pentagrama dibujístico que establece los ritmos. Después llega la gama cromática que Todó ha ido pacientemente afinando. Finalmente, la obra deviene un ejercicio utópico, pero ligado, como no puede ser de otro modo, a un lugar, un topos muy concreto, el de nuestra cultura mediterránea, formulando una pequeña utopía, un jardín voltairiano, que aparece como posibilidad de sabiduría y placer.

PINTURA DE LIBROS, por Gerard Vergés

Ya hace tres años que encargué a Francesc Todó un óleo para mi estudio. El tema tenía que ser un estante con libros. O sea, libros sobre libros, libros pintados sobre libros reales, libros por todos lados, libros que nos hacen libres.

La tela, muy apaisada (35 x 120), contiene treinta y tres volúmenes, en el lomo de algunos de los cuales puede leerse su autor o el título: Joan Vinyoli, Paul Klee, Bruckner, García Lorca, Kavafis... Pero en el estante también se ve un pequeño reloj y dos objetos muy inspirados: uno de ellos es el dorso de una carta con la dirección del remitente: «F.T.G. — C/ d'en Carbó, nº9. Tortosa», la casa donde nació Francesc Todó García en 1922 y en la que sus padres tenían una tienda de ropa, hasta que en 1931 la familia se trasladó a Barcelona. El otro objeto, más desdibujado y que apenas se adivina, es una caja entomológica con dos ejemplares de Graellsia, seguramente la mariposa nocturna más bella del continente europeo, sobre la que en el año 1986 escribí algunas devotas páginas, y que en el siglo XIX Marià de la Pau Graells, naturalista barcelonés (que no castellano, como afirmaba el *National Geographic*), había dedicado a la muy coqueta y voluble Isabel II de España.

La pintura está resuelta en colores fríos y pálidos, con una especie de puntillismo evanescente y una muy estricta distribución de volúmenes y de líneas: un poco en el estilo (cada uno, eso sí, con personalidad propia) de aquel otro pintor catalán de la escuela de París que es Xavier Valls. Yendo más allá, permitidme reproducir unas palabras anteriores mías sobre el querido artista tortosino: «Su obra me recuerda (aunque también se trate de dos autores muy distintos) los lienzos del italiano Morandi. Porque Todó y Morandi construyen sus bodegones sobre formas depuradas. Con una diferencia básica: si Morandi es la opacidad, Todó es la transparencia; si Morandi es dorado, Todó es azul puro; si Morandi es denso, Todó es aéreo. Estoy hablando, por supuesto de pintores de altura». No en vano en el magnífico libro de Joan Ainaud de Lasarte *La pintura catalana. Del segle XIX al sorprenent segle XX* (vol. 4), dentro de este siglo *XX*, tan sorprendente como espléndido, no faltan ni la figura ni la obra de Francesc Todó.

Francesc Todó

The trasfigured reality

PRESENTATION

When it comes to referring to an artist, having a knowledge of the bulk of his bibliography can always be a solid guarantee of quality and prestige, and even more so when this carries the signature of well known authors, competent critics or persons of culture, who end up becoming his guarantors. Francesc Todó has a good body of criticism, with many and varied opinions on his work and his course of development, bearing the signature of Alexandre Cirici, Josep Corredor-Matheos or Àlex Susanna, among many others. They all coincide in judging the work of Todó as being full of creative life, original and harmonious.

With these guarantees, it gives us great pleasure to present, within the Tamarit collection, one of the best known artists of the lands of the Ebre, Francesc Todó, born in Tortosa in 1922. The book written by Raquel Medina creates a portrait of the painter with rigour and technical understanding, but without forgetting the human factor that brings him so close to popular good taste.

Although Todó's native district is El Baix Ebre, from his work I would say that he is a person who takes root quickly wherever there is light. I say this because his production is luminous, full of brightness and very gentle tones of paint, the same as his landscapes, objects and figures that he represents in his works.

The preferred subjects of the paintings of Todó are landscapes and still lives. These are two themes that the artist has managed to personalise thanks to his mastery of light and colours, sharpened with skill throughout his creative life: to reach an understanding of this it is only necessary to compare his production of the early periods with that of the present. All the colours have been toned down until they have become a range of soft, sweet and agreeable tones. This softness can be seen even when Todó paints the world of factories, the industrial world, airports... under his brush the world seems more friendly and intimate. But the greatest interest of Todó, as Fina Duran writes, is the day to day world of the little and at first sight insignificant things: "We will not find great themes in the work of this artist, if we understand for this concept those grandiloquent elements that over history have frequently inspired the work of different artists, but instead old acquaintances, like the tablecloths set on the table, the chair, the wicker armchair, the carefully arranged bottles or that old inkwell that has accompanied us for so many hours, and on seeing them there, in the painting, drawn, isolated, we can appreciate them with all their magnitude and beauty...". In a way, Todó has recovered the small memory of things.

We celebrate the incorporation of Francesc Todó —thanks to Raquel Medina— in this gallery of artists that makes up the Tamarit collection, in the trust that the reader and those interested in art will find the catalogue of his best works there, along with a biographical extract and a critique worthy of his creative quality.

JOAN AREGIO NAVARRO
President of the Tarragona Regional Council

FRANCESC TODÓ
THE TRANSFIGURED REALITY,
by Raquel Medina

1. Francesc Todó, a Personality and a Course of Development

To reach an understanding of the work of an artist like Francesc Todó, for whom without a doubt art is the result of a reflection on existence, it is not necessary to know to begin with that the beginnings of his vital course of development were hard from too early on. A motherless child from the age of six, from his adolescence he had to confront his father, who did not want him to be a painter; he had to face the death of a brother and not very long afterwards, when it seemed that he had been released from his father's incomprehension, he had become independent and was living with his young wife Joana, he became a widower with a new born child.

Perhaps thanks to the severe teachings of life's hard knocks, and the difficult circumstances that he suffered, Todó achieved the serenity that is generally associated with the maturity of years, and he did not have to wait for old age to attain the capacity (that some never reach) of seeing things from the outside and of being capable of taking their measure, of knowing how to distinguish what is important from what is not, and therefore, does not merit being a reason for yearning. In his own words: "I have a placid character, I never get carried away", and indeed, nothing seems to seriously disturb his internal rhythm, his vital cadence, this capacity to escape from impatience, nerves, haste, associated to something equally positive; being capable of enjoying the little things, like reading poetry or plays, walking, listening to music, taking delight in seeing an exhibition... in short, living peacefully beside his second wife Isabel Garriga, who is also a painter, and staying close to his children.

Since the age of sixteen, when he decided he wanted to be a painter in spite of all the obstacles, he has demonstrated that he has his own ideas and knows how to act accordingly, with total coherence and honesty. He has maintained a firm attitude in the rejection of grandiloquent rhetoric, which at the same time implies a certain scepticism towards some manifestations of contemporaneity, and little by little he has forged a professional reputation guaranteed by sixty years of lucid work situated halfway between tradition and modernity (as Giralt Miracle says: "Todó has managed to establish a synthesis between the rules of *noucentiste* sensitivity and the modern currents of the last decades"),[1] with a touch of classicism and all the weight that is implied by genuinely taking on this concept.

It is quite true that in certain artists, poets, painters, there is no apparent connection between their personality and their creative production and at times they even seem to be contradictory; in his case, however, a perfect syntony occurs, a total consonance between the man and the work; the same placidity of his blue and transparent gaze, of his jovial and calm conversation, the same slightly ironic smile, and a fine sense of humour is what we find in his works. In this sense, I should point out that he has never refrained from imprinting a playful tone on his work, because he has also always considered painting as a game. In spite of the fact that for him, painting is, without a doubt, a profession (and he fought hard for it to be so), this does not prevent it from being at the same time a hobby (in the sense of pastime and small pleasure that accompanies and brings joy to existence); this clean and ingenuous gaze over things, with a spark of illusion, of mischievous innocence, is something consubstantial to his personality and to his work.

It has become quite clear that for Todó "to be a painter is a way of life", as he has stated, but a way of life that is not comparable with that of many other colleagues in the trade. His modesty and his restrained and simple character, disinclined towards public relations, have maintained him on the margin of social servitudes, and this has contributed to his not being a very well known painter. Concerned with creating an art close to people, on the other hand, he has always avoided working only for well-off circles (this is why he was one of the founders of *Estampa Popular* in Catalonia). He has cultivated engraving and lithography to a large extent with the same intention of being within reach of anybody, and his discourse is understandable by everyone on different levels of depth and open to a broad range of tastes and sensibilities, without this implying any concession to banality.

At this point I should say that restraint in a painter who has acquired so much facility over years of experience of highly systematic work is a question of constant self-discipline, and a challenge to avoid falling into what is craftsmanlike and exquisite. At times he slides dangerously towards the precipice of gratuitous aestheticism, above all in the case of the fruit, the grapes that look like artificial pearls. It is generally when doing fruit or flowers (only occasionally) that he comes closest to the risk of decorativism (almost always, however, he manages to move away from it, escape from it through the use of a false perspective or some other expedient that breaks the excessive blandness), perhaps because he falls into the sensual temptation of these elements, or rather because he has always been more himself and knows how to take a full advantage of his creativity when he represents manmade objects, which are the things that have always fundamentally captured his interest.

Until he managed to find his definitive and defining language, Todó's work went through various stages, following an exciting development.

Strangely, in his beginnings we do not find the trial and error, or the natural mistakes typical of a lack of maturity. The first works are landscapes of his surroundings carried out with highly agile brushwork (*Plaça Joanic*, 1945) that grow in density and richness of colour (*Landscape with Boats*, 1949), and also figures like the splendid *Maternity* (1949), that manifests a facture of extreme liberty, of broad and highly vivacious brushstrokes with an extraordinary control of pictorial resources and expressive methods.

The young Todó, dissatisfied with the first successes brought to him by his natural and extraordinary skill, would soon demonstrate new concerns. A structural necessity became clear in his work. The compositions were simplified, both as far as colour and form were concerned, at the same time as they gained space and balance (*The Journalists' Neighbourhood, Carrer Valseca*) and developed towards an increasingly clear geometricisation in detriment to the sensation of reality (*Serrallo, Tossa*); the link with reality is progressively lost towards the ingenuism that appears at the beginning of the fifties, when he introduced urban themes into the landscape, in the manner of the naïf postcard (*La Garriga, Hotel Doré, Nôtre Dame*). During these years, grants and travel aid awarded by various institutions (the Ministry of Education, Cercle Maillol) allowed him to travel to many countries and come into contact with international art. Compositions like *Ship at Night* (1954) achieve a peculiar balance between the geometricisation of the forms and profiles and a kind of lyrical ingenuism with Chagallian echoes.

From 1957 onwards, he drifted from the urban subject matter towards the machine and tools, opening the period that would bring him most fame. It was also a moment of technical experimentation, in which he worked some paintings with tempera, seeking a method that would not take so long to dry as oil, a method that not much later he would change for acrylics. A simple bicycle, set in one of those ingenuist compositions, induced him to elevate any mechanical artefact into the principal element of the painting, and developed towards a progressive complexity in the treatment of machines of all kinds based on the graphism that formed an intricate lineal network. He created labyrinthine works full of mechanisms, cranes, high-tension towers, factory and industrial complexes, communication and transmission centres (*Radar Station*, 1959) means of locomotion or transport. He was not the only artist to reflect the enormous social and popular repercussions of the technological and scientific advances in his work (satellites like the famous Sputnik, atomic submarines like the Nautilus, the first nuclear power stations, telecommunications...) that proliferated in the nineteen fifties.

He was fascinated by man's capacity for invention, everything he was capable of imagining and building; the progress and the transformation of human existence that were implied by the new technologies, the changes that they brought to everyday life, the way of dynamising it, of changing its rhythm... From this fascination, he developed a system of subjective, illusory, totally fictitious representation, of the world of technology, mechanics, in the same way as later he would develop a fiction of objects and landscapes.

As he gradually exhausted the subject matter, he lost that concretion that made every (imaginary) detail of the machine clear, the device was integrated into an environment that approached nature; as a consequence, he abandoned the absolute predominance of graphism and the painting was tackled like a set of planes and zones of colour. This was a new period with very interesting and original results. *Llavaneres Station* (1957) is a singular precedent in the absolute predominance of the structurisation according to a plannimetric geometricisation; *Astronaut and Bus*, works from the group presented in 1966 in the Sala Gaspar, are like robots, machine men in which the line coexists with an environmental chromatism, translucid, as if it were a stained glass window, with the predominance of a very characteristic turquoise blue, especially in the underwater works (*Bathyscaph*, *Bus*, *Submerged Bus*), but applying to others like *Internal Combustion Engine* (1962): the colour, structured in zones as in a stained glass window, and the transparent areas gradually overcame the graphism and the machine ended up losing importance until it almost disappeared in favour of the reference to a more or less natural environment of landscapes and buildings. Railway stations were frequent, but also sports fields, with a strange aerial view set against houses and other elements with a frontal view, all highly geometrically structured. The atmosphere becomes highly colouristic (*Quarry at Olot*) with a capacity for synthesis that comes very close to abstraction, above all in *The Rocks of Cadaqués* and *Painting* (1965) or the monotype *Paths of Freedom*, in which the allusions to the landscape almost disappeared, diluted in a geometric synthesis with a renewed tendency towards bidemensionality, in an exhibition of capacity for innovation, fantasy and sensitivity.

In the mid-sixties, the series on machines came to a definitive end, coinciding with new currents of neo-figurativism that emerged from the crisis of informalism. Todó, once his plastic adventure, his great artistic challenge, had been accomplished and exhausted —according to his own opinion— undertook an exercise of introspection. And this was how, obliging himself to seek new subjects, he found them in his surroundings and in his own personal memory. He began a period of transition in which he recuperated plastically the atmosphere of his childhood, the objects and furniture from his parents' house: console tables, night tables, dressing tables with mirrors, perfumes and flowers, chests of drawers, armchairs, washbasins and washstands, sideboards, glass cabinets and all the trousseau: porcelain crockery, glasses, liqueur decanters, vases, tablecloths... objects that reflect a comfortable life, although decadent and anachronistic, fragments of environments of well-to-do houses, of the middle class who aspire socially to form a part of the bourgeoisie, a homage to childhood memories, not nostalgic but that are immersed in his slightly mocking fine irony, which he presented at the Sala Gaspar in 1968 shortly after having exhibited in the USA, with frames in harmony with the subject matter represented, quite the opposite of those submarines, satellites and astronauts of the exhibition of 1966. Nevertheless, no drastic rupture came about: in the 1966 exhibition some paintings appeared that were already simple groupings of heterogeneous objects distributed haphazardly around the canvas in a frontal view (bottles of Coca-Cola, cups, brushes, an old watch) that are the clear precedents of his definitive period. Moreover, the change only reached the thematic aspect; the same facture was almost maintained and the contrasting chromatism (yellow, oranges, turquoise blues against browns and blacks) and also the same capacity to structure and synthesise the composition, always eluding detail and the imitation of the natural despite being a subject so propitious to realistic treatment —in fact, we find hardly any formal differences between the curves of the furniture and those of the tubes and pipes—. In 1969 he was appointed Professor of the University of the Andes in Bogota, where he set up with his family. This was a positive experience that he remembers gratefully, which allowed him to exhibit in Columbia and Mexico and travel through Central American countries. In an interview he gave in Mexico in 1970, coinciding with the exhibition, he demonstrated very clear ideas: "I have always rejected the elements of nature, I prefer to use what man has created... it is an almost childlike enthusiasm for all the advances of technology, but keeping their intimistic and day to day aspects... with what is emotional and closer to man. [...] I stay out of all movements and I consider myself a figurative and traditional painter".[2]

Despite the fact that these are words that it would be a good idea to contrast with other statements in which he declares his innovative urge, they serve to illustrate his change of attitude. It is clear that progressively and intentionally his painting was becoming unhitched from the bandwagon of avant-gardism, his interests were travelling along a different route and he began what would be his definitive period, centred on the hegemony of objects, no longer of the past but of the present, while registering an evident chromatic change towards cold and soft tones dissolved in a white luminosity. He also discovered watercolours, which since 1973 have alternated with acrylic on canvas and engraving. There was a clear change of priorities: his interest went from concentrating on the subjects that he represented, to structural and constructive aspects of the painting. From these new approaches he would establish a new relationship with reality, discover new ways of approaching it and would develop a rare poetry of the object.

2. Process and Method: The Painting as a Mental Construction

A little as if he wanted to contradict and categorically refute the opinion of his father, who considered the profession of painter as being linked to a bohemian and anarchic lifestyle (the reason why he opposed his decision to the point of disinheriting him), Todó has always lead an extraordinarily ordered life, methodical, of regular habits. This personality is reflected in his pictorial activity, which always follows the same patterns, the same ceremonial.

His studio, situated on the same landing of the flat where he has lived for almost half a century, only separated by a few steps, is in fact a continuation of his homely intimacy and at the same time his bastion of creative intimacy, the four walls where he faces the white of the canvas and the paper, an environment that is always kept unchanged (and that is only substituted by Cadaqués during the summer months, year after year for over forty years); an essential environment that provides him with the necessary climate of tranquillity and security, where he finds himself in his element, surrounded by everything (photos, paintings, souvenirs...) that have always accompanied him, as well as his beloved tools of the trade.

He has established a "working timetable" that he respects to the maximum, like any worker, and that at his age is of seven hours a day. He does not believe in impulses or inspirations. Nevertheless, the contemplation of nature and the surroundings, and the reading of plays and poetry by a broad range of authors (Espriu, Riba, Foix, Blas de Otero, Miguel Hernández...) inspire him in his work. With his natural modesty, he affirms that he is not especially skilful and recognises that although he does not suffer while painting, neither has he any great facility for it. To this effect, he likes to paint accompanied by chamber music, jazz... not only because he enjoys it, or to feel accompanied, but also because it helps him to concentrate on what he is doing, to free up his mind, to "unblock it". It stimulates him and in the end contributes to providing him with the necessary creative fluidity. An essential condition for working is daylight, (a demand that means that for a large part of the year he can only work in the morning), but as the sunlight that floods in through the windows of his studio in Barcelona is too intense, he needs to soften it, and this is why he places sheets of tracing paper over the window panes.

Once he is situated before the blank canvas (he used to paint standing, but in recent years he has done so sitting), he begins a strange and uncommon process. Paradoxically, as he is such a methodical person who leaves nothing to chance, he does not make any initial sketch on paper. He builds the composition —frequently highly complex— mentally, through a geometric structuring of the surface of the painting —basically plannimetric— and attacks the support directly, whether it is canvas or paper, without having any model before him; that is to say, far from preparing (as all still life painters do) some objects in a certain position, like a model to "copy", he limits himself to making a sketch to balance the future painting by mentally grouping objects that are dispersed around the room and that he at no time moves from their place. It is a contemplative process, of the understanding of the intimate surroundings, which consists simply in passing his gaze around the room while lingering on the so familiar objects, creating a dialogue with them and choosing this one or that, considering various possibilities for establishing a relationship between objects that will only exist in the painting, a virtual syntax that goes directly from the imagination to the support.

Once satisfied with the distribution, the meticulous, slow and deliberate execution begins. With the brushes in his hand, if everything is going well, he forgets everything, even himself, his thoughts float adrift and he enters in a kind of state of trance while his hand seems to take on a full autonomy.

He takes between eight to ten days in the creation of the work, which corresponds more or less to the production of two or three paintings every month. The watercolours, although they seem to be more spontaneous, also require various sessions.

This kind of ritual is unchangeable and does not allow him to do more than one work at a time, without exception. Until he has finished and signed a piece he does not begin another. He signs the work immediately after deciding that the painting is finished and therefore not to touch it any more. It is a definitive farewell to the creation process, and constitutes a kind of certificate that the piece is definitively finished. This means that each work requires its own and exclusive parcel of time, without ever being mixed with the others. Time, in fact, is a fundamental factor in this slow process of creation; it is a time shared between the artist and the work that is trapped in the painting, the time past of the objects represented and the time present of the action of the artist, simultaneously conjugated.

This whole execution process of the work and the mental construction of the painting (that corresponds to what the Renaissance artists understood for disegno) demonstrates that Todó is a rational, reflective artist. In this sense we can consider him the heir to the artists of the Renaissance, defenders of the rationality of art and intellectual activity as the basis of all aesthetic experimentation, a rationalist and empirical thinking, but frequently also with a certain aspect of metaphysical speculation, and obviously idealistic. Alberti was the first to take up the theory of the proportions of the ancient world again, together with the Pythagorean and Platonic legacy, to revindicate an intellectual painting, a position shared with Leonardo, who reiterated in his writings the obligation of knowing geometry to read them: "Nobody who is not a mathematician has to read the principles of my work", he warns, while paraphrasing a maxim of the academy of Athens. Likewise, as recent studies have demonstrated, geometry was basically understood as a liberal or theoretic art (which in the scholastic tradition formed a part, together with music, arithmetic and astronomy, of the quadrivium) and was maintained on a philosophical plane which had more of an influence on the theory of art than artistic praxis. It was more a mental state, a desire for balance and perfection, than a technical instrument, and it is precisely in this sense that we find it in the work of Todó, transcending merely formal or technical aspects.

Todó's approximation to the renaissance spirit, which is clear in many works (see *Homage to the Renaissance*), does not so much make reference to the period of the apotheosis of the great figures like Michelangelo, Raphael or Leonardo as it does to the early Renaissance ("I have always preferred Donatello to Michelangelo", he states). This is the Renaissance of the first periods, that moment of research, of still dubitative discovery, ingenuous, full of imperfections, but pure, clean of the later mannerisms and Baroquism, that primitivism of the end of the Trecento and of the early Quattrocento: Giotto, Piero della Francesca, Masaccio, Mantegna... painters with that manner of candour in the analytic study of the laws of nature and its representation: perspective, proportions, anatomy... with the enthusiasm of discovering a new humanistic conception of the world and of art and with plastic results that reveal the archaic rigidity typical of experimentation, but at the same time having a rotund and strange solemnity.

The other point of contact between Todó and geometry, as it has been said so many times before, starts from Cezanne and cubism. Todó also constantly renders homage to cubism in his works (*Cubist Painting on the Easel*, 1988). The plannimetric structuring of surfaces and objects, the non-existence or breakdown of the concepts of volume, depth or perspective, are taken directly from the movement whose leaders were Braque, Picasso and Juan Gris, especially the latter, but always freely and frequently with a jocular touch.

Cubism, fascinated by Cezannian geometry, was one of the principal movements of the 20th century that was interested in geometry. It attained an extraordinary impulse and an unusual importance and became the aesthetic bastion of an industrial and social revolution that took on multiple derivations (purism, futurism...), some extremely radical in the geometric aspect, such as suprematism, constructivism and neo-plasticism; it is even in the origin of architectonic rationalism through Le Corbusier.

Indeed, the more scientific and at the same time pragmatic approach to geometry comes about in artists like Kandinsky, Klee and Le Corbusier, who were members of the mythical Bauhaus, which preconised transversal cooperation between the different artistic disciplines and industry. Le Corbusier considered the primary forms of geometry as the essence of the plastic arts, architecture and design; in fact, they became the symbol of rationality and an analytical attitude for an important generation of artists of enormous influence that surpassed the limits of the plastic arts (it includes poetry, music, theatrical arts...) and reached engineering and urban design. In that revolution truncated by Nazism, and perhaps still pending completion, a certain climate of rejection could be felt of everything that was not functional and of banal stylistic subjectivity for the benefit of an idealistic art with a deeply social vocation.

These antecedents explain the circumstances (chronologically later but with clear parallelisms with those mentioned) that configure the context in which the significant collaboration of the artist with architecture and other artistic disciplines came about; this collaboration was begun with the commission by Oriol Bohigas for the Mútua Metal·lúrgica in 1959 and continued the following year with four more commissions for important industries. In parallel, an exceptional link came about between the contemporary poets and the painting of Todó, in accordance with the friendship and collaboration that existed between poets and painters in those years. The poets showed themselves to be sensitive to the painting of the time, and many of them, like Cirlot, Perucho and Santos Torroella, were also highly notable critics. All the same, the fact that fourteen of the best recognised Catalan and Spanish poets of the 20th century should dedicate a book of poems to him, in which each author contemplates, interprets and praises various aspects of the artist's painting from their own sensitivity, *Homenatge a Todó* (Homage to Todó) is quite unique. Music was added to this tie of brotherhood among the arts related to the work of Todó. Composers like Xavier Valls, who dedicated the piece *Els artefactes de Todó* (The Artefacts of Todó) to him, premiered in the Palau de la Música in 1962, were equally inspired in his plastic contribution. Todó, in turn, was very active in this interdisciplinary exchange, illustrating books of poetry by important contemporary authors, publishing collections of lithographs that accompanied books of poems, acting as a professor of design at the Elisava school, creating theatrical designs, etc., as well as the murals mentioned.

The confluence of a series of circumstances had determined this effervescence around Todó and his work. From the beginning of the sixties, all the painters of abstract informalism already had a mature and defined body of work, no longer being involved in the process of fracture and research but of perfecting their language. Todó advanced with his machines into a period of a crisis of informalism. Indeed, a significant number of artists from this movement understood that it was no longer a language of protest, as it had been assimilated by the powers that be, even by a part of the market, and chose to free themselves of it and evolve towards other tendencies. On the other hand, from the fifties onwards, a technological revolution was taking place that had repercussions in day to day thinking and life. So the opinion spread that informalism was a subjective art, capricious and irrational. Influenced in part by Marxist ideology, the artists demanded a politically committed art at a time of open social struggle by the working class. In the midst of this crisis, the figure of Todó emerged with a body of work that was in a way linked to the world of labour, to industry, and who maintained the attitude of considering himself a simple worker of painting, a long time before movements like *Estampa Popular* were to coalesce (of which he was a founding member in the Catalan area in 1965). On the other hand, the repercussions of the new Dada, Nouveau Realisme and American pop art in Spain gave way to new radical figurativisms with a strong emotional charge: this was the time when the famous *Equipo Realidad* and *Equipo Crónica* appeared. The ethical and aesthetic discussions around these issues even provoked the "defenestration" of some artists by some critics who, from rather dogmatic positions, both in favour of informalism and of committed realism, did not accept the fact that the freedom of the artist and of his response before this environment was as important as the socio-political moment.

Altogether it was a hiatus, a transcendent and significant parenthesis in the whole of the work of Todó, but that, nevertheless, did not hinder or determine his later development, which continued to be governed by the same principles of rationality, geometric structuring, irony and freedom.

3. The Codes of a Language

Aside from all the aspects of concept and content in the work of Todó, his language is sustained on formal codes, on a series of tricks of the trade that he has developed and that make up a personal stamp, which identifies his way of doing things and makes his work unmistakable.

In the first place I should highlight the enormous variety of compositional solutions that we can appreciate in the whole of his body of work, not at all repetitive, which demonstrates that within fidelity to certain stylistic coordinates, he is permanently open to change. He frequently likes to surprise himself with some innovation, needs the stimulus of constantly enriching his syntax with thematic aspects, like that light bulb presented in a vase amidst leaves as if it were a flower, issues of facture too, but above all in the structural aspect. "For many years now Francesc Todó has been exerting himself to find new structural rhythms", states Francesc Miralles.[3]

Indeed, the general approach of the piece is very open and diverse: from the most simple approach that we have mentioned, of the alignment of the objects in the foreground to the more complex organisations, including a strict symmetry, without dissimulation, that prevails in a large number of his works. The format, which is not usually very large, tends to be square. There is always an internal structure derived from force lines that define the patterns of the painting, which correspond to predominantly mental schemas, generally with a mathematical sense of composition, with cubist roots. At times a millimetrically controlled "chaos" reigns, an only apparent disorder, as when he fills the whole surface with tools. Very frequently, to the contrary, he establishes empty zones that allow the composition to float or breathe. In the case of the tables, he accentuates this effect a great deal, so that the things arranged on them touch the upper limit of the stretcher while the lower half is practically empty (*Folding table*, 1995; *Table Leg*, 2003).

The compositions in homage to cubism are frequent (*Glass and Pastis*, 1994-1995) with such typical elements of the compositions of Braque, Gris or Picasso as the bottle of pastis or the playing card, and technically resolved by respecting the directives of that style almost to the letter, in which the objects appear coupled or juxtaposed and stand up miraculously, without falling, on vertical surfaces suspended in the most absolute unreality. Without having to maintain the same rigour, the cubist codes are also maintained very present in the case of the architectures, in which he chooses one or more impossible and completely fictitious points of view, like those sports fields of the sixties.

Especially interesting are some of those compositions in which the artist lays all the expressive accent on the verticality of the architectonic elements (*Factory and Two Chimneys*, 2001) This vertical impulse, which is artificially accentuated by adding or highlighting thin vertical elements like cypresses and poles (*Lighthouse from 1922*) and extending walls, chimneys doors and windows unbelievably, as if they were compressed by the sides of the composition, attain a strange and splendid monumentality in some quite large pieces (without having to give up the prevalent square of the stretcher *The Door of the World*, 1980; *Town Street*, 2000) that in this "mannerist" sense of the artificial stretching of the volumes to the benefit of the majestic nature of the scene evokes El Greco to some degree.

Another formula that should be highlighted is what appears in some landscapes with a completely square format like *The Big Pond* or *The Valley of Walls*, in which the houses appear surrounding an empty space that occupies the centre of the composition, where a magical and evanescent play of reflections is developed (half real in the case of the pond and absolutely imaginary in the other), aspects that lead us now to speak of space and light.

Despite the fact that cubism was precisely the movement that broke the Renaissance model of space by breaking perspective and depth and multiplying points of view, not only of the general composition but of each object too, Todó does not consider them incompatible, and combines both models in his paintings. This hybridisation or convergence of opposing systems is possible because the conception of space in Todó is at the service of painting understood as an intentionally ambiguous and contradictory play of visual sensations. Starting from his attraction for the geometricisation of Cezanne and the synthetic cubism of Braque, Gris and Picasso, his spatial approach is essentially plannimetric. In the first place, he shows hardly any interest in volumes; the scarce sensation of tridimensionality is exclusively visual and induced by a combination of lights and shadows that has nothing to do with traditional modelling; there is hardly ever the intention of creating bodies that fill the space or of provoking an effect of something tangible, and this is why everything seems ingravid, dematerialised, and for the same reason the composition maintains its lightness, even though it is "full" of objects.

Nevertheless, he has shown an interest in perspective, always, it must be understood, within this visual approach. Very probably, we can set this interest within his intellectual attraction towards the painting of the Quattrocento. Todó seems to pay homage to those experiments of geometric perspective in works like *Homage to the Renaissance*, whose title is quite clear, playing with the multiple vanishing points. However perhaps the most significant works in this aspect are the paintings of windows or balconies looking out onto a landscape. A paradigmatic case of this is the painting entitled *As in a Monastery*, in which the multiplicity of depths of plane almost seems to be an academic lesson: a foreground with the plant; the table behind it almost acts as an parapet to the open window, which lets us see the supposed monastery surrounded by vegetation; finally, the background of hills and plains stretching out to the sea, horizon and sky. Everything, the table, window, the building, drawn with a perspective with respect to a vanishing point that, although it cannot be precisely situated, gives the academic sensation that I referred to.

Despite avoiding contrasts (remember that he places tracing paper over the window panes to filter the light), lights and shadows can generally be appreciated in his works. Proof of this is the fact that one can usually distinguish the direction of the light in them, and he has even indicated to us that this is a detail that allows him to know where he painted the picture: if the light comes from the right it was done in the studio in Barcelona, if it comes from the left it was done in Cadaqués. Another aspect related to space that should be born in mind —in spite of the fact that it depends more directly on other factors, like the brushstroke, and more specifically the light— is the peculiar atmospheric ambience, both inside and outside. From the nineties onwards a special vibration can be seen that is consubstantial to the type of light, tenuous, brief and atomised brushstroke, as if it were pointillist, that seems to evoke that corpuscular theory of light preconised by Newton, which influenced the luminous conception of masters like Vermeer (with his typical blobs of light in the foregrounds) and Velázquez in the pre-impressionist experiments of the little landscapes of the Villa Medicis.[4] As for the interiors, an especially interesting work is *Glass of Wine* (1998), a special example of light at the service of fantasy to create a small fragment of reality and give it a touch of magic. This is a simple composition of heterogeneous objects placed in a disorganised way on a table, that this time is touching a wall. The objects project their shadows onto this wall, situated just behind them, which are superimposed onto reflections of capricious geometric forms, perhaps from a mirror or a window. A subtle darkening behind the table separates it from the background and gently highlights the group of things, but what is interesting is that the objects give up their supremacy to other physical but immaterial elements, like the shadows and the reflections, which, together with the brilliance of the glass, form a prodigious whole that not only animates the composition — developed on a single plane and tinged with soft and warm cream tones —, but that, despite their evanescent and ephemeral presence, effectively take on the principal role and form a singular setting.

Luminosities, transparencies and reflections that, together with the strategically situated points of light that can appear in any object (not only those of glass or porcelain), without the need for any justification based on reality, are added to another totally personal and quite definitive pictorial resource. This is a white outline that follows the forms while highlighting the internal or perimetral structure, these magical silhouettes are an expedient that contributes fundamentally to an intended separation from reality.

Finally, as far as colour is concerned, the warmth of the subjects dealt with contrasts with a predominantly cold colour range. The blues dominate widely in his work as a whole and these, together with the white light, cause a sensation of coolness that is the antithesis to the yellowed patina of time that other realists seek, preparing their canvases with a warm ground in order to give a romantic breath to their works. Todó does not employ this artifice, he prefers that morning light, fresh as dew, clean and transparent, and he knows how to temper the excess of coldness derived from the blues and whites through the perfectly measured counterpoint of ochres, beiges, creams and vanillas.

In the exteriors, the tectonic loses definition in favour of the environmental effect of dissolved light, homogeneously spread out with hardly any contrasts, as if filtered by a skein of wispy clouds. The colour is also affected and loses intensity on dissolving within this bath of diffuse light, which is also responsible for the loss of volume and weight.

The strange whiteness of this light seems to express the same desire for purity consubstantial to the white of which the neo-plasticists made a standard, which they considered the spiritual colour par excellence, and also the rationalists, led by Le Corbusier, who made it a symbol of certainty, clarity of concepts, balance and austerity faced with the irrational, subjective, vulgar or superficial primitivism of the bright colours. But the symbolism of light goes much further back: the light associated with knowledge and reason of the enlightened before the obscurantism of ignorance, and also light as a metaphor for truth and goodness in the gospel.

4. The Subjects: From the Object to the Landscape

The interiors, and especially the everyday objects, constitute, together with the landscapes, the preferred subject matter of Todó. The specific object has no importance in itself, it is a circumstantial, casual choice, and it can always be substituted by another. Its choice does not depend on aesthetics either. Nevertheless, not all objects are valid: he is not interested, for example, in utensils from an antiquarian, irrespectively of their appearance or utility; he prefers objects taken from a known environment, with a long life, a condition that gives them, according to the artist, a kind of human impregnation, an authentic charge of intimacy. They are, therefore, objects that are justified in relation to the subject (the artist, in this case), through a relationship of coexistence and service, as they are tools, instruments that help the subject to express himself and carry out his work. In this way, their presence in the painting attains the category of symbol or icon, as they are imprints of a way of living, witnesses to the human presence. Man is absent from the perimeter of the painting, but present in the objects of personal use through the living environment that they evoke.

Indeed, the objects that Todó paints are all kinds of utensils, things of everyday use, ornaments and memories of a life that belong to the intimate surroundings of the artist and that in a way reveal a biographical fragment. They are, in a way, like self portraits, which even evoke a way of understanding life, through anecdotal and at times ironic details, causing them to seem to wink at the spectator, and reach the point of reflecting a current of sympathy, of connection with the title, that clearly expresses his simple, affable and communicative character.

The placing of the objects, at times perfectly aligned on a table, in their archaic frontality, the pulchritude of the execution, the serenity that they emanate, remind us of the asceticism of the still lives of Zurbarán or Sánchez Cotán. The strict symmetry of some works — the ironed folds of the tablecloths, table runners or covers that occupy more than half the painting, one of the favourite subjects of the beginning of the nineties — accentuates this liturgical sensation that transcends the merely physical. For this reason, despite being simple metaphors for daily life, humble objects, without hierarchies or pretensions, without pompous allegorical overtones, without reaching any metaphysical intention, we find a certain point of poetic sublimation in many works that abstracts them from reality and gives a "supernatural" aura to the most insignificant things.

It is like a eulogy of simple life reflected in fungible things — cups, spoons, drinks, paper, serviettes...—, almost sharing the same spirit of those still lives of protestant Holland that, while recovering the stoic tradition, exalted the ethic of the home and work, and invested daily life, the privacy of the family surroundings, with a spiritual value.

The objects do not always occupy the foreground. At times the focus moves back and the radius expands, the objects appear on a piece of furniture, generally a table, or in front of a window, so that a fragment of an interior can be seen, even with a table and chairs. The next step was to link up with an external landscape. The thematic inclination of Todó has always been towards the surroundings of man, from a close framing, restricted, to the broader view of the landscape, but it is always a human landscape, specific, transformed, subjected by the hand of man to his service, a preference that was already quite clear in the naïf period: houses, gardens and fountains, trees, birds, personages... a doll's house world with all the details.

In the same way, the landscape is an invention, a virtual syntax, of fragments that exist or that the painter invents directly. In fact, this is where the most abstract Todó appears in two aspects: on the one hand, the loss of contact with visual points of reference that is clear in works that move into lyrical abstraction (*The Rocks of Cadaqués*, 1964; *Paths of Freedom*, 1965) and/or geometrical abstraction (*Llavaneres Station, Quarry at Olot, The White Wall*). In all these, the landscape is only an excuse where the real point of reference, when it appears — as in the last two works I have mentioned —, is of an ingenuist symbolism.

The other aspect of this abstraction of the landscape is what corresponds to the architectural compositions, which seem to be folding paper models that would fall down with just a puff of wind. Houses completely alien to reality, impossible, are a play of planes and angles: façades, chimneys, windows, doors, roofs that do not reach the walls, leaving the flagstones uncovered, straight or sloping walls that are prolonged capriciously... everything, always, treated with an extreme purity and cleanness emphasised by the white of the lime and by the geometricising stylisation (*Whitewashed Walls of Cadaqués*, 1988; *Mediterranean Houses*, 2001).

If we consider the thematic development of the artist as a whole, this concern for the environment of man as a constant is confirmed, which, nevertheless, undergoes a substantial change in his maturity with respect to the youthful period of the avant-garde, in which there was a concern to reflect modernity, to be a witness to the time he is living, of progress, of the vertiginous rhythm of change. Activity and dynamism are reflected in the works of this period, in which the artist takes on a position that varies between the role of active and committed protagonist, influenced by his poet friends Jaime Gil de Biedma, José Agustín Goytisolo and Blas de Otero, and that of the ingenuous witness, astonished and dazzled who allows himself to observe it all from the point of view of a little boy who plays with trains and Meccano without concerning himself with their working or their specific utility; in this period a certain irony and a distancing can be perceived, when he stopped believing in progress and technology as a tool for social improvement. This kind of disillusionment, of an awakening from the dream or the mirage, led him to turn his back on all the subject matter that had previously fascinated him. As a consequence, a series of changes came about: in the first place, the working, dynamic, social and collective environment of the factory was replaced by the intimate and placid environment of the home; at the same time, the frenetic rhythm imposed by the machine on human existence was substituted by the vital and serene cadence of daily time, and the noisy dynamism of the machines by stillness and silence. In short, everything that implied modernity became intemporality.

Despite these dichotomies, such significant modifications, there are things that were maintained, and to this effect we should remember that Todó never forgets the playful factor. But for this reason, once his passion for contraptions had been overcome, the favourite "game" is no longer like Meccano, now perhaps it would seem to be more like a doll's house, a building toy, or a puzzle, a paper or folding model, but always, aside from other more rigorous aspects of his work, this playful spirit persists.

The tools of the trade deserve special attention as the subject matter of his paintings. The easel, the canvases, the frame he is painting, appear reflecting his own work. In the same way that years before he represented the carpenter's, bricklayer's, the gardener's tools, definitively, the work of others, with an effusive and affectionate ingenuity, but from the outside, more from a point of view of regard, now, on the other hand, he reflects his own working and intimate world and he does so as a homage to paint and the painter (*Cubist Painting on the Easel, Drawing and Painting from Nature, To Painting*), with this representation of the painting within the painting of such a long tradition in the history of art.

He is even more intimist in the watercolours, especially with the writing objects: pencils, Chinese brushes, frequently represented in full frontality and placed vertically in a ritual order, like tin soldiers, like a visual poem or notes on a staff. These objects — ink wells, pens, envelopes, letters, stamps, cards — that also appear frequently in the most heterogeneous and apparently casual groupings, mixed with all kinds of tools, are at the same time witnesses to a way of life anchored in the past, defeated by a progress that the author, with the impetus of youth, had previously exalted and that now is alien to him; and for this reason he now revindicates them, he extols them, with the aura of their anachronism, of their obsolescence. Perhaps this is why we perceive a lyrical and amorous nostalgia wrapped up in the sense of humour and complicity with the spectator that he likes to provoke so much in these watercolours. The titles included in the lower part of the work are directed to the potential spectator, forming an inseparable part of it. Written in pencil with a delicate calligraphy, they express and explain with an amiable confidence, like an amusing dedication, the content, the intention, the anecdote of life that has moved him to do that painting.

5. Reality, Contemplation and Transfiguration

The criterion of realistic representation started from Greek philosophy, which understood the plastic representation as a mimesis or imitation, a copy of what is real; nevertheless, as Plato admitted the existence of an ideal model that surpasses reality itself, the role of the artist was able to go further than that of being a merely more or less virtuoso passive imitator. This concept was recovered by the neo-platonics in the Renaissance, when they stated that, more importantly than seeking to reproduce reality objectively according to the regulations expressed in mathematical values (divine proportion, etc.), the recreation of the object in the sensitive consciousness of the artist should be taken into consideration, in accordance with a inner *disegno*. Therefore, before he could do it on the canvas, the artist had to learn to reproduce the object in his imagination, a theory that adjusted to the idea of the painting as a mental construction from an external reality, as Todó understands it, without losing sight of the sentimental and living connotations that take part in it.

At first sight, the painting of Francesc Todó causes a sensation of reality, but this is only apparent, as there is hardly any connection with tangible reality. From the early periods of his painting (*El Serrallo*, 1949), he was already contrasting the background perspective with an abstract and plannimetric foreground. He did not achieve or seek at any time to deceive or make one believe what was not, but rather to play with the ambiguity of contradictory visual sensations. Reality is, for him, an initial point of reference, a starting point, but never a model that could limit or determine his creation. Rather, it would be a schema to be manipulated, a flexible pattern susceptible to being subjectivised at the will of the artist.

His art springs from a conversation with reality, from a dialectic between the visual experience and the intellectual and cognitive experience with the fundamental contribution of imagination, that Einstein himself considered as being above knowledge, according to one of his celebrated disquisitions. Through the process of work in which he mentally captures a series of objects in order to rearrange them and alter them at will, what he does is to abstract the real things in order to lead them to an unreal dimension.

In the words of Arnau Puig, "Creation is an organising action according to an individual perceptive system [...] on the basis of a social and personal situation or context. It is not a case of reproducing a world that has been made and finished for ever, but of creating a world while we are living it".[5]

This is the case of Todó, who has created a world while he was experiencing it; this is why there is an affective consonance between him and the environment (objects, landscapes) that accompany him in their existence, a proximity that (as we have seen when discussing the subject matter) could be qualified as sentimental and biographical.

Todó's painting, since his subject matter drifted towards his everyday environment in the seventies, has been nourished from the exploration of his most intimate world, from the existential contemplation of reality. As Corredor-Matheos said: "Everything is the result, in Todó, of a contemplative vision. What he sees, he sees internally. [...] we could speak of metaphysical painting. The physical is not denied or eluded: it is transcended".[6]

As if perception were only a deceptive reference that prevented us from perceiving anything else beyond superficiality, for Todó it is not sufficient to see or look, or even to observe, but what is essential is contemplation. The contemplative attitude, in his case, implies a process of analysis and reflection, of perception of that close reality in order to internalise it, and from there, reinterpret it.

For all these reasons, what seems to be real in his work is absolutely not real. The whole transformation process to which he submits reality through the means of the breakdown of the physical laws of perspective, volume, space, etc., mentioned above, the treatment of the outlines, colour, the play of transparencies, atmospheric solutions... are not mere aesthetic expedients, but form a part of a system of idealisation, of sublimation, through which he manages to filter reality to extract the banal impurities from it.

The reinterpretation that Todó proposes makes an allusion to the poetic essence of things, beyond and independently of their tangible and visual reality; it is an evocation, and we could almost also say a kind of invocation, of incantation or spell, in the sense that he reaches the point of extracting, grasping, the little mystery of things, their spirit over and above their appearance.

This manner of subtle mist that seems to cover the paintings is like a veil that separates reality from illusion. Todó establishes a kind of sieve of the prosaic and trivial reality, in such a way that the result is never an imitation, but something entirely different, a mirage, an illusion of reality, fragile and evanescent like dreams.

In this dream world the human being is an absent presence, a spirit that impregnates all things. And it is precisely the spirit of Francesc Todó that impregnates his work and configures another fascinating and magical reality, a transfigured reality where calm and silence reign, which are the symbols of his interior balance and a mirror of his sensitivity.

Notes

1. Catalogue of the travelling exhibition *Francesc Todó*, organised by the Department of Culture of the Generalitat de Catalunya in 1984.

2. Todó archive, press cutting without reference to publication or date.

3. "Lirismo y paradojas de Francesc Todó" (Lyricism and Paradoxes of Francesc Todó), *La Vanguardia*, 16.05.97, p. 52.

4. To expand these aspects, consult the book by R. Medina *La luz en la pintura, un factor plástico (Light in Painting. A Plastic Factor)*, PPU Barcelona, 1988.

5. A. Puig, *Escrits d'estètica (Writings on Aesthetics)*, Laertes, Barcelona, p. 70

6. J. Corredor, "Todó, física y metafísica de la pintura" (Todó, Physics and Metaphysics of Painting), *Dossier Guadalimar*, 1980, p. 29.

TODÓ 1956-1964: IRONY AND POETRY OF THE LITTLE UTOPIA OF MACHINES, by Àlex Mitrani

The Renaissance idea of *disegno* was essential to revolutionise the consideration of the plastic arts. For Renaissance men drawing was science and thought. The pictorial representation sought to be a manner of knowledge of reality that combined empiricism, sensorial experience, with an abstract, geometric and artificial system, of the construction of images. This attitude implied a new self-awareness of pictorial practice. In the work of the paradigmatic master of the Renaissance, Leonardo da Vinci, the new statute of art can clearly be appreciated: with independence from the old links with what was transcendent, typical of a religious art, Leonardo bound and dignified sensitive and intuitive knowledge — light, the life in a smile — with practical and scientific knowledge — drawing applied to engineering, to invention —. With time, the ancient meaning of *disegno* has been disassociated from its original sense, and we speak of design when we refer to creation in the industrial or decorative field, while we reserve the concept of drawing for the fine arts. This distinction explains a certain evolution of art, but it must not deceive us about the profound nature of drawing.

Drawing is, indeed, thinking that is carried out in its very practice. It is one of the most appropriate methods for the description of things, but it is, at the same time, distant and artificial. The very action of drawing draws thought, at times to the point of making us lose sight of what we want to make visible. There is a pleasure derived from the simple capricious, rhythmic or logical lineal game, justified by a specific objective. The works of the so-called machinist period of Francesc Todó develop these qualities. In the manner of Duchamp, and above all Picabia, Todó's machines are presented as diagrams in which there is only an apparent logic. His machines are ironical, as the apparent precision does not lead to efficiency or movement, and their technological, sophisticated, character frequently contrasts with a clear archaism. In some cases, we would have to speak more about amusing, humorous, contraptions, than machines. Not always, however. The poetry of Todó of this period is susceptible to multiple readings.

While being very specific to its moment, the aesthetic of Todó shows certain connections with the cultural tradition that preceded it, in which different ways of conceiving modernity were intertwined in a complex way. I am referring to the peculiar characteristics of the Catalan ambit where a dialectic of oppositions and concomitances between *Noucentisme* and the avant-gardes was established.

Eugeni d'Ors dedicated his "ballad" *Sensibilitat nova* (New Sensitivity) (14-III-1908) to echoing a conference by the architect and engineer Fèlix Cardellach, a specialist in technical drawing, with the Todonian title of *El sentiment mecànic en les construccions metàl·liques* (Mechanical Sentiment in Metallic Constructions). D'Ors retained this term of "mechanical feeling" as the paradigm of an aesthetic and a policy of civilised, technified, rational and dynamic life. In this sense, *Noucentisme* demonstrated its initial vocation of modernity with a discourse parallel to the contemporary Italian futurists. Even this *noucentiste* discourse started out from more modern foundations than those of futurism itself, as it was articulated as an alternative to romanticism, while the Italians followed an excessive and euphoric rhetoric linked to fin-de-siècle roots. It is a simplistic explanation to attribute the development of Joaquim Torres García — of a Mediterraneanism arcadic to the noisy and fragmented avant-garde — to the mere influence of external currents through the influence of his friend Rafael Barradas. Aside from the well-known conservative slant of the *noucentiste* cultural and political circles, we must highlight a shared passion for the city. Moreover, we can establish a link between the robust sense of balance of *noucentiste* classicism and the strict linear organisation of symbolical elements, passed, it is true, through the neo-plasticist filter of the famous constructive Universalism of the Uruguayan painter. Torres Garcia would be one of the principal points of reference for Todó: we could say the he follows in his wake, to be sure, but applied to the Catalan cultural context, alien to the American Messianicism of Torres Garcia, who belonged generationally to the period of the great utopias and ideological projects. We shall see how the poetry of Todó implies a very special utopia.

In Todó, the step from ingenuism to the adult world — contemporary Anglo-Saxon criticism would also say the masculine world — of the machines should not be understood as a break with the past. To begin with, the supposed ingenuity of his painting at the beginning of the fifties was not really so ingenuistic. His friend, the demanding writer and painter Josep Maria de Martín, spoke of "intellectual ingenuism" in an article dating from 1955. Even though, between approximately 1952 and 1957, Todó's painting approached the classical forms of ingenuism, it did so from concerns shared by the avant-garde. In fact, in parallel, other foreign artists like Roger Bissière, Massimo Campigli or Ben Shan, without forgetting Dubuffet, demonstrated a clear attraction for primitive or elementary expressions. And we should not forget that Miró and Klee were extremely influential then, and were seen as the pioneers of an artistic route that sought its sources in childlike spontaneity. In any case, a certain ingenuism — using this term with all precaution, as it has been the object of doubtful or justified prejudices — is characteristic of Catalan art, with examples in the international field too. We cannot dwell any more on the issue here. In this tendency, apparently innocent but highly sophisticated, we note that we intuitively understand that there was a necessity on the part of the artists to respond to the annihilating paralysis of the war with a search for purity, while not lacking a sense of criticism and tenderness. Our exhibition *L'avantguarda nostàlgica* (The Nostalgic Avant-Garde) (Sala Verdaguer, Barcelona) seeks to be a first step towards the exploration in depth of this phenomenon. To understand the demanding and modern character of Todó's work, it is significant to remember that Todó illustrated the first edition of *Diana i la mar morta* (Diana and the Dead Sea) (1953), by Joan Perucho. As Assumpció Bernal indicates in the prologue to the recent reprint, this work by Perucho evinces a yearning for childhood and it does so with a contained, elegant expressiveness, adopting the forms of a narrative objectivism that was advanced for the period. The compositions of Perucho can be situated between poetry and prose, between the chronicle and evocation. Their lyrical and at the same time prosaic tone, far from hyperbole, subtle, fresh and modern, conjugates very well with the spirit of the work of Todó.

During this period, characterised by this peculiar ingenuism, Todó was already announcing the subject matter of the machine period. In fact, in this period, there was a preponderant motif in the means of transport, and by extension, an interest for everything that has movement. However, this dynamism was presented, paradoxically and ironically, arrested. In his essay on laughter, the philosopher Henri Bergson, as if he were preparing the works of Picabia, linked comicality directly with what is mechanical, with the contrast between the automatism and life. In the plastic sense, in the work of Todó there are no evocations of speed. The movement in his machines is in the very linear structure that draws them, that articulates their working. In Todó's work of the mid fifties a growing interest for communication routes, streets and bridges could already be appreciated. In the village squares, avoiding all hackneyed ruralism, he placed an automobile; on the beaches, a steamer. This appearance of the ships, the liners, seems revealing to me. Their arrested presence on the horizon could be the equivalent of the static locomotives of Giorgio de Chirico. Le Corbusier had also explained his admiration for these shining and architectonic ships. So there was mystery, affectionate anecdotism, the eulogy to modernity and irony in those machines that would become the obsessive motif of Todó's painting in the following years.

But more than in an ironic or poetic tone, Todó's works of the machinist period were welcomed, interpreted and defended with a strongly ideologised discourse that, with a view to the later critical fortune, were perhaps counterproductive to him. Great expectations were placed on him. This was an important and significant episode in the recent history of Catalan art. We could almost talk about an "Operation Todó" around 1960, in which the necessity for a new popular figurative art was set up against the aestheticist stagnation of informalist abstraction. In 1961, two important books appeared, both published by Joaquim Horta: *Tres ensayos polémicos sobre la pintura de Todó* (Three Polemic Essays on the Painting of Todó) by Oriol Bohigas, Josep-Maria Castellet and Cesáreo Rodríguez-Aguilera, with a prologue by Fernando Chueca, then director of the Museum of Contemporary Art, and *Homenatge a Todó* (Homage to Todó), in which the principal Catalan poets in the Catalan language and in Spanish, as well as the composer Manuel Valls, each dedicated a poem to him. In those years he created various murals that appear as the works that are most directly linked to the discourse of Bohigas, an aspect developed in a recent article in *Serra d'Or* (October 2002). Bohigas highlights his option as a route to resolve a problem that he considered fundamental: the integration of art, architecture and design, from a social perspective, and, in the wake of the thought of Walter Benjamin, contrary to all mystifying aristocratism. Castellet, in turn, presents him as the paradigm of a new figurativism, of a humanist realism that reconciles man with the machine and labour. With a more detailed analysis the links of the poetry of Todó with the architectonic realism advocated by Bohigas (the pragmatic realism of the housing for metallurgic workers of 1959) can be clearly appreciated. Realism in poetry did not have the same success or the same effectiveness as the School of Barcelona. Probably an excess of ideologisation and politicisation, although they could have been pertinent to the context, tired the creators themselves. The critical discourse that was associated with Todó's work would soon be revealed to be inadequate. The avant-gardes developed on the basis of the diffusion of the New Realism that was born in France, which was seen as a critical and more objectual than pictorial pop. The painters of the post-war generation managed to make some kind of approximation to it, Tàpies and Guinovart were those who came closest. An anecdotal but revealing example was some contributions made to the display windows of El Corte Inglés, in 1965. Todó created what could be considered his only installation there, which evoked a corner of some building works. Its ideological character was very clear. He even put the book by Francesc Candel, *Els altres catalans* (The Other Catalans) in the works hut. This highly explicit and anti-pictorial route was not the right way for Todó. The article by Alexandre Cirici in the *Serra d'Or* of March 1966 was of a great lucidity concerning this question: on underlining the specific Todonian poetic nature as a tender and ironic view of a culture, the Barcelona and Catalan culture, marked by domesticity. Beyond the role that was attributed to him as the paladin of a new critical figurativism opposed to informalism, it seems to be clear, with time, that Todó, with his intelligent re-reading of *Noucentisme* and the avant-gardes, represents an autochthonous pop art.

I have had the indiscreet privilege of being able to see the works in progress in the artist's studio. They are surprising for their abstract conception, but linked to specific objects, which are signic and symbolic elements, rather than heavy and corporeal. What gives foundation to the work is the network of composite relationships, the trelliswork or drawn staff that establishes the rhythms. Later comes that chromatic range that Todó has been patiently honing. Finally, the work is constituted as a utopian exercise, but linked, as it must be, to a place, to a quite specific topos, that of our Mediterranean culture, formulating a little utopia, a Voltairian garden, that appears as a possibility of wisdom and pleasure.

PAINTING OF BOOKS, by Gerard Vergés

Three years ago I commissioned Francesc Todó to produce an oil painting for my study. The subject matter had to be a shelf with books. In other words, books over books, painted books over real books, books all around, books that make us free.

The canvas, stretched out (35 x 120), has thirty-three books, being able to read the author or title on the spine of some of them: Joan Vinyoli, Paul Klee, Bruckner, García Lorca, Kavafis... but a small clock and two very inspiring objects can also be seen on the shelf: one of them is the back of an envelope with the sender's address: "F.T.G. — C/ d'en Carbó, nº 9. Tortosa", the house where Francesc Todó García was born in 1922 and in which his parents ran a clothes shop until 1931 when the family moved to Barcelona. The other object, less defined and which can only be just made out, is an entomological box with two examples of Graellsia, which must be the most beautiful night butterfly in Europe, about which I wrote some worshiping pages in 1986, and which in the 19th century Marià de la Pau Graells, a naturalist from Barcelona (and not from Castile, as stated by National Geographic), had dedicated to the highly coquettish and voluble Isabel II of Spain.

The painting is resolved with cold and pallid colours, with a kind of evanescent pointillism and with a very strict distribution of volumes and lines: a little in the style (each, of course, with their own personality) of that other Catalan painter from the Paris school, Xavier Valls. To take things even further, allow me to reproduce something I previously wrote about the appreciated artist from Tortosa: "His work reminds me (even though the two painters are quite different) of the canvases of the Italian Morandi. This is because Todó and Morandi construct their still lives on purified forms but with one basic difference: if Morandi is opaqueness, Todó is transparency; if Morandi is gilded, Todó is pure blue; if Morandi is compact, Todó is light and airy. I am speaking, it goes without saying, of great painters". It is no surprise then that in the magnificent book by Joan Ainaud de Lasarte, *La pintura catalana. Del segle* XIX *al sorprenent segle* XX (Catalan painting. From the 19th century to the surprising 20th century)(vol. 4), within that 20*th* century, as surprising as it was splendid, neither the figure nor the work of Francesc Todó is lacking.

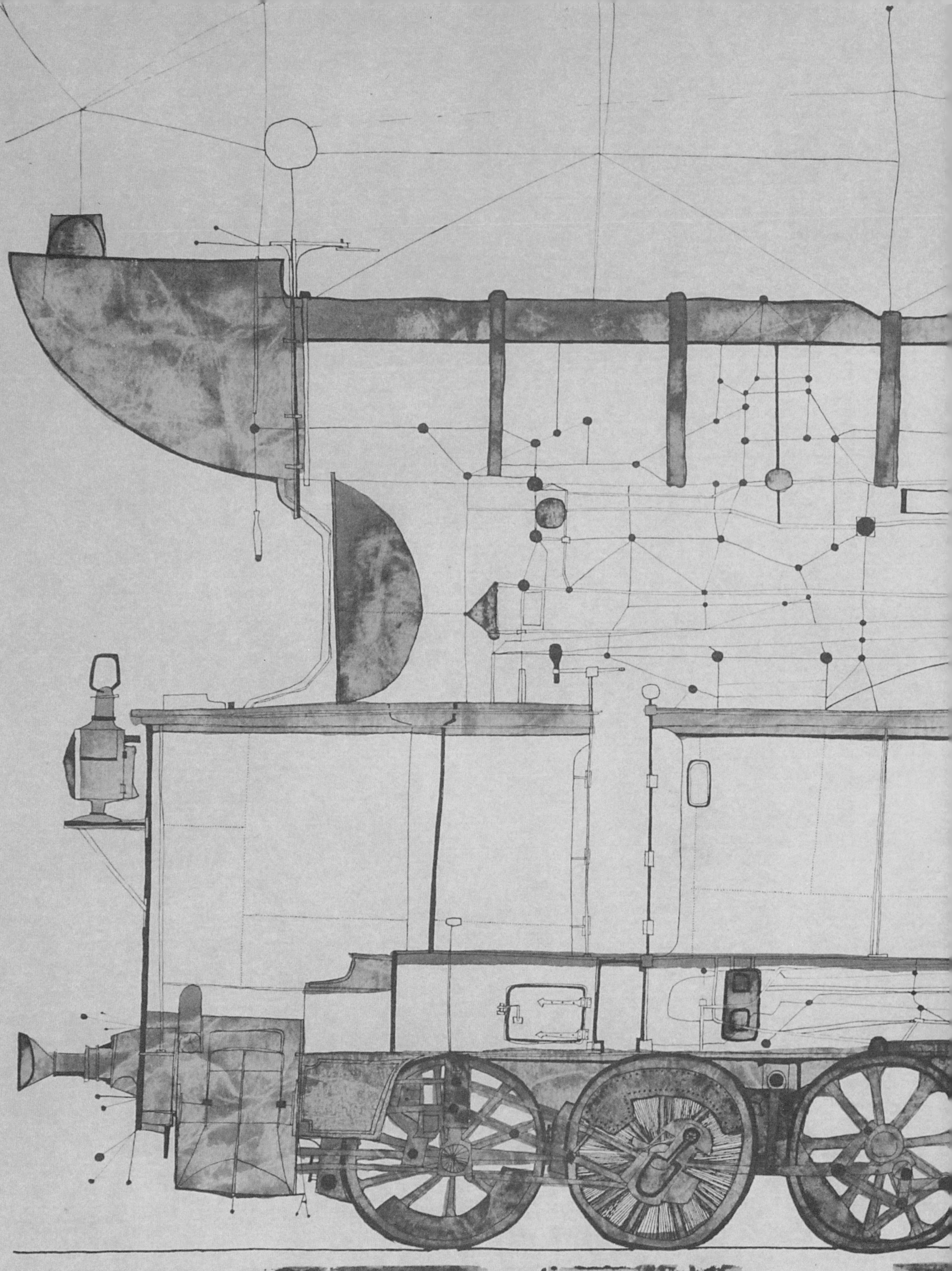